辽阳重要芳烃及化纤原料基地产业发展与环境保护规划研究

苗永刚 ◎ 等著

图书在版编目（CIP）数据

辽阳重要芳烃及化纤原料基地产业发展与环境保护规划研究 / 苗永刚等著. — 北京：企业管理出版社，2022.12

ISBN 978-7-5164-2745-3

Ⅰ.①辽… Ⅱ.①苗… Ⅲ.①石油化学工业–工业发展–研究–辽阳 ②石油化学工业–环境保护–研究–辽阳 Ⅳ.① F426.22 ② X74

中国版本图书馆 CIP 数据核字（2022）第 215585 号

书　　名：	辽阳重要芳烃及化纤原料基地产业发展与环境保护规划研究
书　　号：	ISBN 978-7-5164-2745-3
作　　者：	苗永刚 等
策划编辑：	赵喜勤
责任编辑：	赵喜勤
出版发行：	企业管理出版社
经　　销：	新华书店
地　　址：	北京市海淀区紫竹院南路 17 号　　邮编：100048
网　　址：	http://www.emph.cn　　电子信箱：zhaoxq13@163.com
电　　话：	编辑部（010）68420309　　发行部（010）68701816
印　　刷：	北京七彩京通数码快印有限公司
版　　次：	2022 年 12 月第 1 版
印　　次：	2022 年 12 月第 1 次印刷
开　　本：	710mm × 1000mm　　1/16
印　　张：	15.75 印张
字　　数：	221 千字
定　　价：	78.00 元

版权所有　　翻印必究·印装有误　　负责调换

项目组成员

（排名不分先后）

苗永刚　孙维兵　赵玉强　王泳璇

朱　娜　何爱玲　曹小磊　张丽君

任　伟

前　言

辽阳重要芳烃及化纤原料基地（以下简称芳烃基地）位于辽阳高新区，成立于2007年，用地区域包括中国石油辽阳石化分公司（以下简称辽阳石化）现有厂区及其西北部大打白村、东部曙光镇峨嵋村和前进村区域，整个基地规划面积为20.30km^2。基地重点发展行业为石油化工、精细化工和化工新材料，发展目标是构建纵向一体化、横向有机结合的石油化工产业链，并使循环经济贯穿整个产业链。芳烃基地划分为3个产业功能区，即石油化工区、精细化工区和化工新材料区。

经过10余年的建设，芳烃基地已有30余家企业入驻，拥有22种、240万吨原料。芳烃基地形成了华峰集团对接苯、顺泰控股集团对接碳四、奥克控股集团和科隆集团对接环氧乙烷等精细化工产业链条。先后4次入选全国600个化工园区20强、30强，是东北地区唯一一家获得此项荣誉的化工产业园区。科隆集团被评为国家混凝土外加剂10强企业。奥克控股集团连续10年入选"中国化工企业500强"，被推荐为工业和信息化部"国家技术创新示范企业"。截至2019年，芳烃基地全年实现销售收入598亿元。

未来10年，芳烃基地将全面完成20.30km^{2}开发建设工作。依托辽阳石化的产品资源，将辽阳石化技术改革后的主副产品全盘就地消化吸收。芳烃产业要继续从延伸产业链入手，提升产业丰厚度，提高产品附加值。要加大化工新材料产业的培育力度，依托具有领先技术优势的企业、项目，变技术优势为市场优势，形成行业领先效应，带动上下游联动发展。

本书中的规划以科学发展观为指导，全面贯彻落实"创新、协调、绿色、开放、共享"五大发展理念，遵循"与自然和谐共存""坚持资源优化效益提升""生态效率""高科技、高效益"和"3R"原则,根据循环经济理念和生态工业原理,结合环境友好型、资源节约型社会的建设,以实现区域层次的资源高效利用,最大限度地减少污染物排放,改善区域环境质量,提高经济增长质量。一是充分发挥龙头企业的带动作用,拓展和优化行业内部及行业间的产品链和废物再生利用链,促进化工主导产业的产品升级和生态化改造;二是加强环境准入和环境污染控制,持续改善环境质量;三是引导、扶持工业园区生态化改造,实现高质量、高速度、高效益、低污染园区低碳发展。用5~10年时间,把芳烃及精细化工产业基地建设成为以工业共生、物质循环、自然和谐为特征的资源节约型、环境友好型化工园区。遵循"规划科学,集群发展,管理规范,产业协同,治理高效"五大方向,将循环经济、绿色发展、智慧管理、模式创新理念落实到基地建设和管理的每一个环节。以优化产业结构为出发点,以提高区域经济增长质量为目标,在规划期内提升管理服务能力。

目 录

1 **重要芳烃产业发展趋势及环境影响** ………………………………… 1
　1.1　石化行业及芳烃产业发展趋势 ………………………………… 1
　1.2　重要芳烃产品性质及工艺分析 ………………………………… 19
　1.3　区域重要芳烃产业发展 ………………………………………… 48
　1.4　重要芳烃生产的环境影响 ……………………………………… 59

2 **区域概况分析** ………………………………………………………… 63
　2.1　自然环境和社会经济发展状况 ………………………………… 63
　2.2　区域发展规划及实施状况 ……………………………………… 68
　2.3　芳烃基地环境质量状况和趋势分析 …………………………… 79
　2.4　芳烃基地生态环境保护状况与趋势 …………………………… 103
　2.5　芳烃基地环境风险和控制情况 ………………………………… 123
　2.6　芳烃基地主要环境保护问题和原因分析 ……………………… 126
　2.7　国内外先进工业园区发展特征 ………………………………… 127
　2.8　石化工业园发展特征分析 ……………………………………… 128
　2.9　发展优劣势和机遇分析 ………………………………………… 130

3 **芳烃基地产业发展规划回顾** ………………………………………… 137
　3.1　规划总纲 ………………………………………………………… 137
　3.2　基地规划范围、时限与目标 …………………………………… 140
　3.3　产业发展规划 …………………………………………………… 142
　3.4　循环经济框架与效果分析 ……………………………………… 147

3.5 产业发展基地总体布局 ………………………………………… 149

4 环境容量分析与污染排放预测 …………………………………… 155
4.1 资源承载力 ………………………………………………………… 155
4.2 生态环境承载力 …………………………………………………… 157
4.3 环境容量 …………………………………………………………… 169
4.4 社会经济发展及资源能源消耗预测 ……………………………… 173
4.5 污染产生与排放预测 ……………………………………………… 181

5 环境保护战略和路线选择 ………………………………………… 185
5.1 绿色发展理论分析 ………………………………………………… 185
5.2 指导思想和基本原则 ……………………………………………… 190
5.3 规划总体战略及路线 ……………………………………………… 192

6 基地环境保护规划总则 …………………………………………… 197
6.1 规划背景 …………………………………………………………… 197
6.2 规划依据 …………………………………………………………… 198
6.3 规划范围与年限 …………………………………………………… 201
6.4 战略定位与规划目标 ……………………………………………… 201
6.5 产业及空间布局 …………………………………………………… 203
6.6 规划重点任务 ……………………………………………………… 204

7 环境保护规划重点内容 …………………………………………… 209
7.1 促进产业优化升级，推进绿色发展 ……………………………… 209
7.2 深化污染源综合管控，推进污染减排 …………………………… 217
7.3 完善环境基础设施，推进循环利用 ……………………………… 220
7.4 实行全程风险管控，提升环境安全水平 ………………………… 222
7.5 推进生态环境建设，提升生态功能 ……………………………… 223
7.6 创新环境管理制度，推进精细管理 ……………………………… 225

8 规划重点项目 ·· 229
8.1 绿色发展项目 ·· 229
8.2 污染减排项目 ·· 230
8.3 基础设施项目 ·· 231
8.4 风险防范项目 ·· 232
8.5 生态建设项目 ·· 233
8.6 环境管理项目 ·· 234

9 规划实施保障措施 ······································ 235
9.1 明确责任分工 ·· 235
9.2 加大投入力度 ·· 235
9.3 加强管理合作 ·· 236
9.4 严格评估考核 ·· 236
9.5 加强宣传教育 ·· 236

参考文献 ·· 239

1 重要芳烃产业发展趋势及环境影响

1.1 石化行业及芳烃产业发展趋势

1.1.1 国际石化行业发展趋势

当前全球经济下行压力加大，新兴产业发展缓慢复苏，石油和化学（以下简称石化）工业呈中低速增长。2018年下半年以来，全球主要经济体复苏动力减弱，增长速度趋于放缓，不确定、不稳定因素明显增多。进入2020年以来，全球经济形势不断变化，不同机构的预测基本认为全球经济仍处于下行阶段。2020年1月8日，世界银行发布《2020年全球经济展望报告》，预测2020年全球经济增速为2.5%。全球增长前景依然是下行风险占主导，包括贸易局势紧张和贸易政策不确定性再度升级、主要经济体下滑幅度超过预期，以及新兴市场和发展中经济体出现金融动荡。2020年4月21日，国际货币基金组织（IMF）在新一期《世界经济展望报告》中预测：受新型冠状病毒感染疫情（以下简称新冠疫情）的影响，全球经济收紧已经成了定局，2020年全球经济将急剧收缩3%，其严重程度远超2008—2009年的国际金融危机。未来，各国石化工业增速多将继续快于GDP增速，全球石化工业仍然具有增长空间，同时也面临新的挑战。东北亚地区依然是世界石化行业增长的核心地区之一。石化行业为其他众多行业提供生产原料，为人们提供必需的生活用品，产品功能多样，并在不断地创新和发展。全球石化行业逐步复苏，多个新兴市场的发展将推动全球石化消费市场持续增长。东北亚地区石化行业在世界范围内占有主要地位，增长速率较快，以初级石化产品

（包括乙烯、丙烯、丁二烯、苯、甲苯、二甲苯等）为例，未来几年的年均增长率将达到4%，高于全球平均水平。东北亚地区石化行业基数大，增长稳定，未来仍将是全球石化行业增长的主要推动地区之一。

受多重因素影响，石化行业发展趋势表现为原料来源多元化趋势明显；石化产品高端化、差异化发展，推动产业价值链继续向高端方向延伸；科技创新依然是石化行业可持续发展的动力；行业发展会更加关注节能环保。

（1）石化行业原料来源多元化趋势明显。石化行业的发展与能源、资源的关系密不分，而经济、政治等多重因素使得国际能源市场愈加复杂。在此背景下，世界各国纷纷根据国情制定和调整能源战略，大力推进原料供应多元化成为石化行业发展的重要特征。表现最为突出的包括：美国凭借页岩气低成本优势，大量使用页岩气作为石化原料，并吸引诸多跨国公司在美国投资；中东轻烃、凝析油生产和出口量增加，吸引了当地及一些亚洲国家关注利用轻烃、凝析油建设乙烯装置；为进一步降低石化原料成本，炼厂副产品作为石化原料得到空前的重视；一些催化反应新技术开发将使乙烯原料更加多元化；中国以煤为原料生产烯烃、油品、天然气、乙二醇等技术已经实现工业化生产；在欧洲，生物质原料的替代作用得到高度重视。

（2）石化产品高端化、差异化发展，推动产业持续向价值链高端延伸。随着社会消费快速增长及绿色可持续发展的推进，化工新材料、新能源、新型化学物、生物基化学品和聚合物、高端专用化学品、环保包装材料、汽车轻量化材料、绿色建筑材料、节能环保等新兴产业领域的开发和应用受到关注，成为产业发展重点，并将得到快速发展。大型跨国石化公司也纷纷调整发展战略，使业务组合向高增长、高利润的领域转移。如陶氏化学目前全球业务中已有65%为特殊化学品和功能化学品，其在中国这一业务比例甚至高达90%以上；杜邦公司约85%的研发资源集中于高性能化学品、高性能涂料、高性能材料、安全与防护等领域；巴斯夫公司以客户为导向的研发，也更多投向了专用和特种化学品领域；日本住友化学的新材料及精细化工产品销售额已占其总销售额的一半，其研发也更多瞄准新能源和电子化学品、新型树脂和新一代复合材料、新型膜材料及医药等。

（3）科技创新依然是石化行业可持续发展的动力。世界石化工业日臻成熟，已从靠资源和投资拉动转为创新驱动，新产品、新技术的开发受到高度重视，技术进步是石化工业未来发展的核心动力。科技创新在三个方面表现突出：一是对节能、环保技术的开发与应用，重点提高生产效率和原料利用率，减少能源消耗，实现清洁生产；二是开发多种能源资源，包括煤炭的清洁利用、可再生的生物质能源和化学品的开发等；三是技术含量高、资产回报率好、具有前瞻性的产品成为科技开发的重点，石化产品应用研究力度不断加大。未来石化工业的常规技术将继续提升，高端产品技术将加紧与高科技产业融合，并将侧重于大型化生产技术、炼化一体化技术、新催化剂、绿色化学技术、替代能源和替代石化原料技术、信息技术、生物化工技术、新材料与纳米材料的开发应用等方面。

（4）行业发展会更加关注节能环保。受资源、能源与环境的制约，全球石化工业开始高度重视节能环保，努力从"末端治理"向"生产全过程控制"转变，力争实现绿色低碳、循环发展。安全及环境保护是当前和今后一个时期全球面对的最艰巨、最紧迫的任务之一，石化工业能够为节能减排、保护环境提供先进的解决方案和技术产品，无论是传统的废水、废渣、废气等"三废"处理及提高能源资源使用效率，还是减少和治理二氧化碳温室气体排放，石化工业都将大显身手。世界各国都在大力鼓励和支持节能环保产业发展，中国也将节能环保产业列为战略性新兴产业，不断给予政策上的引导和资金上的支持。跨国公司纷纷将环保产业作为未来长时期发展的重点，在发展战略中占据举足轻重的地位。

1.1.2 国内石化行业发展趋势

1.1.2.1 国内石化行业发展现状及特点

改革开放 40 多年来，我国石化行业发展焕发勃勃生机，发展韧性更加强劲，抗风险能力显著增强。全行业科技创新正在由"跟跑"向"并跑"、部分领域由"跟跑"向"并跑"与"领跑"方向转变。产业规模跃居世界前列，建立了产业链上下游配套齐全的工业体系。自主创新能力大幅攀升。许多技术装备打破了国际垄断，达到或接近世界先进水平。

2019年以来，世界经济面临的风险和不确定性明显上升，单边主义和贸易保护主义带来的严重危害令人担忧，石化行业的压力也明显加大。根据中国石油和化学工业联合会2020年3月3日发布的《2019年中国石油和化学工业经济运行报告》，2019年行业经济运行稳中有进，经济增长结构不断优化，增长动力进一步增强，增长质量继续提高，行业效益下滑趋缓。据统计，2019年，石油和化工行业增加值同比增长4.8%；营业收入12.27万亿元，同比增长1.3%；利润总额6683.7亿元，同比下降14.9%；进出口总额7222.1亿美元，同比下降2.8%；原油天然气总产量3.47亿吨（油当量），同比增长4.7%；主要化学品总产量同比增长约4.6%。

从子行业来看：石油和天然气开采业效益保持增长。截至2019年12月底，石油和天然气开采业规模以上企业302家，全年实现利润总额1628.6亿元，同比增长6.1%，占石油和化工行业利润总额的24.4%。油气开采业亏损面达21.2%；亏损企业亏损额252.0亿元，同比下降39.1%。石油和天然气开采业营业收入利润率为14.76%，同比上升0.51个百分点。

炼油业效益下滑趋稳。截至2019年12月底，炼油业规模以上企业1124家，全年实现利润总额947.0亿元，同比下降42.1%，降幅较前11个月收窄7.1个百分点，占石油和化工行业利润总额的14.2%。炼油业亏损面达26.1%；亏损企业亏损额199.9亿元，同比上升71.0%。炼油业营业收入利润率为2.35%，同比下降1.90个百分点。

化学工业效益低位运行。截至2019年12月底，化工行业规模以上企业23335家，全年实现利润总额3978.4亿元，同比下降13.9%，占石油和化工行业利润总额的59.5%。进入21世纪以来，化工行业共计有3次利润下降，本次降幅最大。从各主要板块看，专用化学品、涂（颜）料制造和橡胶制品等利润保持增长，同比增速分别为1.4%、8.1%和9.7%；农药制造利润持平；基础化学原料制造利润同比降幅仍较大，为30.5%；合成材料制造利润同比下降7.0%；肥料制造和化学矿采选利润同比分别下降38.0%和22.5%；煤化工产品制造利润同比降幅最大，达136.5%。2019年，化工行业营业收入成本 5.83 万亿元，同比下降 0.1%。化工行业亏损面达 17.1%，同比扩大 0.9 个百分点。化工行业营业收入利润率为 5.78%，同比下降 0.87 个百分点。

目前，我国石油和化工行业主要呈现以下几个特征：产业出现结构性过剩；能源替代路线、行业参与主体增多，竞争更加多元化；成品油需求放缓，国内供应过剩，需求步入低速增长期。同时，我国已基本掌握了行业所需通用或基础产品的生产技术，能够满足大宗产品市场所需。我国石油和化工行业已经步入成熟期，但因产能结构性过剩问题突出，行业亟须转型升级实现高质量发展，叠加国家和地方政府的多项政策支持和推动，行业未来依旧存在很大的成长空间。

1.1.2.2 国内石化行业发展面临的挑战与机遇

未来几年，我国石油和化工行业高质量发展挑战与机遇并存。面临的挑战主要有三方面：一是安全生产。因为石化产品种类多、工艺复杂且生产过程中具有高温高压、易燃易爆的特点，石化企业和生产过程的安全还面临着很严峻的挑战。广大石化企业要继续按照《关于开展石油和化工行业安全环保提升专项行动的通知》等有关要求和部署，重视安全管理，不断增强员工安全生产的理念，不断强化安全培训和安全文化培育，在本质安全上取得进展。二是环保从严。随着"蓝天保卫战"和"防止污染攻坚战"的持续发力，一批环保新政策和新标准公布实施，石化企业的运营成本不断增加，加上一些地区或部门在监督执纪过程中不论企业是否达标，简单地"一刀切"，还有的地区在贯彻政策和标准时层层加码，也有的地区或部门片面地强调环境保护，不能辩证地把握环境保护与经济发展的关系，将环境保护与经济发展对立起来，这些都对石化企业的正常生产经营造成了影响。环保新政越来越严格、越来越规范，这必然对一些石化企业带来挑战。三是原料保障。我国是世界第二石化大国、第一化工大国，而我国的资源禀赋却是缺油少气，原油和天然气大量依赖进口。我国连续数年是全球最大原油进口国，对外依存度高达 70%，如此高的对外依存度是我国石油和化工行业高质量发展过程中面临的严峻挑战。

从外部环境看，我国石油和化工行业也面临许多不确定性：首先，全球经济下行压力加大。自2018年以来，全球经济面临的下行压力持续加大，特别是2020年初新冠疫情在全球范围内蔓延，全球经济陷入严重衰退。其次，中美贸易摩擦跌宕起伏。自2018年3月下旬美国前总统特朗普签署总统备忘录以来，中美贸易摩擦全面升级，从表面上看是经贸问题，实际上是美国对我国的全方位打压和遏制。中美经贸摩擦的走向不仅直接影响中美两大经济体，而且已成为全球经济增长最为关键的不确定因素。2018年和2019年中美贸易摩擦跌宕起伏，2020年1月15日，中美贸易协议（第一阶段）的签订略微降低了两国的贸易摩擦。从目前发展来看，对我国石油和化工行业的直接影响不大，但是间接影响和中远期影响不容忽视。最后，国际原油价格波动。2018年以来，国际原油价格基本取上行走势，可是四季度开始就一直在挑战人们敏感的神经，11月更是出现断崖式下跌，布伦特均价全年均价71美元/桶。2019年伊始，布伦特油价基本在58美元/桶上下波动，4月上涨到70美元/桶上下；2020年3月，国际油价更是出现断崖式下跌，跌破30美元/桶。影响国际原油价格的主要因素是供求关系，但国际政治因素、大国博弈、局部动荡都会对原油价格产生影响。此外，美国单方面针对伊朗核问题协议的豁免期将过、卡塔尔宣布将退出OPEC组织、伊朗几次声称要封锁霍尔木兹海峡，这些都致使国际原油价格的不确定性有增无减。

在国际国内大背景下，也孕育着石油化工行业新的战略机遇。

一是中国经济长期向好的基本面不会变。中央经济工作会议强调，当今世界正面临百年未有之大变局，变局中危和机同生并存。如果说过去我国发展的重要战略机遇来自比较有利的国际环境，那么，在发生深刻复杂变化的国内外形势下，重要战略机遇具有了新的内涵——加快经济结构优化升级带来的新机遇，提升科技创新能力带来的新机遇，深化改革开放带来的新机遇，加快绿色发展带来的新机遇，参与全球经济治理体系变革带来的新机遇。这五个"新机遇"同样是石油和化工行业高质量发展的新机遇的新内涵和新要求。

二是宏观政策将带给石油和化工行业新的发展机遇。中央经济工作会确立的政策取向是，坚持深化市场化改革，着力激发微观主体的活力，继续实施积极的财政政策和稳健的货币政策，尤其是将"推动制造业高质量发展"列为七项重点任务之首，将更大规模地减税降费、降低企业负担。相信积极的财政政策和偏宽松的货币政策都会以实体经济和中小企业为重点，以定向积极和定向宽松为目标，特别是召开民营企业座谈会以后，很多政策效果会逐步显现，民营经济的活力和发展潜力将集中释放，这些必将为石油和化工行业的高质量发展注入新的活力。

三是行业结构优化升级的潜力巨大。石油和化工行业"低端产能过剩，高端供给不足"的结构性矛盾尚未根本扭转，高端聚烯烃、专用树脂、特种工程塑料、高端膜材料等化工新材料，功能材料、医用化工材料、高端电子化学品等专用化学品，以及一些石化过程用的催化剂、特种助剂（添加剂）等特种化学品，国内市场长期处于供给不足的状态，有的甚至严重依赖进口，这些都是石油和化工行业转型升级和结构性优化的现实市场需求，也是石油和化工行业未来高质量发展的机遇所在。巴斯夫、埃克森美孚等一流跨国公司持续加大在中国的投资力度，就更加说明中国石化市场对全球石化市场的重要性和未来发展机遇。

四是初步判断新冠疫情对行业的影响有利有弊。2020年1月以来，新冠疫情突袭而至。当前，国内新冠疫情已经得到控制，社会生产生活秩序正在恢复。但疫情在全球范围内仍处于扩散状态，后续外贸的恢复及增长将受到严重影响，同时中美关系并未在疫情防控期间得到改善，未来我国面临的国际政治经济风险有所上升。后续预计中国政府将采取更加积极的消费政策和财政政策，积极扩大国内消费和投资需求。疫情对石油和化工行业的影响在产业链的各个端口有所不同。在运输环节是影响大宗化工品供应的重要因素，短期内较为依赖汽运的大宗化工品出现累库的可能性增加。石油和化工是国民经济的基础行业，其下游涵盖了医药、食饮、餐饮、商贸、农林牧渔、纺织服装、地产、汽车、旅游、家电等，从终端消费来看，部分劳动密集型、可选消费型行业短期受疫情影响较大，从而间接影响化工中下游行业。本轮疫情对于资金实力不强的中小企业在现金流上造成的压力很大，可能倒逼一些企业退出并加速行业洗牌。从中长期来看，疫情会影响全球产业布局，跨国公司更加注重市场本地化供应，加大在市场消费地的投资强度。一段时期内，海外市场可能萎缩，从而影响以出口为目标的国内企业。

1.1.2.3 国内石化行业发展方向及重点

我国石油和化工行业高质量发展的重点任务：一是创新发展。加大创新驱动战略实施力度，加强创新体系建设，全面提升石油和化工行业的创新能力和效率。要密切跟踪国际科技领域的新进展和产业发展的新变化，加强以企业为主体的创新体系建设，集中力量攻克一批"卡脖子"技术、补短板技术、颠覆性技术，建设一批高质量、高水平的行业公共创新平台，强化创新人才和创新团队的培育，打造科技奖励的"精品工程"，进一步巩固和提升石化科技奖励的权威性、代表性和影响力，进一步加大重点单位、重大技术、关键装备的对接与交流和技术咨询与转移，通过产业技术创新联盟、开放式创新平台等建设，引领和推动石油和化工行业高质量发展实现新的突破。二是绿色发展。绿色发展是新发展理念的重要组成部分，在全球石油和化工行业结构深度调整的大背景下，绿色发展已成为科技革命和产业结构优化升级的主要方向，是推进供给侧结构性改革和高质量发展的重要手段。按照国家发展改革委、工业和信息化部《关于促进石化产业绿色发展的指导意见》等有关部署和要求，继续深化绿色制造体系建设，加大培育绿色发展典型示范的力度，积极推进绿色工厂、绿色产品、绿色园区的评审与标准体系建设，加快实施清洁生产改造，引导行业和企业积极采用先进绿色的工艺技术，改造现有传统生产装置和工艺，实现绿色发展的源头控制和过程控制，并加快解决行业重点关注的废盐、废酸、VOCs治理等重点、难点和突出环境问题。三是安全发展。全行业和各企业都要把安全生产放在首位，牢固树立安全第一的发展理念，以防范和遏制重特大事故为重点，严守安全底线，强化过程控制、安全风险管控和应急管理与处置能力，规范现场管理，进一步提升全行业的本质安全水平，落实主体责任，建立健全长效机制，坚决杜绝重特大事故的发生，确保石化生产、生活和职工的安全。四是高质量发展。高质量发展要求质量第一、效益优先，近两年我国石化全行业经济运行的效益水平持续改善，但是与美国、日本、欧洲等发达国家和地区相比整体还有较大的差距，尤其是石化企业与跨国公司相比差距更大。全行业和各企业还要进一步加快转型升级，大力实施新一轮重大技术改造升级工程，积极采用新技术、新工艺、新设备，大力提升现有生产技术和装备水平，推动提升产品品质、降低现有生产过程的物耗能耗，通过技术进步加快提质增效。五是开放型发展。要实现石化强国的目标，必须首先培育一批具有全球竞争力的世界一流石化企业和石化基地。各石化企业，尤其是骨干企业要以建设世界一流企业为目标，全面提升企业的现代化管理水平和核心竞争能力。现有石化园区要以建设世界一流大型石化基地为目标，按照"科学规划，合理布局，产业协同，管理规范"的要求，以智慧园区和绿色园区为重要抓手，继续深入推进新兴工业化产业示范基地和循环化改造示范基地试点，积极争取世界级化工园区与世界级化工产业集群的试点示范，推动产业集聚高效发展，加快向"世界一流"迈进。

1.1.3 重要芳烃产业发展现状

2019年，我国PX（对二甲苯）产能达到2064万吨/年，同比增长669万吨/年，增量占到世界增量的80%以上。受下游PTA（对苯二甲酸）产能再度扩张支持，2019年国内PX装置整体开工率约为72.6%，产量约1499万吨，同比增幅高达35.1%；PX净进口量约1494万吨，表观消费量约2993万吨，同比增长9.8%。国内PX供需偏紧的格局出现大幅改善，自给率达到了50.1%[①]。

2019年，我国PX新增产能主要来自恒力石化股份有限公司（以下简称恒力石化）、中化弘润石油化工有限公司（以下简称中化弘润）和中国石化海南炼油化工有限公司（以下简称海南炼化）二期。受下游PTA-PET（聚对苯二甲酸乙二醇酯-对苯二甲酸）需求强劲支持，虽然行业开工率有所下降，但PX产能集中投放后，产能增幅高达48%。国产替代进口效应已开始显现，2019

---

① 本节数据来自《醋酸钠技术与市场调研报告（2022）》。

年我国 PX 净进口量一改多年快速上升趋势，同比下降 6.1%，如图 1-1 所示。

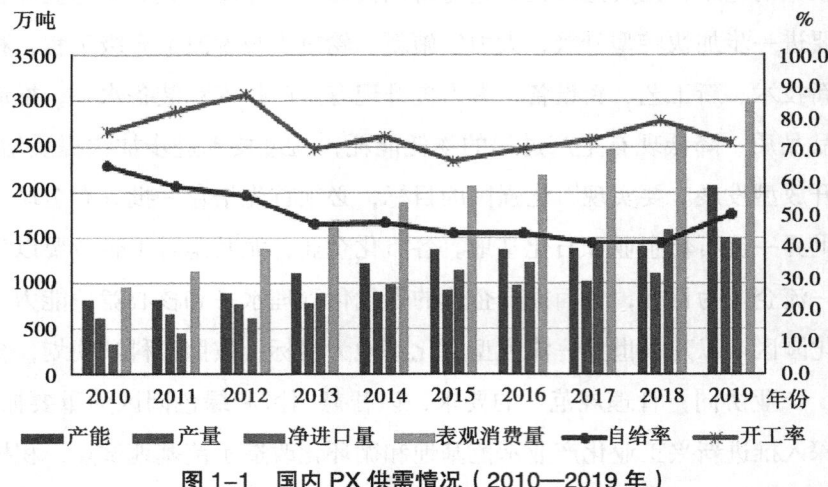

图 1-1　国内 PX 供需情况（2010—2019 年）

资料来源：《中国 PX（对二甲苯）行业发展监测及投资战略研究报告》。

我国 PX 市场供应商多元化趋势明显，2019 年中国石油化工集团有限公司（以下简称中石化）、中国石油天然气集团有限公司（以下简称中石油）两大公司 PX 合计产能占比进一步降至 42.3%，同比下降 10 个百分点。国内 PX 市场已形成了以中央企业、合资企业、民营（地方）企业和进口商为主的供应格局。我国新增大型 PX 项目多采用"最大化生产芳烃"工艺路线，具有"装置规模大、工艺技术先进、上下游一体化"的显著特点，竞争力较强，未来在与进口产品的竞争中有望占据优势地位。

1.1.3.1　中国占据 PX 行业主导地位

全球 PX 工业发展已有 30 多年，早期以欧美装置为主导，随后东北亚区域的发展远超世界其他地区，先是日本、韩国的产能崛起，近年来，随着中国 PTA-PET 产业积极向上游拓展，中国国内产能增长迅猛，东北亚区域在世界范围内的地位不断上升。到 2021 年，东北亚区域产能已占全球的 62.1%，较 1990 年的 30.9% 已提高 1 倍，如图 1-2 所示。

欧美地区聚酯产业发展缓慢，下游纺织服装主要靠进口，PTA 及 PET 装置老旧，PX 工业发展也基本停滞。

重要芳烃产业发展趋势及环境影响 | 1

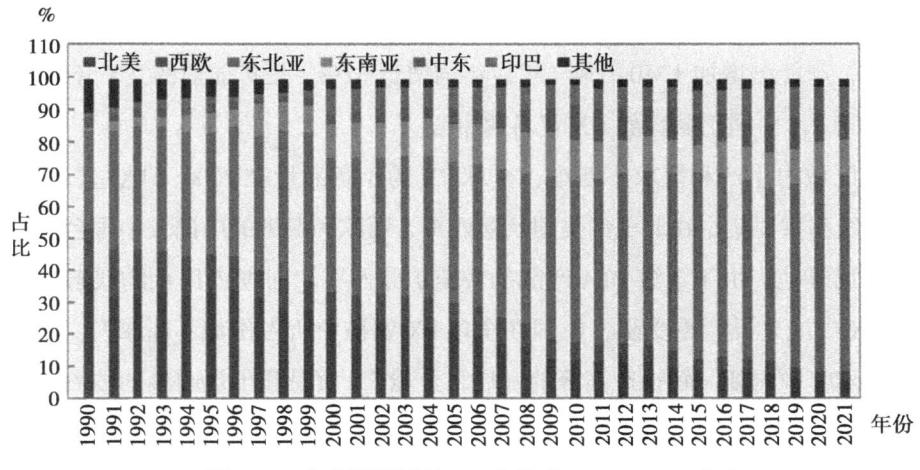

图 1-2 东北亚区域的 PX 产能（1990—2001 年）

资料来源：《醋酸钠技术与市场调研报告（2022）》。

从各个国家的产能布局来看，2021 年全球 PX 产能在 200 万吨以上的国家或地区有中国、韩国、印度、美国、日本、沙特阿拉伯、泰国等，以上 7 个国家或地区的产能合计占全球的 80%，其中中国约占 40%，如图 1-3 所示。

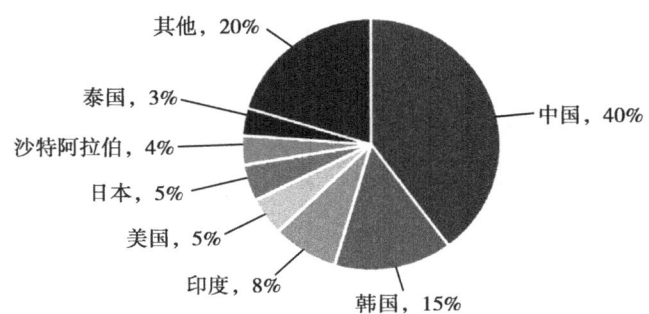

图 1-3 2021 年全球 PX 产能 200 万吨及以上国家的占比情况

资料来源：《醋酸钠技术与市场调研报告（2022）》。

近几年，全球 PX 产业投资主要集中在亚洲，尤其是中国。经历了 2019 年的跨越式扩能后，2021 年受投资周期及新冠疫情影响，我国 PX 新投产步伐短暂放缓，新增产能主要在年底释放。

2021 年全年共投产 PX 产能 500 万吨 / 年，即浙江石油化工有限公司二期 1# 装置 250 万吨 / 年在 7 月投产，2# 装置 250 万吨 / 年计划年底投产。截至2021年末，我国PX产能达3127万吨/年，自2019年开启新一轮扩能高峰以来，产能已增加1740万吨/年，年均增长31%，是扩能前的2.3倍[①]。

1.1.3.2 中国仍是世界PX贸易的中心

因区域内生产和需求不匹配，全球PX的年贸易量在2000万吨左右。其中进口贸易主要集中在北美的美国及墨西哥、西欧和亚洲的中国及中国台湾地区、印尼等地。由于下游PTA产能的快速扩张及一个时期内民众的误解造成国内PX产能建设严重受阻，中国在全球PX贸易中所占份额不断攀升。2019年后，随着中国新一轮投产高峰的开启，全球PX贸易量出现明显的萎缩，但由于中国PX缺口量太大，短期内仍是全球PX贸易的中心，需要从其他国家进口，但中国占全球PX贸易额的比例已经出现下降趋势，如图1-4所示。

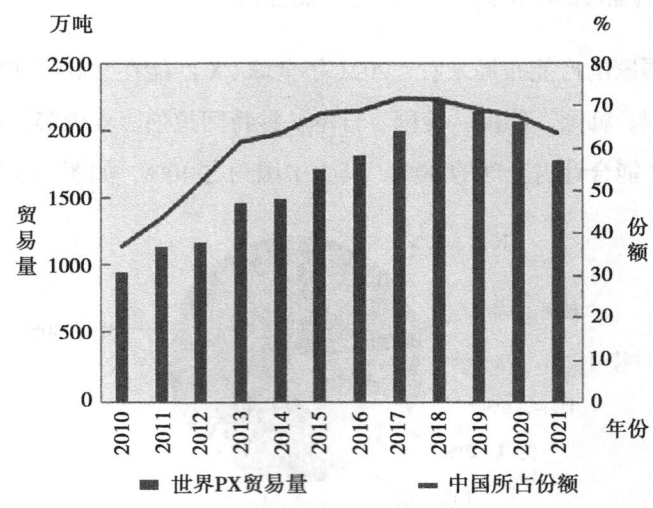

图1-4 世界PX贸易量与中国占比（2010—2020年）

资料来源：《醋酸钠技术与市场调研报告（2022）》。

2019年之后，韩国、日本、印度、中国台湾及泰国等地仍是我国主要的进口来源地，文莱跃居前三。

2019年，我国从韩国进口PX 509万吨，约占我国PX总进口量的36.7%。2015年后韩国PTA产能维持在547万吨/年，对PX的需求量在

---

① 数据来自《醋酸钠技术与市场调研报告（2022）》。

300万吨左右，因此韩国60%以上的PX产出用于出口，而其中80%以上销往中国。自2011年超过日本成为我国PX第一大进口国以来，韩国一直保持着绝对领先的地位，2016年高峰时期占到了我国总进口量的47%，较2011年提升了近1倍。

其次为日本，我国共从日本进口PX 173万吨，占我国PX总进口量的12.5%。日本由于下游PTA产能严重不匹配，仅为65万吨/年，其PX产出85%以上用于出口，中国约占其出口量的75%以上。

文莱居第三位，我国共从文莱进口PX 129万吨，占我国PX总进口量的9.3%。2019年，我国浙江恒逸集团有限公司在文莱建设了一套150万吨/年的PX装置，产品主要运回国内供其PTA装置使用，因此来自文莱的进口量也迅猛增加。

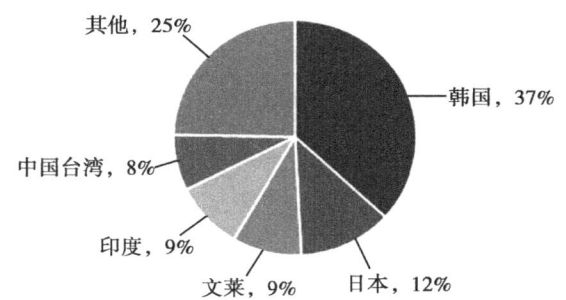

图1-5　中国PX主要进口来源地所占份额（2019年）

印度居第四位，我国共从印度进口PX 128万吨，占我国PX总进口量的9.2%。印度PX工业随着其石化工业的快速发展而发展，因其经济增速位居世界前列，国内石化消费潜力增长较快，尤其随着中国PX下游终端纺织服装产业往东南亚迁移，印度也成为全球PX工业的重要投资地。2014年以来，印度开启了新一轮PX扩能，其中信诚工业投建了大规模的PX装置。虽然下游PTA也随之大幅扩能，但印度国内PX总体供应富裕，每年有200万吨左右的产品需要外销到中国及其他东南亚国家，其中中国占其出口量的50%以上。

1.1.3.3　供需格局改变，国内产能扩大

2019年以来，中国PX产能高歌猛进，恒力石化、荣盛石化等PTA企

业纷纷向上游一体化发展，新建了超大规模的PX装置，如恒力石化、浙江石化PX装置单套规模均超过200万吨/年。到2021年，我国PX产能已达3127万吨/年。

未来，在国家的统筹规划下，我国炼油工业仍将保持一定增长，而随着柴油需求已达峰值，汽油消费增速放缓，未来大型炼厂在装置规划中，必将适应"油转化"的趋势，多产烯烃和芳烃，提高化工用油的比例。因此未来我国芳烃产业仍将保持稳步增长。预计2025年前，仍有大量炼油配套的PX装置投产，如盛虹炼化、中国石油广东石化、中国石化九江石化等都有计划投产项目（见表1-1），若规划的项目如期投产，到2025年我国PX产能将突破4500万吨/年。随着国内产能的快速增长，我国PX供需格局将面临巨大转变，有望迎来自给自足的新局面。

表1-1 我国主要PX项目投产计划

单位：万吨/年，万吨

项目	新增产能	预计投产时间
中国石油广东石化	260	2022年
中国石化九江石化	89	2022年
盛虹炼化	400	2022年
东营威廉二期	100	2022年
中国海油宁波大榭	160	2022年
中国海油惠州	150	2022年
辽宁华锦	130	2023年
裕龙石化	300	2024年
合计	1589	

从全球来看，到2025年，除了文莱、沙特阿拉伯、印度等地仍有投资计划外，其余各地PX工业发展基本停滞，届时中国PX产能占世界的比重将进一步提高到47%。

1.1.3.4 高成本装置将面临关停压力

我国主要的PX进口地日本、韩国、文莱和印度产能均过剩，必然有大量的产品需要外销（见表1-2）。预计到2025年，以上地区除印度因下游PTA工业的发展而供需基本平衡外，日本、韩国和文莱未来仍有大量的过剩产品需要向全球各地销售，预计中国仍将是它们的主要目的地。但随着中国自身产能的大力发展，自给率大幅提升，届时市场竞争会异常激烈，生产成本将是市场生存的重要致胜力量。

表1-2　我国主要进口来源地PX供需预测

单位：万吨/年，万吨

进口来源地	2020年				2025年			
	产能	产量	消费	供需平衡	产能	产量	消费	供需平衡
日本	362	241	32	209	262	197	22	175
韩国	979	900	297	603	864	729	279	450
文莱	150	128	0	128	350	290	140	150
印度	557	560	362	198	597	481	483	-2

日本产能偏小，装置成本偏高。日本作为全球最早生产PX的国家之一，在2000年前基本完成了产能建设及布局，当前共有14套PX生产装置，总产能为362万吨/年，其中仅2套装置在2007—2008年投产，其余12套装置全部在2000年以前投产，甚至有几套装置是在1987年左右建成的，因此日本PX装置普遍规模偏小，平均规模仅为26万吨/年，最小的装置仅为15万吨/年。由于装置老旧，生产成本明显偏高。

韩国装置两极分化。韩国的PX工业伴随着其炼油工业及PTA工业的发展而不断发展，2010年后，在中国市场缺口的刺激下再度迅猛扩能，在全球的话语权不断增强。目前韩国产能居全球第二位，共有16套装置，总产能为979万吨/年，其中7套装置（产能292万吨/年）为2000年以前投产，占该国总产能的30%，剩下的装置基本在2010—2014年建成投产。目前平均规模为61万吨/年，高于全球平均45万吨/年的装置规模。总体来讲，韩国部分小规模装置成本偏高，大规模的装置成本仍具有一定的竞争力。

文莱装置规模大，工艺先进，且为中国PTA企业建设。文莱PX工业的发展起源于我国恒逸集团国内PTA装置原料的短缺以及当地政府的大力支持，

2019年后开始投建150万吨/年的装置，2025年前仍将有二期200万吨/年PX、250万吨/年PTA的建设规划。因其装置规模大，技术工艺先进，生产成本优势明显。

印度有1套超大规模装置，其余装置规模偏小。印度石化工业起步较早，但发展相对缓慢，当前共有7套装置，其中2套装置为2014—2017年建成投产，1套装置为2006年建成，其余4套装置均在2000年以前建成。从平均规模来看，因信诚工业的装置为超大规模，产能为220万吨/年，从而拉高了印度PX装置的平均规模，达80万吨/年，高出世界平均水平。相对而言，小规模装置生产成本较高，而大规模装置的成本具有较强的竞争力。

从当前水平来看，小规模装置（25万吨/年以下）和大规模装置成本差距在100~200美元/吨，如图1-6所示。未来中国及周边日本、韩国、印度等地的很多小规模PX装置将面临淘汰。

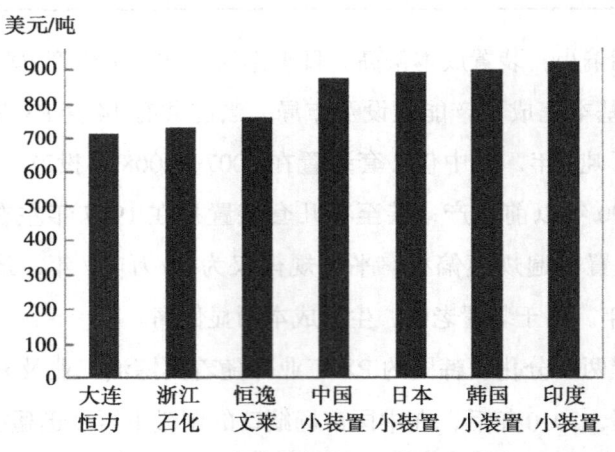

图1-6　2021年全球部分PX装置成本对比

资料来源：《醋酸钠技术与市场调研报告（2022）》。

1.1.3.5　产业链一体化程度继续加深

近几年，石化产业向后一体化及向前一体化程度在不断加深，涌现了一批配套较为完善的生产企业，如国内的恒力石化、荣盛石化、恒逸集团、盛虹炼化等企业为补原料短板，向上游延伸产业链，在规模化产品发展上布局，而桐昆集团、新凤鸣集团等企业，致力于下游聚酯的规模化发展，如图1-7所示。

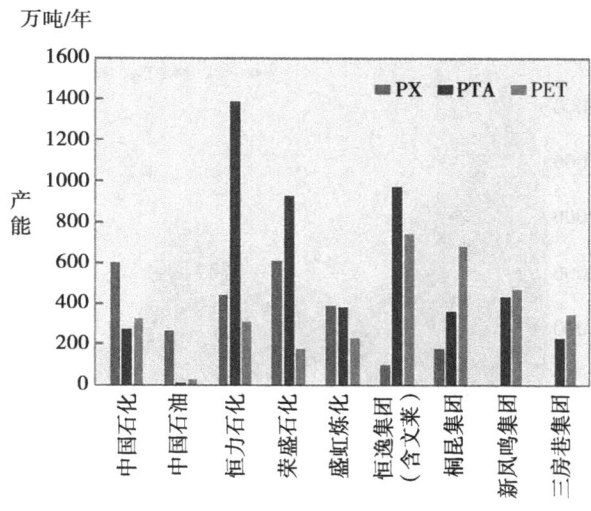

图 1-7 国内 PX 产业链一体化程度

资料来源：《醋酸钠技术与市场调研报告（2022）》。

未来 PX 产业链的一体化程度将进一步加深。

行业市场规模化、一体化发展将推动单一行业竞争转变为全产业链竞争，龙头企业、产业链完整的企业竞争力将明显加强，抵抗风险、维持利润的能力将更高。

1.1.3.6 产业链利润将进一步缩减

多年来，中国 PX 产业链发展都是上游慢、下游快，即下游 PTA 和聚酯产能增长大于 PX 产能增长，形成了明显的供需"剪刀差"，这也导致国内 PX 进口量居高不下，屡创新高。近几年大炼化项目都配套大型 PX 装置，PX 新增产能规模远大于下游 PTA 及 PET，PX 行业将由扩张期向成熟期发展，竞争格局加剧，利润大幅压缩（见图 1-8）。上下游产能投放的节奏不一致，必然带来行业利润在各环节的阶段性调整，PX 产业链利润将逐渐向下游 PTA 及 PET 倾斜。

1.1.3.7 产业链终端外移趋势加快

近年来，中国人工及生产成本逐步攀升影响中国纺织品出口竞争力，而印度及东南亚国家有着低廉丰富的劳动力、优惠的招商引资政策及良好的贸易环境，导致中国纺织业订单加速向印度及东南亚国家转移，促使当地纺织

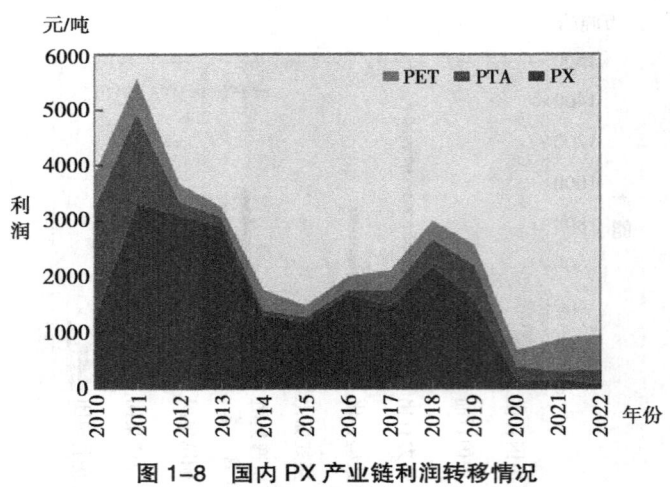

图1-8 国内PX产业链利润转移情况

资料来源：《对二甲苯（PX）生产工艺介绍》。

产业蓬勃发展，逐渐提升其在全球成衣出口中的占比，且逐渐向上游纺织品原材料延伸。据估计，我国每年大约有10%~15%的纺织服装产品订单流入东南亚国家，国内部分纺织服装龙头企业海外产能已占近40%，天虹纺织、鲁泰纺织、百隆东方、华孚时尚、健盛集团、申洲国际等上市公司均已在东南亚各国布局。纺织企业赴东南亚国家、印度等地布局产能已是大势所趋。

但是，东南亚国家和印度的商业环境、公用资源、基础设施、国际贸易、融资环境、产业配套等，均与中国存在相当大的差距，发展上游化纤产业的劣势明显，PTA、PET的建设成本仍显著高于中国，所以产业转移的主要是劳动密集型低附加值纺织产业，上游化纤产业仍主要依赖进口。

因此东南亚国家及印度在相当长时间内承接的仍是成衣加工等低端劳动密集型产业，尚未突破纱线、面料的制造瓶颈，短期内难以实现化纤产品、化纤原料的规模化生产，上游聚酯原料等仍将主要来自中国。近年来，东南亚国家自中国进口石化原料增幅达5%~10%，并在相当长的一段时间内仍将依赖我国石化原料进口。到2025年，东南亚国家、印度的PX-PTA-PET占全球总产能的比例将不足15%，远小于中国60%以上的比例。

1.2 重要芳烃产品性质及工艺分析

1.2.1 重要芳烃的理化性质

芳烃是含苯环结构的碳氢化合物的总称，是有机化工的重要原料，包括单环芳烃、多环芳烃及稠环芳烃。单环芳烃只含一个苯环，如苯、甲苯、乙苯、二甲苯、异丙苯、十二烷基苯等。多环芳烃是由两个或两个以上苯环（苯环上没有两环共用的碳原子）组成的，它们之间是以单键或通过碳原子相联，如联苯、三苯甲烷等。稠环芳烃是由两个或两个以上的苯环通过稠合（使两个苯环共用一对碳原子）而成的稠环烃，其中至少一个是苯环，如萘、蒽等。芳烃中最重要的产品是苯、二甲苯，其次是甲苯、乙苯、苯乙烯、异丙苯。苯及其分子量较小的同系物是易燃液体，不溶于水，密度比水小；多环芳烃及稠环芳烃多是晶状固体。

其中，二甲苯（Dimethylbenzene）是与 PX 项目有关的重要芳烃化合物。二甲苯被广泛用于涂料、树脂、染料、油墨等行业，做溶剂；用于医药、炸药、农药等行业，做合成单体或溶剂；也可作为高辛烷值汽油组分，是有机化工的重要原料；还可以用于去除车身的沥青；医院病理科主要将二甲苯用于组织和切片的透明和脱蜡。

二甲苯是一种有机化合物，分子式为 C_8H_{10}，为无色透明液体，是苯环上两个氢被甲基取代的产物，存在邻、间、对三种异构体，在工业上，二甲苯即指上述异构体的混合物。二甲苯的理化性质为无色透明液体，有芳香烃的特殊气味，系由 45%~70% 的间二甲苯、15%~25% 的对二甲苯和 10%~15% 的邻二甲苯三种异构体所组成的混合物，易流动，能与无水乙醇、乙醚和其他许多有机溶剂混溶。二甲苯具有刺激性气味、易燃，与乙醇、氯仿或乙醚能任意混合，在水中不溶。沸点为 137℃~140℃。二甲苯属于低毒类化学物质，美国政府工业卫生学家会议（ACGIH）将其归类为 A4 级，即缺乏对人体、动物致癌性证据的物质。二甲苯的污染主要来自塑料、燃料、橡胶，各种涂料的添加剂及各种胶粘剂、防水材料中，还可来自燃料和烟叶的燃烧气体。

混合二甲苯的四种同分异构体的沸点相近，很难用精馏方法分离出高纯度的对二甲苯。它们具体的物理性质见表1-3。

表1-3 C&A四种异构体的物理性质情况

项目	单位	邻二甲苯	间二甲苯	对二甲苯	乙基苯
密度（20℃）	kg/m^3	874.5	864.1	861.6	866.9
冰点	℃	-25.173	-47.872	13.263	-94.975
沸点	℃	144.41	139.104	138.355	136.86
汽比热	Cal/kg	82900	82000	81200	81000
熔解热	KCal/kg	3260	2765	4090	2193

目前分离混合二甲苯四种同分异构体的工业方法主要有深冷结晶法、络合分离法、吸附分离法，其次是共晶、磺化等方法，其中吸附分离法最为先进。

随着石化工业的发展，芳烃主要从石油产品中得到，一般混二甲苯由石油馏分经重整得到，称为重整二甲苯；石油馏分裂解制乙烯过程中的副产品裂解汽油中也有二甲苯，称裂解二甲苯；另外将其他芳烃，如甲苯和C$_9$芳烃进行歧化和烷基转移制得的混二甲苯，称为歧化二甲苯；将对二甲苯含量较低的混二甲苯通过异构化工艺，将间二甲苯、邻二甲苯、乙苯转化成对二甲苯，制得的对二甲苯含量较高的混合二甲苯，称为异构二甲苯。典型混合二甲苯的组成情况如表1-4所示。

表1-4 典型混合二甲苯的组成情况

单位：wt%

类别	典型的CCR重整	甲苯歧化与烷基转移
乙苯（EB）	17	6
对二甲苯（PX）	18	22
间二甲苯（MX）	40	49
邻二甲苯（OX）	25	23
EB/PX	0.94	0.27

这几种混二甲苯中，对二甲苯（PX）与乙苯（EB）含量存在较大的差异，作为吸附分离的原料要求乙苯含量较少（原因待述），而对二甲苯含量较高，具体比较见表1-5。

表1-5　一般组分含量情况

类别	歧化二甲苯	异构二甲苯	重整二甲苯	裂解二甲苯
乙苯	少	较多	较少	多
对二甲苯	多	少	较多	较少

低EB/PX比例的物料可以为吸附分离提供优质进料。歧化二甲苯中对二甲苯含量最高，是理想的吸附原料，裂解二甲苯中C_6/C_7较多，对二甲苯含量少，经过抽提及脱庚烷塔处理后可做原料。

（1）物理性质。对二甲苯，英文名为Paraxylene，缩写为PX，分子式为C_8H_{10}，其物理性质见表1-6。主要用于生产精对苯二甲酸（PTA）和对苯二甲酸二甲酯（DMT），是重要的基本有机化工原料，而PTA和DMT是生产聚酯（PET）化纤的主要原料。

表1-6　对二甲苯的主要物理性质

项目	数值	项目	数值
外观	无色透明，无沉淀	冰点	13.263℃
沸点	138.351℃	比重 d20/4℃	0.86105
闪点	30℃	蒸汽比重	3.65
燃点	500℃	爆炸极限	1.1%~6.6%（vol）
折光率 D20	1.49582	空气中允许浓度	<200ppm
表面张力 20℃	28.31dyn/cm	Tc	345℃
黏度 20℃	6.5586×10^{-6}kg·s/m²	Pc	34kg/cm

PX在丙酮、四氯化碳、正庚烷、苯乙醇、乙醇中均无限溶解。在水中溶解：100℃时为0.10mlPX/100mlH_2O；200℃时为0.35mlPX/100mlH_2O。

（2）化学性质：对二甲苯能够进行加成反应、取代反应、歧化和烷基转移反应、异构化反应和氧化反应。

加成反应：

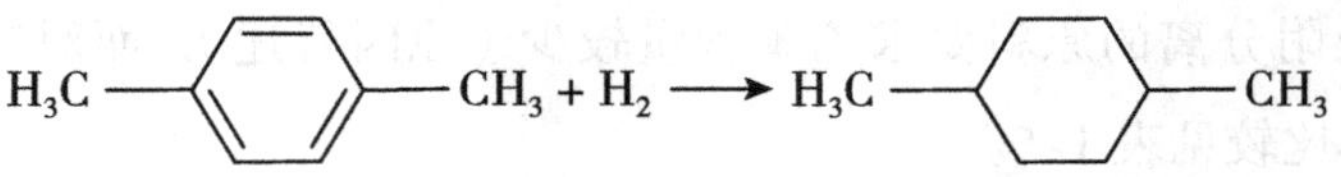

$$H_3C-C_6H_4-CH_3 + H_2 \longrightarrow H_3C-C_6H_{10}-CH_3$$

对二甲苯 + 氢气 ⟶ 1,4-二甲基环己烷

取代反应：

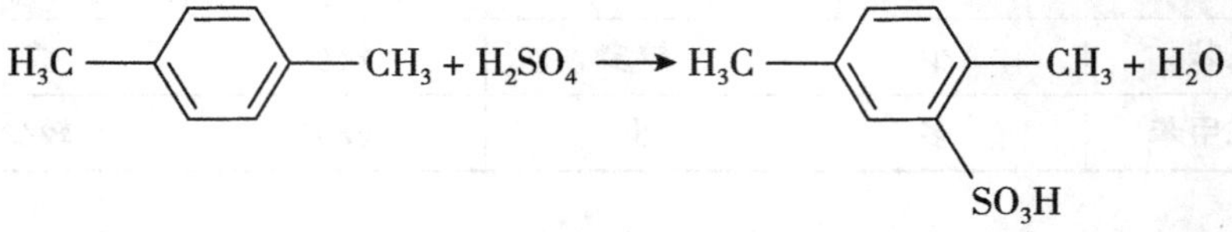

$$H_3C-C_6H_4-CH_3 + H_2SO_4 \longrightarrow H_3C-C_6H_3(SO_3H)-CH_3 + H_2O$$

对二甲苯 + 硫酸 ⟶ 2,5-二甲基苯磺酸 + 水

$$H_3C-C_6H_4-CH_3 + H_3C-C_6H_4-CH_3 \rightleftharpoons H_3C-C_6H_5 + H_3C-C_6H_3(CH_3)-CH_3$$

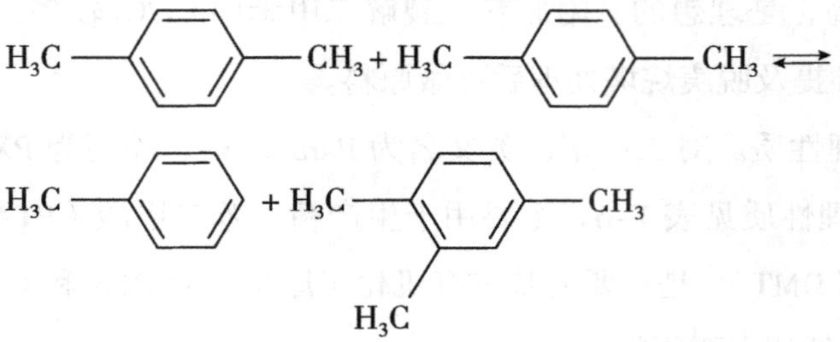

歧化和烷基转移反应：

对二甲苯 ⟵==⟶ 甲苯 + 1,2,4-三甲苯

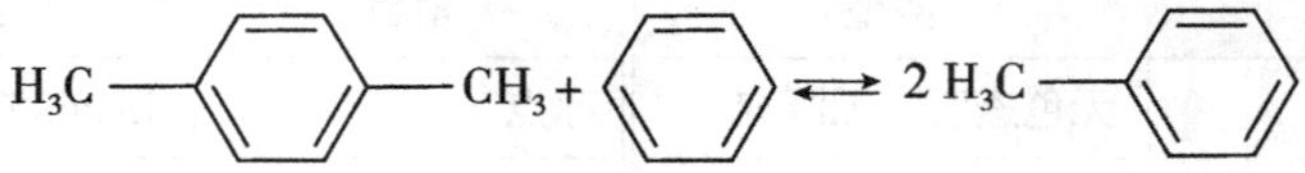

$$H_3C-C_6H_4-CH_3 + C_6H_6 \rightleftharpoons 2\ H_3C-C_6H_5$$

对二甲苯 + 苯 ⟵==⟶ 2 甲苯

异构化反应：

$$H_3C-C_6H_4-CH_3 \rightleftharpoons H_3C-C_6H_4-CH_3 \text{(邻位)}$$

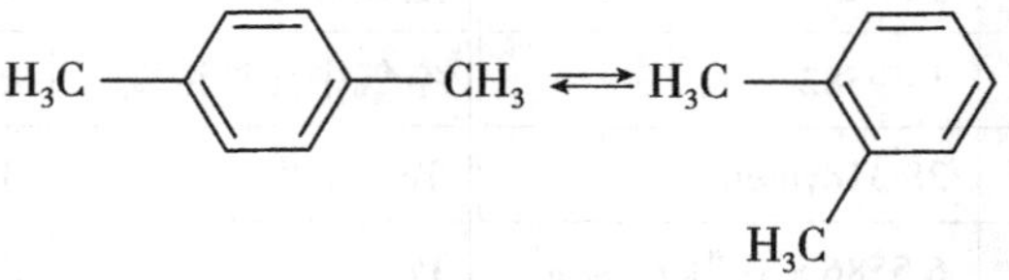

对二甲苯 ⟵==⟶ 邻二甲苯

氧化反应：（PX 生成 TA，即 Terephthalic Acid）

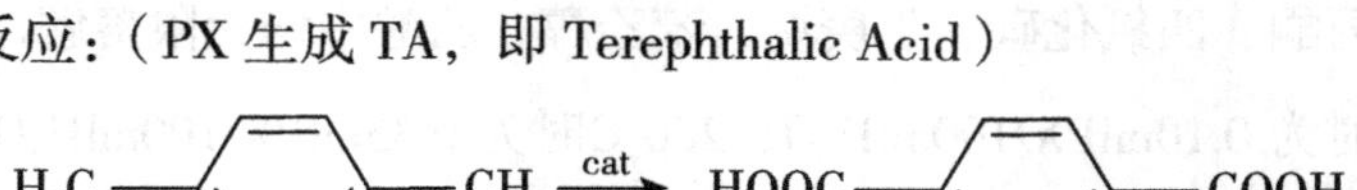

$$H_3C-C_6H_4-CH_3 \xrightarrow{cat} HOOC-C_6H_4-COOH$$

对二甲苯 $\xrightarrow{cat}$ 对二苯甲酸

22

1.2.2 重要芳烃产品化原理

按来源可将纤维分为天然纤维和化学纤维。而化学纤维又可分为有机纤维和无机纤维两大类。无机纤维如玻璃纤维、碳素纤维；而有机纤维中，如粘胶纤维属人造纤维一类，涤纶、锦纶则属合成纤维一类。化纤，即化学合成纤维，是现代高分子合成材料的三大合成材料（塑料、合成橡胶和合成纤维）之一（按高分子材料的性能和用途分），具有防霉、防蛀、耐磨、高强度、挺括的特点，在衣着方面深受人们的欢迎。

能够制成纤维的聚合物，称为成纤维聚合物。成纤维聚合物的分子必须是线型结构的，它没有较长的支链、交联结构和很大的取代基团。用于溶液法纺丝的聚合物要求能溶于溶剂中，配制成聚合物溶液，溶解及熔融后的液体要具有适当的黏度，成纤维聚合物要有一定高的分子量，分子量分布要比较窄，分子结构要有一定的化学及空间结构的规律性，应具有好的结晶性，它的玻璃化温度高于纤维通常使用的温度，熔化温度应大大地超过洗涤和烫温度（100℃）。此外，成纤维聚合物还须有好的染色性、吸附性、耐热性及对水和化学物质的稳定性，还应具有一定的亲水极性基团。它的分子结构还应具有抗细菌、耐光及导电性能等。根据上述特点和要求，在众多的高分子物中，聚对苯二甲酸乙二酯纤维，商品名"涤纶"或"的确良"，是一种典型的化学成纤维聚合物，具有很多优点，如熔点高、150℃以下机械强度好、耐溶剂、耐腐蚀、耐磨、耐油腻、可多次洗涤、不需熨烫，与棉混纺后，手感好、透水汽性适宜，因此是合成纤维中的第一大品种，被广泛地应用在纺织行业中。它是由对苯二甲酸和乙二醇缩聚而成的，其分子式为：

$$H-[-COO-\langle\bigcirc\rangle-COO-CH_2-CH_2-]_n-OH$$

作纤维用的聚酯的分子量在20000左右。

对苯二甲酸和乙二醇的直接酯化缩聚法和以对苯二甲酸与环氧乙烷为原料的直接缩聚法，只有当原料纯度很高时，才可由直接缩聚制得涤纶，缩聚后的涤纶分子式如下：

$$\{n+1\}HOCH_2CH_2OH + nHCOO\text{—}\bigcirc\text{—}COOH \leftrightarrow$$

$$H\text{—}[\text{—}OCH_2CH_2OOC\text{—}\bigcirc\text{—}CO\text{—}]_n\text{—}OCH_2CH_2OH + 2nH_2O$$

对苯二甲酸熔点很高，300℃升华，在溶剂中溶解度很小，难以用精馏、结晶等方法来精制。在原料纯度不是很高的情况下，很难控制摩尔比。此外，聚酯反应的平衡常数很小，排除微量水困难，不易制得高分子量树脂。因此，工业上生产涤纶比较成熟的工艺路线是先使对苯二甲酸甲酯化，然后进行酯交换和缩聚。

1.2.2.1　甲酯化

先将对苯二甲酸（Terephthalic Acid）和甲醇（Methanol）反应，制成易于精制的对苯二甲酸二甲酯（Dimethylterephthalate，DMT），化学式为：

$$HOOC\text{—}\bigcirc\text{—}COOH + 2CH_3OH \leftrightarrow$$

$$CH_3OOC\text{—}\bigcirc\text{—}COOCH_3 + 2H_2O$$

这一阶段特别要注意将苯甲酸一类单官能团物质除尽。

1.2.2.2　酯交换

在温度为150℃~200℃的条件下，使对苯二甲酸二甲酯（DMT）和乙二醇进行酯交换反应，形成对苯二甲酸二乙二酯和少量低聚物。两种原料的实际摩尔比可以是1∶2.4，用醋酸镉和三氧化二锑做催化剂。化学式为：

$$CH_3OOC\text{—}\bigcirc\text{—}COOCH_3 + 2HOCH_2CH_2OH \leftrightarrow$$

$$HOCH_2CH_2OOC\text{—}\bigcirc\text{—}COOCH_2CH_2OH + 2CH_3OH$$

借甲酯的馏出，可使反应向右移动。

1.2.2.3　缩聚

在温度为260℃~290℃和三氧化二锑催化剂存在的条件下，对苯二甲酸二乙二酯通过自缩聚，借真空度和高温，不断抽出乙二醇，以提高聚合度，生产聚对苯二甲酯乙二醇酯（Polyester，PET）。化学式为：

$$n HOCH_2CH_2OOC-\text{C}_6\text{H}_4-COOCH_2CH_2OH \longleftrightarrow$$

$$H-[-OCH_2CH_2OOC-\text{C}_6\text{H}_4-CO-]nOCH_2CH_2OH + (n-1)HOCH_2CH_2OH$$

缩聚在高于涤纶熔点（258℃）的条件下进行，因此属于熔融缩聚。

对苯二甲酸的精制问题解决后，目前在聚酯的两种生产方法中，以PTA为原料，直接与过量的乙二醇酯化而后缩聚的所谓直接酯化法已成为主流。因此，如何制得PTA直接关系到纤维工业的发展。

目前PTA的生产方法有以下四种。

（1）对二甲苯的硝酸氧化法，化学式如下：

$$H_3C-\text{C}_6\text{H}_4-CH_3 + (3/2)HNO_3（稀）\longleftrightarrow$$

$$HOOC-\text{C}_6\text{H}_4-CH_3 + N_2O + H_2O$$

$$HOOC-\text{C}_6\text{H}_4-CH_3 + 2HNO_3（稀）\longleftrightarrow$$

$$HOOC-\text{C}_6\text{H}_4-COOH + 2NO + 2H_2O$$

这种方法是最早采用的方法。

（2）对二甲苯分步空气氧化法，化学式如下：

$$H_3C-\text{C}_6\text{H}_4-CH_3 \xrightarrow[130\sim140℃，1\sim5大气压]{\text{空气、CO催化剂}} HOOC-\text{C}_6\text{H}_4-CH_3$$

$$\xleftarrow{CH_3OH} CH_3OOC-\text{C}_6\text{H}_4-CH_3 \xleftarrow[180\sim210℃，1\sim5大气压]{\text{空气、CO催化剂}}$$

$$CH_3OOC-\text{C}_6\text{H}_4-COOH \xleftrightarrow{CH_3OH} CH_3OOC-\text{C}_6\text{H}_4-COOCH_3$$

这种方法的优点是原料成本低，产品纯度高，但流程复杂，收率也不理想。

（3）对二甲苯一步空气氧化法，化学式如下：

$$H_3C-\underset{}{\bigcirc}-CH_3 \text{（溶剂为HAC）} \xrightarrow[160\sim230℃, 7\sim35\text{大气压}]{CO(AC)_2, HBr}$$

$$HOOC-\underset{}{\bigcirc}-COOH$$

这种方法流程简单，反应迅速，收率高，但醋酸会腐蚀设备，粗产品精制也困难。

（4）苯酐转位法。这种方法技术成熟，产品易精制，可得纯度为99.5%的对苯二甲酸，用于直接酯化缩聚，但苯酐来源有限，且加压固相进行反应，设备及操作较为复杂。

目前，国内一般采用一步空气氧化法制取对苯二甲酸后，再与乙二醇进行综合来制取PTA。

综上所述，用对二甲苯（PX）来制PTA是工业上合成涤纶的一条主要途径。因此，PX成为发展化纤的主要原料来源，PX的主要用途也就是作为PTA或DMT（对酚酞二甲酯）的原料，两者是聚酯纤维和各种塑料产品的重要原料。

1.2.3 重要芳烃生产技术概况

生产PX的途径，一是从重整混合二甲苯中通过吸附分离等物理过程将其中的PX组分分离出来，这是一个物理过程；二是将不含PX的混合二甲苯通过二甲苯异构化反应转化成PX平衡物后再通过吸附分离技术进行分离；三是将C_7A及C_9A等非二甲苯组分通过歧化与烷基转移转化成含有PX的混二甲苯平衡物。其中后两条途径是化学过程。目前国际上还有使用甲苯进行择形催化来生产对二甲苯和苯的途径。据介绍，在得到的二甲苯混合物中PX的浓度可达到90%~95%wt，单程转化率可达到30%~35%，是一个很好的PX生产途径（目前国际上Mobil公司有甲苯择形歧化的专利和工业装置，国内正处在研究试验阶段）。

分离混二甲苯四种异构体的工业方法中，其物理过程主要有深冷结晶法、络合分离法、吸附分离法，其次还有共晶、磺化等方法，其中以吸附分离法最为先进（目前国际上主要有美国 UOP 公司的 Parex 工艺和法国 IFP 公司的 Eluxyl 工艺）。

由上可知，生产 PX 的不同途径都要涉及芳烃的生产技术，即 C_7 芳烃、C_8 芳烃和 C_9 芳烃的生产。由于可利用的原料和目标产物不同，一套芳烃装置会有多种制取方式，完整的从石脑油制取苯和 PX 的芳烃联合装置有以下技术：石脑油加氢，除去原料中的硫、氮杂质；重整，利用催化剂把石脑油制成芳烃；抽提，对苯、甲苯和部分二甲苯进行抽提；歧化，把甲苯和重芳烃转化为苯和二甲苯；THDA，甲苯脱烷基成苯；吸附分离，从混合二甲苯中分离出高纯度的 PX；异构化，二甲苯异构化、将乙苯转化为苯或二甲苯。

一套芳烃装置的组成取决于可用的原料和目标产物，基本的芳烃装置通常包括连续重整，将石脑油转成 BTX；抽提装置，从重整油中抽提苯和甲苯产品；吸附分离装置，从混合 C_8 芳烃异构体中分离高纯度的对二甲苯；异构化装置，使吸附分离出来的物料重新达到平衡。

现代化的完整的芳烃装置如图 1-9 所示，这套装置被设计为最大限度地生产苯和 PX 产品，包括歧化和 THDA 装置，歧化装置是通过甲苯歧化和甲苯与 C_9A 的烷基转移生产出二甲苯，THDA 或热力学脱烷基用于甲苯和重芳烃脱烷基生成苯。在邻二甲苯塔中可通过精馏装置来生产分离邻二甲苯（OX）产品，目前大约 50% 的芳烃装置生产 OX，在这些生产 OX 的装置中，OX 与 PX 产品比例为 0.2~0.6。

生产芳烃有许多可供考虑的原料，下列原料基于目标产品的不同可用于许多不同工艺组成的芳烃装置：直馏石脑油、裂解石脑油、热解石脑油（Pygas）、焦化塔顶油、凝析油气（Condensate）、液化石油气（LPG）、混合二甲苯等。

在以往，石脑油是芳烃装置最常用的原料，重整石脑油提供了世界上 70% 的 BTX；其次是来自乙烯装置中的副产 Pygas，占 23%；来自炼焦炉的炼焦油提供了 6% 的 BTX。热解油和煤焦油是苯的主要来源，并且经常与重

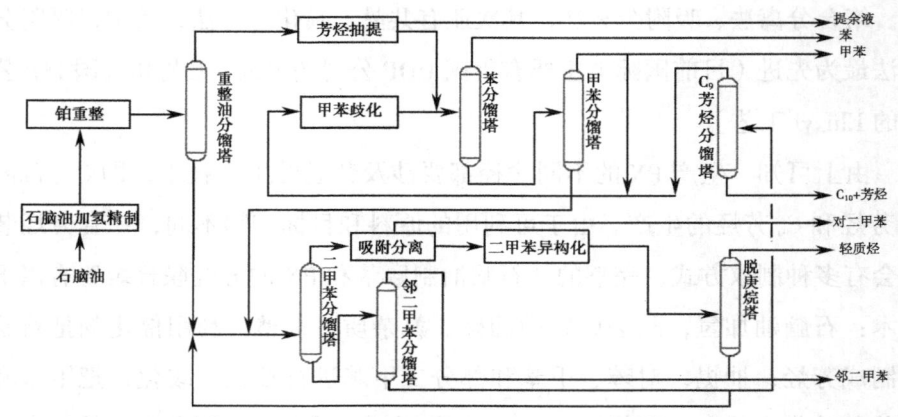

图 1-9　从石脑油生产芳烃的流程框图
资料来源：《对二甲苯（PX）生产工艺介绍》。

整石脑油结合在一起，凝析油气对芳烃生产来说是重要的潜在的原料，不过目前大多数凝析油气会进入裂解炉生产乙烯，世界上许多地区用丰富、过剩、低价的 LPG 生产芳烃（苯、甲苯和二甲苯），并且拥有相关生产技术，美国霍尼韦尔环球油品公司在 1995 年建成第一个以 LPG 为原料的大型芳烃装置，同时在用混二甲苯生产 PX 的贸易中也十分活跃。

以典型组成作为进料的乙烯装置出来的 Pygas 中苯的含量丰富，但几乎没有 C_8 芳烃，只有到以裂解石脑油或重质原料作为进料时，产生的 Pygas 含有丰富的 C_8 芳烃，所有的 Pygas 含有大量的硫氮化合物，因此在作为芳烃装置进料前须经过二级加氢精制。

由于重整油的二甲苯芳烃含量远比 Pygas 多，大多数的 PX 装置是以重整石脑油作为进料，由原油直接简单生产的直馏石脑油是十分丰富的，裂解石脑油是重质原料通过裂解产生的，其在市场上很容易得到，但成分随上游原料的不同而变化，直馏石脑油在作为芳烃装置进料前必须经过加氢处理，但是这个加氢深度不会像 Pygas 需要的那样高，在芳烃联合装置中，连续重整装置是在典型的较高苛刻度（RONC104）下运转，以最大限度地生产芳烃，减少重整液中的 C_8+ 非芳烃。

石脑油由蒸馏装置产生，石脑油的"切割"所得的组成由蒸馏塔的初馏点和终馏点所确定,典型的用于生产 BTX 的原料切割点的初馏点为 77℃,终馏点为 149℃。总之,芳烃装置的操作者总是把石脑油"切割"到符合装置的特殊要求。初馏点升至 75℃~80℃时,由重整装置产生的重整油中苯含量最大;初馏点升到 100℃~105℃时,将使重整油中苯的含量降到最小。

如果在芳烃联合装置中设有歧化装置,C_9 芳烃也将成为二甲苯的额外来源,终馏点在 165℃~170℃的重石脑油,将使重整装置出来的重整油中 C_9 含量达到最大,从而保证芳烃装置中二甲苯和 PX 的高收率。如果没有歧化装置,C_9 作为低值的副产品必须被调入汽油或燃料油中。在这种情况下,石脑油的终馏点应切割 100℃~155℃,以多产二甲苯和苯,从歧化反应器出来的物料进入歧化单元的分离塔,分离掉轻组分,然后经白土处理后送往 B–T 分馏装置,在那里产生高纯度苯产品,而二甲苯被分离出来进入二甲苯回收单元,甲苯和重芳烃也有进入 THDA 装置以生产苯的,从 THDA 出来的物料切除轻组分,然后经白土处理后进入 BT 部分,从歧化和 THDA 分离塔顶部分出来的部分被分成气体和液化气产品,塔顶气体进入燃料网,顶部液体通常循环回重整装置的脱丁烷塔,以回收残余的苯。

从重整装置分离塔底出来的 C_8+ 部分经白土处理后进入二甲苯分离部分,二甲苯分离使进入吸附分离单元混合二甲苯中 C_9A 的含量降到较低水平,C_9A 从吸附分离循环单元中的脱附剂中得到,并在二甲苯分离塔中通过蒸馏除去。二甲苯分离塔的塔顶物直接进入吸附分离装置,塔底物进入 C_9A 塔,分离出 C_9A 返回歧化或 THDA 单元。如果没有歧化或 THDA 单元,C_9A 芳烃通常被调入汽油或燃料油中。

如果在联合装置中要求生产 OX,则二甲苯塔须设计成具有底部可出部分 OX 功能的塔。二甲苯塔塔底料送入 OX 塔,OX 塔顶产出高纯度的 OX,OX 塔底物料进入 C_9A 塔。

二甲苯分离塔的物料直接进入吸附分离单元,以 96wt% 的收率生产纯度达 99.8wt% 以上的 PX 产品,少量剩余的甲苯也将随 PX 被一起分离出来,通过 PX 精制塔分离出来甲苯返回歧化或 THDA 单元,从吸附分离单元出来的抽余液中 PX 已被分离，其中 PX 含量小于 1wt%，抽余液被送往异构化单元。在那里，通过二甲苯异构化的平衡产生额外的 PX。吸附分离单元出来的抽余液中的 EB 因使用的异构化催化剂不同而异构化成 PX 或脱烷基生成苯，从异构化单元出来的物料进入脱庚烷塔，从塔底出来的物料经白土处理重新进入二甲苯分离塔。这样，所有的 C_8 芳烃在芳烃装置的二甲苯回收单元打循环，不断产生 PX、OX 及苯，从脱庚烷塔顶出来的轻组分部分被分成气体或液体产品，顶部气体进入燃料气管网，塔顶液体部分通常返回重整单元的脱丁烷塔以回收残余的苯。

1.2.3.1 甲苯歧化工艺

甲苯歧化工艺就是选择性地将甲苯转化成苯和二甲苯。甲苯转化成二甲苯叫作歧化（TDP）。术语"烷基转移"描述了甲苯和 C_9A 的混合物转化成了二甲苯。

歧化反应化学式为：

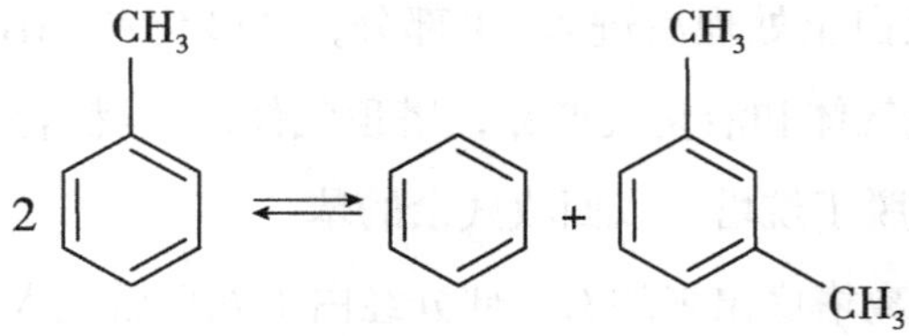

烷基转移化学式为：

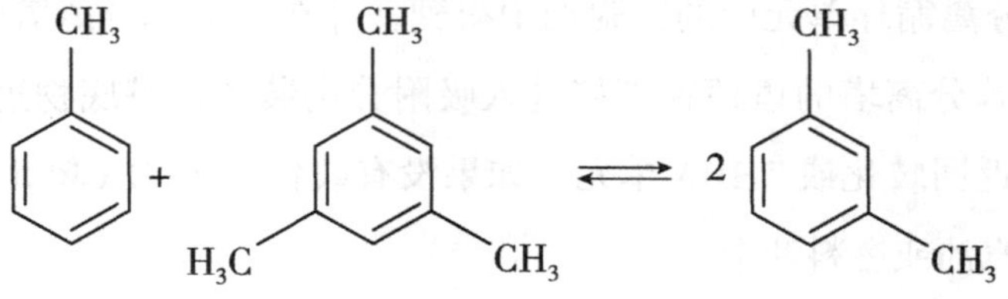

甲苯歧化是唯一成功地使歧化与烷基转移在同一个工艺装置上发生的工业技术。将甲苯歧化装置与芳烃装置结合起来，可以最大限度地提高高品质的苯和对二甲苯的产量，同时也将低品质的甲苯和重质芳烃副产品的产量降到最低。

在现代化的芳烃装置中，甲苯歧化过程位于芳烃抽提和二甲苯回收之间，抽提甲苯作为甲苯歧化的原料，而不再将其与汽油调和或当作溶剂卖掉。如果想最大限度地生产对二甲苯，则 C_9A 也可以送到甲苯歧化装置作为原料，而不再与汽油调和。C_9A 的加工改变了甲苯歧化装置的化学平衡，产物不再是苯，而是二甲苯。

近来，人们对对二甲苯的需求超过了混合二甲苯的供应量，而甲苯歧化工艺提供了一个由低品质的甲苯和重质芳烃生产额外的混合二甲苯的理想方式。对于一个石脑油进料固定的装置，增加一个甲苯歧化工艺，可以成倍增长对二甲苯的产量。

甲苯歧化工艺的独特性就在于可以同时加工 C_9A 和甲苯。加工 C_9A 使得二甲苯生产的进料增加，并且改变装置的选择性，产物由苯变为二甲苯，具体如图 1-10 所示。

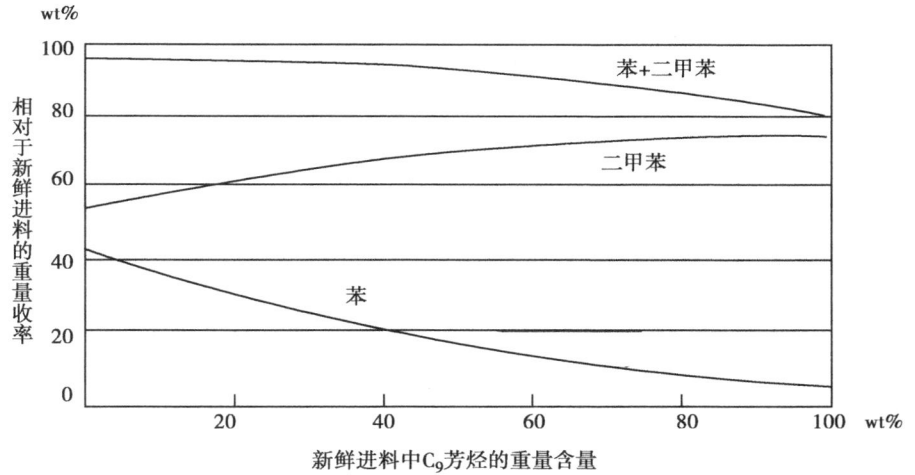

图 1-10　歧化与烷基转移中 C_9 芳烃含量的变化与产品收率的分布情况

一个典型的不带甲苯歧化（TDP）的芳烃装置，当进料为 25000BPD 的轻质阿拉伯石脑油（71℃~149℃馏分）时，可以生产大约 20 万吨/年的对二甲苯。如果在此基础装置上增加一个 C_7A 甲苯歧化装置（进料限为甲苯），则同样的 25000BDP 石脑油可以生产 28 万吨/年的对二甲苯，增加 40%。当再增建一个 C_7A/C_9A 甲苯歧化装置时，石脑油的干点可以从 149℃增加到 171℃，从而可以增加作为进料的 C_9A 量。25000BDP 的重质石脑油可以生产 42 万吨/年的对二甲苯，比基础装置增加 110%。

甲苯歧化工艺的单程转化率比较高。假定进料为50：50的甲苯和C_9芳烃，甲苯歧化过程单程转化率约为50%。转化率高就是最大限度地降低了苯、甲苯部分需要通过装置进行循环的未转化的物质量。小的循环物流就可以减小苯和甲苯的反应塔的尺寸，使甲苯歧化装置规模变小，并使得公用工程耗量降低。由于任何甲苯歧化工艺都产生轻质和重质芳烃副产品，因此降低未转化物质循环，也就是意味着通过 TDP 操作可以提高产品总产量。

甲苯歧化工艺得到石化级的苯和二甲苯产物。全部以甲苯作为原料得到的苯的纯度可以轻易达到美国材料与试验学会（ASTM）规定的精制 545 级苯的规格；若进料中甲苯和 C_9 芳烃各占 50%，则苯的纯度可以满足 ASTM 规定的精制 535 级苯的规格。从甲苯歧化得来的二甲苯含有二甲苯异构体，并且乙苯含量少：对二甲苯为 23%~25%，间二甲苯为 50%~55%，邻二甲苯为 23%~25%，乙苯含量仅为 1%~2%。乙苯含量低使得二甲苯可作为吸附分离装置或对二甲苯结晶装置的原料。

甲基歧化工艺要求在一定的氢气气压下进行，以尽量防止催化剂结焦。由于甲苯歧化工艺芳烃环损坏可以忽略，因此氢耗量非常少。甲基群在反应条件下非常稳定，因此在反应中基本保持不变。绝大多数氢消耗是由于进料中非芳烃杂质的裂化造成的。

广泛的工业生产经验表明，甲基歧化催化剂展示了在很长时间内连续运行的稳定性。绝大多数甲苯歧化装置的设计，可实现在催化剂再生前至少运行 12 个月，但大多数装置均可连续运行几年，而不必进行催化剂再生。催化剂再生，就是就地采用简单的碳燃烧方式。

甲苯歧化技术的进料为纯甲苯或甲苯与 C_9 芳烃（A_9）的混合物。甲苯由重整产物得到（当然还有一部分来自 PX 生产装置的内部循环物）。重整产物中的苯和甲苯在环丁砜装置中被抽提出来，用白土处理，然后分馏出独立的苯和甲苯产物。通常，一小部分甲苯会被作为溶剂卖掉，或重新与汽油调和；剩下的甲苯会被送至甲苯歧化装置，转化成苯和二甲苯。进料中的 A_9 通常由以下组分组成：重整产物回收的直馏 A_9、二甲苯异构化装置及甲苯歧化装置本身的 A_9 副产品。

甲苯歧化工艺可使加工变化范围从 100% 甲苯变为 100% CA_9 的进料。考虑到项目的经济性，进料中 A_9 的范围最优值为 40%~60%。通常，当进料中 A_9 成分增加时，产品组分就向重质芳烃转变。一般情况下，由于高的苛刻度与裂化组分有关，原料中饱和烃的使用受到限制。另外，原料中二环及多分子的组分也受到限制，因为它们可加速催化剂的失活。

一般情况下，歧化原料中组分必须满足以下规格，具体见表 1-7。

表 1-7 歧化原料杂质含量要求

杂质	效应	限制含量
非芳香烃	增加裂解，增加氢耗量，降低苯纯度	重量比 2%，最大
水	抑制脱烷基化反应，可逆	100ppm，最大
总氯	促进芳烃环裂化，可逆	1ppm，最大
总氮	中和催化剂活性中心，不可逆	0.1ppm，最大
总硫	影响苯产品质量	1ppm，最大

甲苯歧化工艺流程简介：甲苯歧化工艺采用一种非常简单的流程，它包括一个固定床反应器和一个产品分离装置。

新鲜进料先与富含氢气的循环气混合，与热反应器的排出物换热后进入加热炉，在加热炉内汽化，达到反应温度时，热的蒸汽进料被送至反应器，然后向下流过固定床催化剂。反应器的排出物通过与混合进料换热器换热，进行冷却。混合进料包括进料与氢气补充气，然后被送至一个产品分离器。氢气富气从分离器顶部抽出，再返回反应器，可用一小部分循环气来吹扫，清除循环线路中积累的轻质烃。分离器底部的液体被送至汽提塔，汽提塔塔顶的 C_5 冷却后分离出气、液相产品。汽提塔塔顶气被送至燃料气系统，塔顶液被打回铂重整装置脱丁烷塔，而物流中的苯可以在环丁砜装置中回收，苯和二甲苯产品伴随未反应的苯和 A_9，被从汽提塔底部抽出，再回到芳烃装置的苯、甲苯分馏进行循环。

主要设备：因为甲苯歧化工艺只要求相对温和的操作条件，因此建造时不需要特殊材料。工艺设计简化及使用常规金属材料，使得投资与维修费用较低。工艺设计的简化使得从现行的重整、加氢脱烷基化和加氢精制装置改造甲苯歧化工艺非常理想。

进料加热炉：该加热炉为普通对流加热炉，物料在加热段加热，对流段用作热油系统或蒸汽发生器。加热炉可以使用燃料油，也可用燃料气，每个喷嘴带有燃料气调节器，加热炉出口装有温度控制器，可调整喷嘴的燃料温度。加热段炉管由 1.25%Cr–0.5% Mo 钢管制造，对流段炉管由碳钢制造。

反应器：甲苯歧化工艺用简单的下流式、固定床、汽相反应器。反应器应该用 1.25% Cr–0.5% Mo 钢制造。

产品分离器：分离器用来将反应器排出物分离成液相产品和富含氢气的循环气。分离器中的压力决定着反应器的压力，分离器的压力通过调节氢气补充气的进口速率来调整。氢气的纯度由循环气压缩机的氢气分析仪监控，当氢气纯度太低时，循环气就进行吹排。在通常情况下，分离气中的废气排出是间断的。产品分离器用镇静碳钢制造。

循环气压缩机：压缩机通常为离心式，由电机或蒸汽透平驱动。压缩机有密封油和润滑油线路，并有自动关闭系统，以便于保护机器。

汽提塔：建造脱庚烷塔的目的是从反应器排出物中移去轻质副产品，与一个热虹吸再沸器结合。热量由上游的二甲苯塔塔顶蒸汽提供。脱庚烷塔由碳钢制造。

换热器：混合进料换热器由 1.25% Cr–0.5% Mo 钢制造，其他换热器由碳钢制造。

具体的工艺流程如图 1–11 所示。

1.2.3.2 吸附分离工艺

目前国际上吸附分离技术成熟的有美国 UOP 公司的 Parex 工艺和法国 IFP 公司的 Eluxyl 工艺技术。两者都是新颖的吸附分离法，用于回收来自混合二甲苯的对二甲苯。混合二甲苯是指包括乙苯、对二甲苯、间二甲苯和邻二甲苯在内的 C_8 芳烃异构体的混合物。这些异构体在一起蒸发，用常规蒸馏使其分离是不可能的。吸附分离工艺采用一种为对二甲苯而选择的固体沸石吸附剂，为回收对二甲苯提供了一种有效的途径。与传统的色谱分离法不一

重要芳烃产业发展趋势及环境影响 1

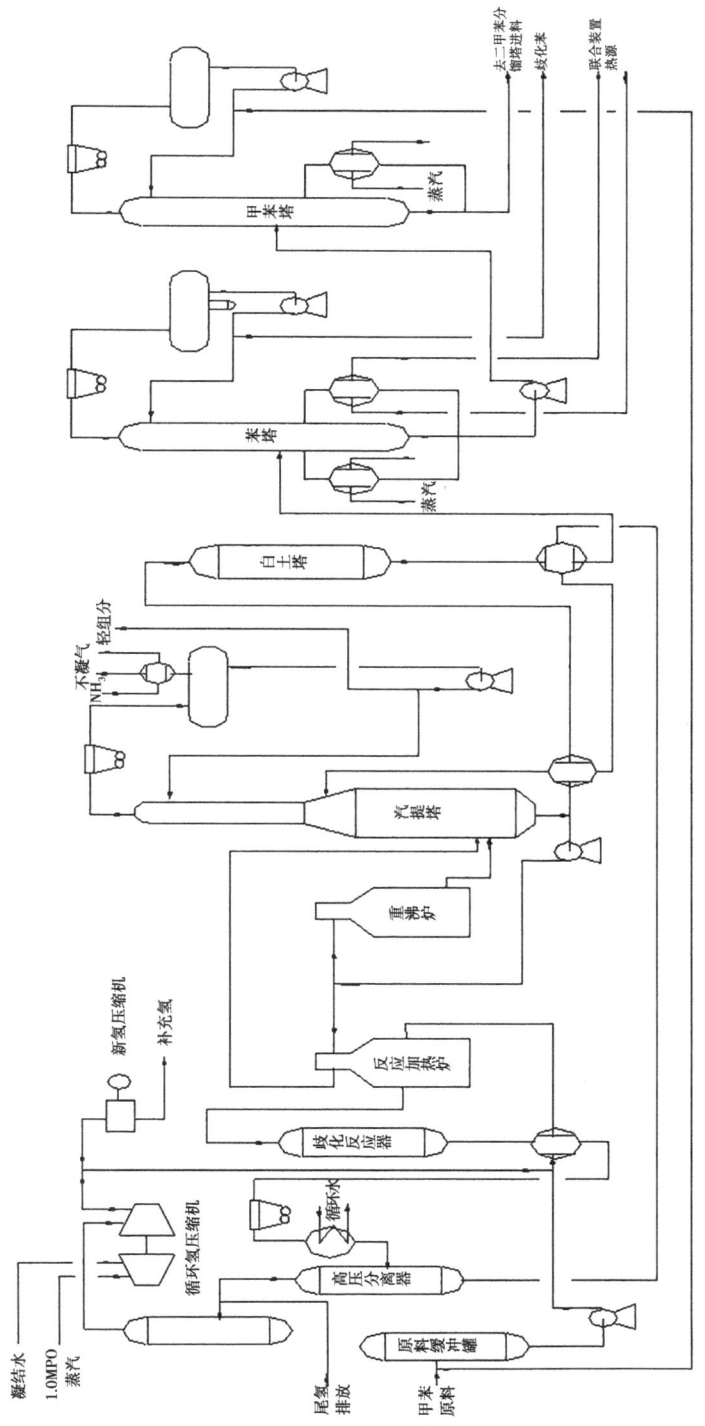

图 1-11 歧化与烷基转移流程图

资料来源：《对二甲苯（PX）生产工艺介绍》。

35

样，吸附分离工艺为连续工艺，它模拟液体进料逆流到固体吸附床上。进料与产品连续进出吸附层，且组分基本保持不变。

吸附分离工艺于1971年问世，不久便成为世界对二甲苯回收的最佳技术。在该工艺之前，只能用分步结晶生产对二甲苯，1975年建造了最新的对二甲苯结晶器，吸附分离装置能从单程进料中回收97%以上的对二甲苯，而提供的对二甲苯产品纯度达99.9%或更高。

吸附分离工艺的优点：①产品纯度高。近20年来，市场需求的对二甲苯纯度大大提高。1971年吸附分离工艺问世时，市场上销售的对二甲苯纯度为99.2%，到1992年，纯度标准已升至99.7%，且有继续上升的趋势。为了满足用户的需求，所有新建的吸附分离装置在每次回收97%的情况下都能生产纯度99.9%的纯对二甲苯。大部分老式吸附分离装置经改造即可生产纯度为99.9%的对二甲苯，其他吸附或结晶技术都无法达到这一性能。②回收率高。与结晶技术相比，吸附分离工艺的突出特点是能从每通过一次的进料中回收97%以上的对二甲苯，而结晶器必须与限制每次通过只回收65%的对二甲苯的低熔组成极限做斗争。

下面将对二甲苯产能25万吨/年的吸附分离联合装置与对二甲苯产能16.8万吨/年的结晶联合装置进行比较，如图1-12所示。图中的高数值表示

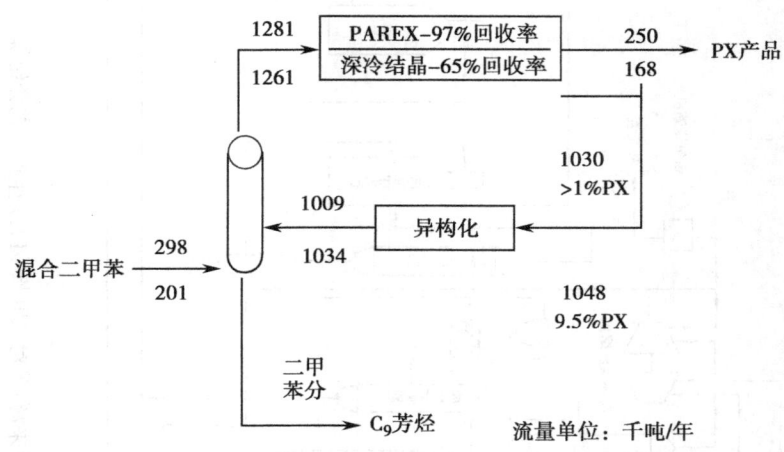

图1-12 吸附分离联合装置与结晶联合装置的比较

资料来源：《对二甲苯（PX）生产工艺介绍》。

通过吸附分离联合装置的流量，低数值则指通过结晶器的流量，吸附分离联合装置从一定规模的二甲苯塔和异构化装置中生产的对二甲苯比结晶联合装置生产的对二甲苯高50%。此外，由于异构化装置循环流量损耗相应减少，因此每个新鲜进料装置的对二甲苯收率也得以改善。生产对二甲苯16.8万吨/年与25万吨/年之差就相当于4000多万美元/年（对二甲苯按500美元/吨算）。对二甲苯生产率保持不变，这两种技术还是可以比较的。这样的话，二甲苯塔和异构化装置要更大些，方能生产等量的对二甲苯，但要增加投资费用和公用工程费用。这就清楚地说明了在整套芳烃联合装置的情况下比较不同技术的重要性。

异构化的最佳使用：在结晶器联合装置中循环对二甲苯，不仅循环线路中的设备规模和循环线路范围内的公用工程消耗较高，而且还无法使用二甲苯异构化能力。来自吸附分离装置的提余液几乎完全被对二甲苯耗尽（小于1%），而来自典型结晶器的母液则含有9.5%的对二甲苯。由于异构化装置不能超过对二甲苯的平衡浓度（23%~24%），所以进异构化装置的进料中任何对二甲苯在该装置单程通过时总量都会降低。因而在加工吸附分离提余液时，相同的异构化装置每次通过时可产的对二甲苯比加工结晶器母液时所产的对二甲苯大约要多60%。

吸附剂寿命长：吸附分离工艺使用的沸石吸附剂价格昂贵。对一套年产20万吨对二甲苯的吸附分离装置填充一次吸附剂约需1000万美元。为降低这种投资，在设计和工艺操作中务必小心，以消除潜在的吸附剂污染源。在正常操作的情况下，吸附分离的吸附剂估计寿命为10年。许多吸附分离装置的吸附剂都已运转10年以上，且吸附剂性能没有变化。

公用工程消耗低：在吸附分离工艺中使用重的吸附剂可以减少从抽提液和提余液中分离出脱附剂所需的能耗。每套吸附分离装置都与对二甲苯塔热联合，将来自加压二甲苯的塔顶馏出物用来重沸吸附分离装置中的脱附剂。此外，使用特殊的高通量再沸器管使传热到最大限度，并使二甲苯塔的设计压力降到最低限度。

进料：大部分用来生产对二甲苯的混合二甲苯都来自催化重整的粗汽

油。大量的混合二甲苯是由甲苯歧化装置生产的，或者是回收乙烯装置裂解重质进料的热解汽油副产品。在大部分情况下，去吸附分离装置的这种二甲苯进料就不需要在溶剂抽提装置中进行处理，即脱除非芳烃杂质。这些杂质会使公用工程消耗增加，又占据供二甲苯用的吸附分离装置的空间，但这些杂质不影响对二甲苯产品的纯度或吸附分离装置的回收情况。

吸附分离装置用的进料必须经预分馏，以分离出 C_8 芳烃馏分，并以白土处理，以免影响吸附。如果吸附分离装置与上游炼厂或乙烯装置是联合在一起的，那么联合装置在设计时应将预分馏和白土处理一并考虑进去。如果另外购买混合二甲苯运送到现场，在进入吸附分离装置之前，必须先经汽提、白土处理和再蒸馏。

一般来讲，进吸附分离装置的进料应符合以下规格，见表 1-8。

表 1-8 吸附分离装置的进料规格要求

污染物	影响	极限
苯	改变吸附剂的选择性，可逆	500ppm，最大
甲基乙基苯	随同对二甲苯被抽提，污染产品	100ppm，最大
其他 C_9 芳烃	聚集在循环脱附剂上，增加公用工程消耗	500ppm，最大
总硫	粘固吸附中心，能力下降，可逆	1ppm，最大
总氮	粘固吸附中心，能力下降，可逆	1ppm，最大
活性氧	粘固吸附中心，能力下降，可逆	1ppm，最大
羰基化合物总量	破坏沸石结晶体结构，不可逆	
总氯	影响沸石晶体结构，不可逆	
水	水太多会对吸附剂引起水蒸汽热损坏	
溴指数	烯烃聚合，聚积在吸附剂上，能力下降，不可逆	20，最大
色泽（Pt-Co）	对二甲苯的规格要求	10，最大
铅	改变吸附剂的选择，不可逆	5ppb，最大
砷	改变吸附剂的选择，不可逆	1ppb，最大
铜	改变吸附剂的选择，不可逆	5ppb，最大

工艺流程简介：典型的吸附分离装置的每个吸附室被分成许多吸附床层。每个吸附床由下面的专用栅板支撑，栅板还装有流量分配器，每个流量分配器通过床层管线连接到旋转阀或控制阀系统。各吸附床层间的流量分配器是用来注入或排出来自吸附层的液体，或者重新分配吸附室断面面积上的液体。

典型的吸附分离装置有24块吸附床层、24块栅板。考虑实际建造的便利性，大部分吸附分离装置由2个吸附室与12块床层相串联组成。

在吸附分离工艺中，有4股物流，通过旋转阀或控制阀系统将这些物流分配到吸附室。这些物流包括：①进料输入——混合二甲苯进料；②抽出液——对二甲苯与脱附剂；③抽余液——乙苯、间二甲苯、邻二甲苯与脱附剂；④脱附剂送入——循环来自馏分工段的脱附剂。

在任何给定的时间，只有4根床层管线是有效的，将净物流输入或输出吸附室。按照组分纵向分布下移到吸附室，用旋转阀或阀门控制定期转换液体进料的排出点。循环回流泵能使液体从一个吸附室的底部循环到另一个吸附室的顶部。将来自旋转阀的稀释抽提液送入抽提液塔，以便分离来自脱附剂的抽提液。将来自抽提液塔塔顶的馏出物送到成品精制塔，在这里，进料带来的少量甲苯都能分离出来，进而得到高纯度的对二甲苯产品。将来自旋转阀的稀释提余液送到提余液塔，以便分离来自脱附剂的提余液。提余液塔出来的塔顶馏出含有尚未萃取的C_8芳烃：乙苯、间二甲苯、邻二甲苯。然后，将提余液产品送到异构化装置，在此生成附加的对二甲苯，最后循环到吸附分离装置。

来自抽提液塔塔底和提余液塔塔底的脱附剂通过旋转阀或程序控制系统循环回到吸附室，进料中所有污染物将聚在脱附剂上。为防止污染聚积，要制订措施，以便使循环脱附的一部分流进一个小型的脱附剂再蒸馏塔，在此除去任何污染物。在正常运转期间，混合二甲苯在被送入吸附分离装置之前要进行汽提、白土处理和再蒸馏。

认识Sorbex：Sorbex为连续工艺，它模拟液体进料逆流到固体吸附床层上。了解Sorbex工艺的捷径是将其看作液体进料和固体吸附剂的逆向流动，如图1-13所示。

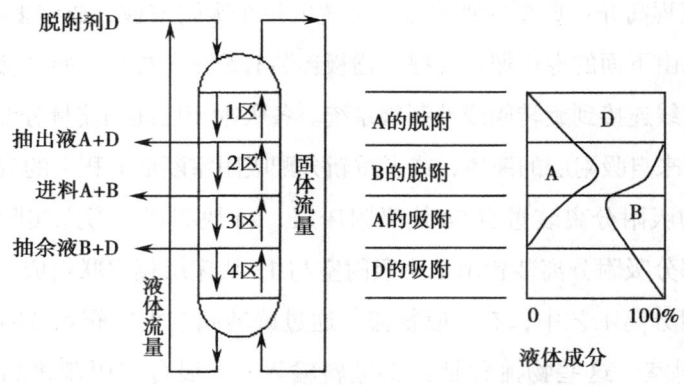

图 1-13 Sorbex 装置移动床模拟示意图

资料来源:《对二甲苯(PX)生产工艺介绍》。

简言之,假如进料是组合 A 和 B 的双元混合物,那么,组分 A 将选择性地被吸附剂所吸引。实际上,进 Sorbex 装置的进料中可能会含有许多组分,其中一种组分会被选择性地回收。

四种静物流的注入和排出位置将吸附床层分成以下四区。

1 区,即 A 脱附。在脱附注入和萃取排出点之间。进入 1 区的吸附剂只携带组分 A 和组分 D。进入该区顶部的液体含有纯组分 D。当液体物流向下流动时,微孔中的组分 A 将被组分 D 所置换。离开 1 区底部的部分液体作为萃取物被排出,剩余的向下流入 2 区,作为回流。

2 区,即 B 脱附。在进料注入和萃取排出点之间。在新鲜进料点,向上流动的固体吸附剂含有大量 1 区吸附的组分 A。但微孔还含有大量的组分 B,因为吸附剂刚与新鲜进料接触过,进入 2 区顶部的液体不含组分 B,只含组分 A 和 D。然而,吸附剂通过 2 区向上流动时,组分 B 逐渐被来自微孔的组分 A 和组分 D 所置换。在 2 区的顶部,吸附剂的微孔中只含组分 A 和组分 D。

3 区,即 A 吸附。在进料注入和提余液排出点之间。当进料向下流过 3 区时,到固体吸附的逆流向上流,组分 A 选择性地从进料中被吸附到吸附剂的微孔中,同时,脱附剂(组分 D)从吸附剂的微孔中被脱附剂吸附,以便使孔中让出供组分 A 用的空间。

4 区,即离析区。该区的主要作用是把 3 区中的进料组分与 I 区中的萃取物分开。在 1 区顶部，吸附孔完全被组分 D 填充。进入 4 区顶部的液体含有组分 B 和组分 D。通过适当地调节 4 区的流量，有可能防止组分 B 流入 1 区，避免萃取物的污染。

　　选择脱附剂时，要使其沸点与进料组分的沸点有很大的区别。另外，脱附剂必须能置换来自吸附微孔的进料组分。相反，脱附剂也能使进料组分置换来自吸附剂微孔的脱附。因此，必须选择脱附剂，以便能和进料组分争夺固体吸附中任何有效微孔的空间。

　　实际上，真正移动固体吸附床是非常困难的。在 Sorbex 工艺中，确保活塞流、将返混减至最低限度却至关重要。在一套工业化的 Sorbex 装置中，吸附床层直径可达 7 米，保持活塞流过如此之大的直径是不可能的。

　　在 Sorbex 工艺中，液体进料和被吸附产物是逆向流动的，没有固体物理移动。而逆向流动是通过变换液体注入点和排出点（沿固体吸附固定床）来模拟的。在这个模拟移动床技术中，浓度纵向分布实际上是向下移到吸附室。随着浓度纵向分布的移动，净物流的注入点和排出点随其而移动。净物流的移动是由 UOP 公司专门为 Sorbex 工艺而开发的旋转阀来完成。虽然这种切换动作基本上是通过大量分离开/关控制阀重复进行，但 UOP 旋转阀简化了该装置的操作，且改善了可靠性。在吸附分离工艺中，模拟移动床性能实际上是通过两个移动机构达到的：旋转阀（或是程控阀）和循环回流泵通过吸附室循环液体。

　　四个区各自的实际液体流量是不同的，原因是净物流的增加或排出量不同。由于浓度纵向分布是下移至吸附室，故这些区也下移到吸附室，所有的液体循环率由循环回流泵控制。循环回流泵必须在四种不同的流量情况下进行运转，从而决定哪个区通过泵。

　　吸附分离的设备方案：UOP 公司的吸附分离采用 Parex 工艺。这套设备包括旋转阀、吸附室内件或栅板、旋转阀的控制系统、循环回流泵及 net flonss。其中，旋转阀是一种经过高度精密设计的工艺件，UOP 旋转阀对对二甲苯产品的净化和对二甲苯固定床液相连续吸附分离过程的可靠性起决定性作用。吸附室的栅条对对二甲苯固定床液相连续吸附分离过程的性能也着起决定性作用。这些特制的栅条用来支撑每个吸附床,防止固体吸附剂漏入工艺物流。同时,每个栅条有一个流量分配器,在不同的时间,该分配器用来注入或抽取净物流中的一种流,或者把液流从一个吸附床重新分配到下一个吸附床。吸附室中流量的正确分配对对二甲苯的净化和回收性能是非常重要的,但是这在大直径容器内是难以达到的。随着对二甲苯规模的逐年扩大,UOP公司目前已研究出确保正确流量分配,而且保持过程良好的栅条设计。

UOP公司提供的对二甲苯控制系统是一种监视和控制净物流流量率、计算和控制循环回流正确流量率,以及确保旋转阀良好操作的特殊系统。该控制系统的精密流量对对二甲苯的性质起决定作用。此外,旋转阀是一种需要有专门控制系统的设备特殊零件。

由于对二甲苯固定床液相吸附分离过程中采用的是温和操作条件,因此整套装置可由碳钢构制成。

对二甲苯固定床液相连续吸附分离过程通常与上游二甲苯塔热联合。在二甲苯塔顶端获取混合二甲苯,从塔底脱去重质芳烃。用二甲苯塔的顶端蒸汽重新沸腾对二甲苯吸附分离装置的抽出液塔和抽余液塔。

UOP公司的PX装置内提供高性能的热输送管线,称为"高通量管线"。此管线采用促使泡核沸腾,而且能使常用管线的传热系统提高到10倍的特殊涂料层。对对二甲苯吸附分离装置分馏塔的重沸器来说,特殊的高通量管线可以减小再沸器,并使得二甲苯塔设计成低压操作。在吸附分离再沸器中没有高通量管线的情况下,二甲苯塔必须设计在 $9.73\sim11.3\text{N/m}^2$ 下操作。带有高通量管线,二甲苯塔的设计压力可降到 $7.1\sim7.9\text{N/m}^2$。

设计低压操作的二甲苯塔可以减少塔的安装费用和公用工程的消耗费用。高通量管线的附加费用几乎也是通过那些二甲苯塔中节省的费用来断定的。

同时,UOP公司也提供了一系列高性能蒸馏塔板,称为"多降液管塔板"或"MD塔板"。MD塔板用于大量的液体装载,而且当蒸馏和液体量之间的体积比低时特别有效。使用MD塔板提供了一个大的总溢流堰长度,并降低了塔板上的泡沫高度，因此 MD 塔板可以安装在比常规蒸馏塔小的塔板处。在新塔的设计中，使用 MD 塔板使得所需要的直径减小，塔的高度降低。

IFP 的吸附分离采用 Eluxyl 工艺，这套设备包括 144 套程控制阀、吸附室内件或栅板、吸附分离的控制系统 SCS、循环回流泵。其中，144 套程控制阀和 SCS 控制系统对对二甲苯产品的纯度和对二甲苯固定床液相连续吸附分离过程的可靠性起决定性作用。吸附室的栅条对对二甲苯固定床液相连续吸附分离过程的性能也起决定性作用。这些特制的栅条用来支撑每个吸附床和防止固体吸附剂漏入工艺物流。同时，每个栅条有一个流量分配器，把液流从一个吸附床重新分配到下一个吸附床。

IFP 提供的对二甲苯控制系统 SCS 是一种监视和控制净物流流量率、计算和控制循环回流正确流量率，以及确保程控阀良好操作的特殊系统。该控制系统的精密流量对对二甲苯的性能起决定作用。

在装置的设计中也采用了被称为"高通量管线"的再沸器。同时，在大型分馏塔上也拟采用高性能蒸馏塔板，称为"多降液管"或"MD 塔板"，以提高塔的分馏效率，降低塔高，减少操作费用。

1.2.3.3　二甲苯的异构化工艺

工艺概况：异构化工艺的主要作用是最大限度地从 C_8 芳烃异构化混合物中回收特殊的二甲苯异构物。所谓"混合二甲苯"，是指含有对二甲苯、邻二甲苯、间二甲苯，以及一些乙苯平衡混合物的 C_8 芳烃混合物。该异构化工艺最常用于对二甲苯的回收，也可以用来最大限度地回收邻二甲苯或间二甲苯。在对二甲苯回收的情况下，混合二甲苯进料加入对二甲苯装置，在那里，对二甲苯异构物优先萃取，单程纯度为 99.9%（重），回收率为 97%（重）。然后把来自对二甲苯吸附分离装置的提余液（对二甲苯几乎全耗尽）送入异构化装置。异构化装置重新确定二甲苯异构化平衡分配。实际上，从剩余的邻二甲苯和间二甲苯中产生了附加的对二甲苯，然后把来自异构化装置的流出物重新循环到对二甲苯吸附分离装置，以回收附加的对二甲苯，这样邻位的、间位的异构物被循环直到消除。

目前，异构化装置国内使用的催化剂主要有 UOP 公司的 I 系统和石油化工科学研究院（以下简称石科院，RIPP）的SKI系列。其中UOP公司为异构化工艺提供了两种不同类型的催化剂，用这两种催化剂重新确定二甲苯异构物的平衡混合物，但是它们在处理乙苯方面有差别：I–9催化剂采用异构化反应的机理、把乙苯转化为附加的二甲苯异构物；而I–100催化剂采用一种脱烃的机理把乙苯转化为苯的副产品。异构化催化剂的选择取决于进料的可靠性和芳烃装置的理想产品分配。I–9和I–100两种催化剂为双功能催化剂，它们既包括沸石酸性部分，又包括铂金属部分。I–9催化剂采取球形基础成分，而I–100催化剂采用挤压成型。

　　石科院的异构化催化剂使用的是SKI系列，目前已发展为SKI–400或是SKI–400–40型。以贵金属铂为加氢脱氢组元，氢型丝光沸石和特殊性能的ZSM–5为酸性组元的双功能催化剂，在高空速、低氢油分子比下长期运转，有较高的活性、选择性及稳定性。其担体采用氧化铝沸石，其中的铂含量在0.38wt%左右，为挤压成型。

　　进料：用于异构化装置的原料通常包括来自对二甲苯装置的提余液，该液在进入对二甲苯装置之前早已经过汽提、白土精制处理而再次使用。同时，可以理想地把新鲜混合二甲苯进料直接加入异构化装置，或者异构化装置可以和分馏一起使用，只产出邻二甲苯。在任何情况下，去异构化装置的进料应符合下列规格，见表1–9。

表1–9　异构化装置进料杂质含量要求

杂质	效应	极限
水	使催化剂失活，腐蚀	200ppm，最大
总氯	提高酸性功能，裂化，可逆	2ppm，最大
总氮	中和酸性部分，使催化剂失活，不可逆	1ppm，最大
总S	减少pt的活性，裂化，可逆	1ppm，最大
铅	抑制酸和pt，不可逆	20ppm，最大
铜	抑制酸和pt，不可逆	20ppm，最大
砷	抑制酸和pt，不可逆	2ppm，最大

去异构化装置进料中的任何非芳香化合物都要裂化为轻质烃,并从异构化装置环路中脱除。裂化非芳香介质的这种性能免去了混合二甲苯萃取的要求,大大减小了环丁砜装置的规模。在芳烃装置中,把来自 CCR 铂重整装置的重整液分离成 C_7、C_8+ 分馏物,把 C_7- 分馏物送到环丁砜装置以回收高纯度的苯和甲苯,而 C_8+ 分馏物直接送入装置的二甲苯回收部分。

去异构化装置的富氢气体要符合下列规格,见表1-10。

表1-10 异构化富氢气体规格

杂质	效应	极限
水	使催化剂失活,腐蚀,不可逆	20 ppm,最大
CO	使催化剂失活,可逆	5ppm,最大
CO_2	使催化剂失活,可逆	5ppm,最大
H_2S	使催化剂失活,可逆	1ppm,最大
Hcl	增加裂化,腐蚀,可逆	2ppm,最大
NH_3	中和酸性部分,使催化剂失活,不可逆	1ppm,最大

工艺流程简介:异构化装置总是与一种或更多种二甲苯异构物回收联合在一起,大多数情况下,异构化与对二甲苯吸附分离过程联合在一起,以回收对二甲苯。

为满足对二甲苯装置的进料规格,把去对二甲苯吸附分离异构化环路的新鲜混合二甲苯进料先送到二甲苯塔,该塔可以设计为底部回收邻二甲苯或者简易地从塔底排放 C_9+ 芳香化合物,然后把含有不到500ppm 的 C_9+ 芳香烃的二甲苯塔顶物送入对二甲苯塔顶吸附分离装置,该装置中,在单程回收率为97%(重)的情况下,产生纯度为99.9%(重)的对二甲苯。将来自对二甲苯吸附分离装置的提余液[含有不到1%(重)的对二甲苯]送入异构化装置。去异构化装置的进料最先与富氢循环气和异构化反应器中的少量氢气混合,混合进料同反应器流出物换热后预热,然后在升高到反应器操作温度的加热炉中蒸发,把热进料蒸汽送入反应器。在这里,蒸汽径向通过催化剂固定床,反应后的物料同混合进料换热冷却,然后到产品分离器,在产品分离器的顶端取出富氢气体，并循环回到反应器，用少部分循环气进行吹扫，以除去来自循环气回路中累积的轻质烃。把来自产品分离器底的液体送到脱庚烷塔。冷却来自脱庚烷塔的 C_7- 塔顶物，并分离成气体和液体产品，把脱庚烷塔塔顶气体排到燃料气体系统。塔顶液体重新循环回到铂重整装置脱丁烷塔，以使这个物流中的苯可以在环丁砜中回收，来自脱庚烷塔的 C_8+ 分馏物经过白土处理，同新鲜混合二甲苯进料混合，然后再循环回到二甲苯塔装置。

设备：①进料加热炉，进料加热器常常为辐射对流型加热炉。在辐射部分和对流部分中经过加热的工艺物流用于热油系统或产生蒸汽。加热炉可设计为用燃料气操作或者燃料油操作。每个燃烧炉配有一个燃料气调节装置。加热炉出口处的温度控制器可以调节燃烧炉的燃料流量，辐射一段管子由 0.5%~1.25% 的钼构制成，对流段中的管子由碳钢制成。②反应器，异构化工艺采用径向反应器。把来自进料加热炉的蒸汽送到反应器顶部。并分布到侧壁，然后蒸汽径向通过一组扇形管，通过固定催化剂床，再进入一个中心管，反应器流出物通过中心管向下流入反应器出口处，径向流动反应器的优点是低压降。由于反应速率对压力很敏感，因此在异构化中此压降很重要。低压降也能降低循环气压缩机的功率消耗，反应器由 0.5%~1.25% 的钼构成。③产品分离器，产品分离器的用途是把冷凝的反应器流出物分离成液体产品和富氢循环气，分离器的压力确定反应器的压力。通过控制氢补充流量来调节分离器压力。循环气中的氢纯度通过循环气体压缩机吸入处的氢分析仪来监控。当氢纯度达到相当低时，循环气进行小吹排即可。在正常情况下，来自分离器的净废气流量仅是间歇的。④循环气压缩机，压缩机常常是离心式的。可以通过电动马达或蒸汽透平驱动。压缩机既配有密封油和润滑油循环系统，又配有自动停车系统，以防机器损坏。⑤脱庚烷塔，该塔的用途是从反应器流出物中脱除轻质副产品，热量往往由安装在对二甲苯吸附分离装置上游的二甲苯塔的塔顶蒸汽提供。脱庚烷塔由碳钢构成。⑥换热器，组合的进料换热器由 1.25%~0.5% 的钼构制成，其他换热器由碳钢构制成。具体工艺流程如图 1-14 所示。

重要芳烃产业发展趋势及环境影响 1

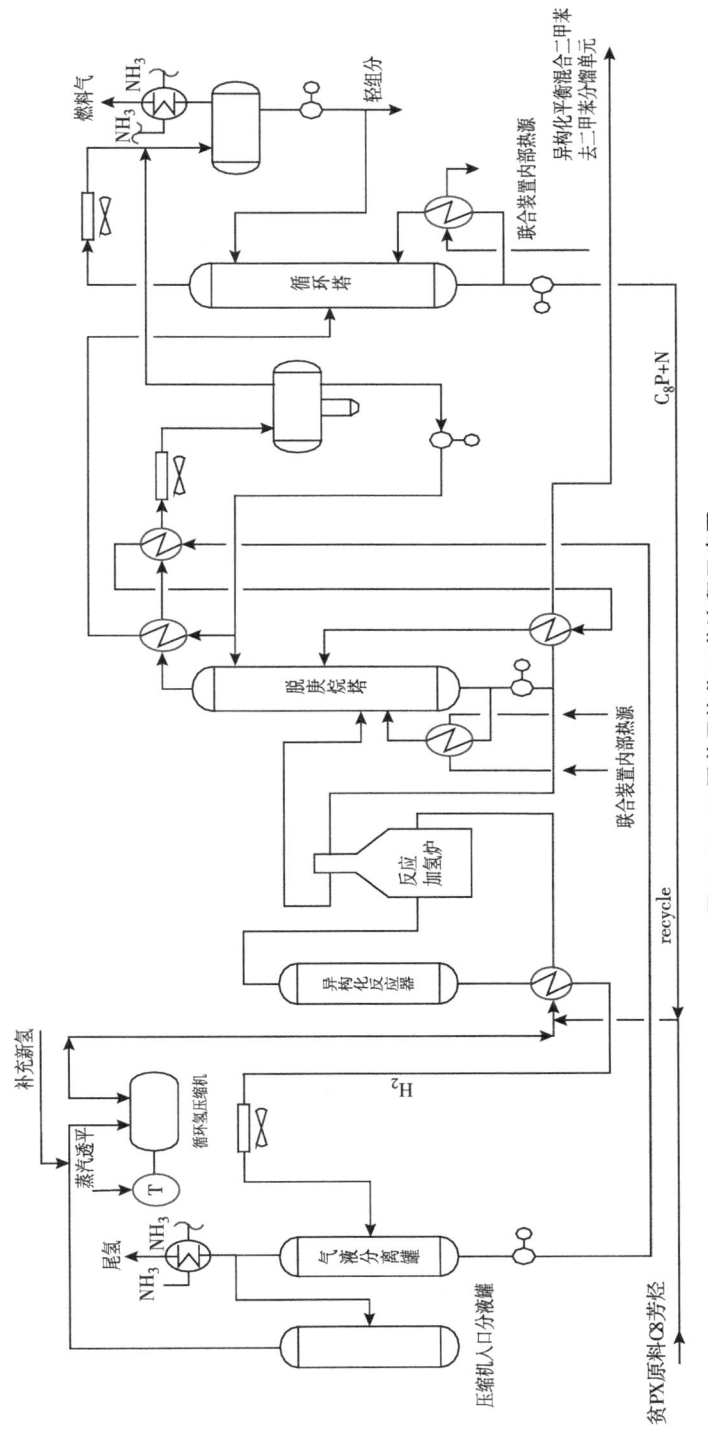

图 1-14 二甲苯异构化工艺流程示意图

资料来源:《对二甲苯(PX)生产工艺介绍》。

47

1.3 区域重要芳烃产业发展

1.3.1 辽宁省石化产业发展态势

石化工业是辽宁省第一大支柱行业。近两年，随着辽宁省推动全面深化改革，扩大开放合作，加快经济转型，一批大炼化项目逐步建成，辽宁石化产业正在向一体化、规模化、集群化的方向发展，向世界级石化产业基地迈进。

根据统计局资料，2019年辽宁省石化工业增加值比2018年增长11.9%，占规模以上工业增加值的比重为27.2%。其中，石油、煤炭及其他燃料加工业增加值增长14.9%，化学原料和化学制品制造业增加值增长11.1%。

目前，辽宁省石化重点企业主要集中在大连、沈阳、盘锦等市。重点企业有：中石油抚顺石化、中石油辽河石化、中石油辽阳石化、中石油锦州石化、中石油锦西石化、中石油大连石化、华锦化学、北方沥青、西太平洋石化、恒力石化，以及沈阳科创、佳化化学、辽宁同益、沈阳化工、天合化工、七彩化学、奥克化学、科隆精细化工、宝来化工、方大锦化、鞍轮集团、福佳大化、逸盛大化、大化集团、固特异轮胎、普利司通轮胎、米其林轮胎、和平轮胎、浪马轮胎、盘锦中润、盘锦和运等。

辽宁省石油加工行业的主导产品为汽油、煤油、柴油、润滑油、沥青、有机化工原料等；化学工业主导产品为基础化工原料、合成材料、化肥、农药、染料、颜料、专用化学品、橡胶制品等几大类，2018—2019年主要产品产量如表1-11所示。与其他省市相比，近年辽宁省的原油加工量、成品油、乙烯、PTA等石油加工子行业的产品产量居于前列，而合成橡胶、化学纤维、涂料等化学工业子行业的产品产量规模较小，全国排名靠后。

表 1-11　2018—2019 年辽宁省主要石化产品产量

产品名称	2019 年	2018 年	同比增速（%）
天然原油（万吨）	1053.30	1040.70	1.21
原油加工量（万吨）	9871.20	8176.90	20.72
成品油（万吨）	4704.80	4381.70	7.37
汽油（万吨）	1789.10	1592.80	12.32
煤油（万吨）	768.90	612.30	25.58
柴油（万吨）	2146.80	2176.60	−1.37
氢氧化钠（烧碱）（折100%，吨）	766672	763131	0.46
离子膜法烧碱（折100%，吨）	766672	763131	0.46
化肥总计（折纯）(吨)	381494	457810	−16.67
合成氨（无水氨，吨）	500669	483124	3.63
乙烯（吨）	1870322	1761751	6.16
合成树脂及共聚物（吨）	4012660	3753656	6.90
化学纤维（吨）	238416	205343	16.11
合成橡胶（吨）	106893	108738	−1.70
涂料（吨）	142721	131977	8.14
化学试剂（吨）	546448	533528	2.42
橡胶轮胎外胎（条）	28968373	30107555	−3.78

数据来源：国家统计局，规模以上企业统计数据。

石化工业是辽宁省原材料工业的重要组成部分。2019 年 1 月，辽宁省制定并出台了《辽宁省建设国家新型原材料基地工程框架实施方案》（以下简称《方案》）。《方案》提出为推进石化行业集约化、差异化发展，辽宁省将建设大连、盘锦世界级石油和化工产业基地，以长兴岛（西中岛）石油和化工产业基地为核心，以发展化工新材料、无机非金属新材料及金属新材料三大类为重点。

《方案》提出，到 2020 年，辽宁省原材料工业将初步实现产业结构转型升级和产业布局优化，主营业务收入力争达到 1.4 万亿元，年均增长 8.7%；

新材料销售收入占原材料工业主营业务收入的比例达到10%；新增省级企业技术中心30户；新增各类省级科技研发平台30个；创建省级绿色工厂20户；石化和钢铁工业先进过程控制投用率达到60%以上。同时，该《方案》提出将发展新材料作为推进国家新型原材料基地建设的突破口，以供给侧结构性改革为主线，加快新材料产业发展，加快传统产业优化升级，瞄准高端化、绿色化和智能化，不断提高新材料在原材料工业中的比重，获得产业新动能，实现原材料工业高质量发展。其中，化工新材料重点发展超高分子量及茂金属等高端牌号聚乙烯、高端牌号糊树脂等高性能合成树脂，高性能热塑性聚酯等特种工程塑料，溶聚丁苯橡胶等特种合成橡胶，聚苯乙烯类等热塑性弹性体，差别化聚酯纤维等高性能合成纤维，以及水处理用高通量纳滤膜等功能性膜材料，高性能催化材料等高性能功能材料。

该《方案》要求，石化行业要优化升级传统产业，推进现有炼厂优化升级，进一步提升成品油质量，降低柴汽比，提高原料型产品比重，加快推进重大炼化一体化项目建设，提升全省炼化一体化水平，增强"三烯""三苯"、环氧乙烷/乙二醇、苯乙烯、环氧丙烷等基础有机化工原料供给能力，大力发展高效环保催化剂、特种表面活性剂、油品添加剂、水处理剂、混凝土外加剂、食品饲料添加剂、塑料助剂、胶黏剂、含氟化学品、环境友好型农药、功能性专用涂料、高档有机颜染料等精细化工产品。推进橡胶制品、氯碱化工、化肥等传统行业提质增效。

为推进石化行业集约化、差异化发展，辽宁省将以长兴岛（西中岛）石油和化工行产基地为核心，以松木岛化工园区为辐射，重点发展有机化工原料和化工新材料，催化剂、医药中间体、电子化学品等高端精细化学品，构建循环经济产业体系，重点打造完整的炼油—PX—PTA—聚酯—差别化纤维产业链。以辽东湾新区石化及精细化工产业园区为核心，以辽宁盘锦精细化工产业园区和辽宁北方新材料产业园为辐射，重点发展化工新材料、精细化工产品和高分子新材料产业，培育完善乙烯、丙烯、碳四、芳烃四大产业链。优化提升抚顺、辽阳、沈阳、锦州、营口、葫芦岛石油和化工行业发展水平。推动阜新、鞍山特色石油和化工行业发展。新建炼化项目进入石化基

重要芳烃产业发展趋势及环境影响 | 1

地,新建化工项目进入化工园区。

作为中国的老工业基地,辽宁省曾经为国家构建独立完整的工业体系做出了重大贡献,然而,过去几年辽宁省经济下行趋势明显,2015年经济增速大幅降低,2016年甚至出现负增长,2017年走出低迷实现正增长,2018年、2019年辽宁省经济发展呈现稳中有进、总体向好的良好态势。经国家统计局统一核算,2019年辽宁省生产总值24909.5亿元,比2018年增长5.5%。

辽宁省工业总产值中,重工业所占比重较大,维持在80%左右,相对而言,轻工业所占份额较少,为17%~20%。其中,重工业以装备制造业和原材料工业为主,包括金属制品业、通用设备制造业、汽车制造业、石化工业、冶金工业及建材工业等。轻工业主要以农产品加工业为主,主要包括食品加工业和纺织业。

2019年,辽宁省规模以上工业中,装备制造业增加值比2018年增长7.2%,占规模以上工业增加值的比重为29.7%。其中,计算机、通信和其他电子设备制造业增加值增长25.3%,通用设备制造业增加值增长5.0%,汽车制造业增加值增长2.5%。全年石化工业增加值比2018年增长11.9%,占规模以上工业增加值的比重为27.2%。其中,石油、煤炭及其他燃料加工业同比增加值同比增长14.9%,化学原料和化学制品制造业增加值同比增长11.1%。全年冶金工业增加值同比增长5.1%,占规模以上工业增加值的比重为16.3%,如图1-15所示。

目前,辽宁省工业经济已形成金属制品、通用设备制造、汽车制造、石化

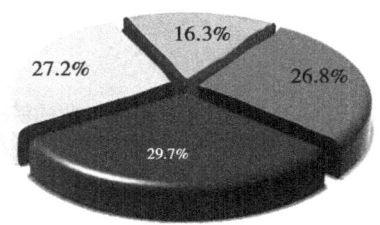

图1-15 2019年辽宁省规模以上工业增加值行业构成

资料来源:《辽阳高新技术产业开发区化工园区总体发展规划》。

工业、冶金工业、建材工业，以及食品加工业、纺织业等主要门类，其中石化工业、装备制造、冶金工业是三大支柱产业。近年，辽宁省围绕实施"一带五基地"建设和"五大区域发展战略"，大力培育发展新动能，扎实推进制造强省建设和工业供给侧结构性改革，推动全省工业高起点起步、高质量发展，在数量向质量转变中，加快实现辽宁工业全面振兴。目前辽宁高技术产业增加值年增长率达18%，集成电路、工业机器人、新能源汽车等高新技术产品实现较快增长。一批掌握核心技术、利用"互联网+"发展、适应市场需求的企业增势良好。石化工业与辽宁省主要工业的带动关系如图1-16所示。

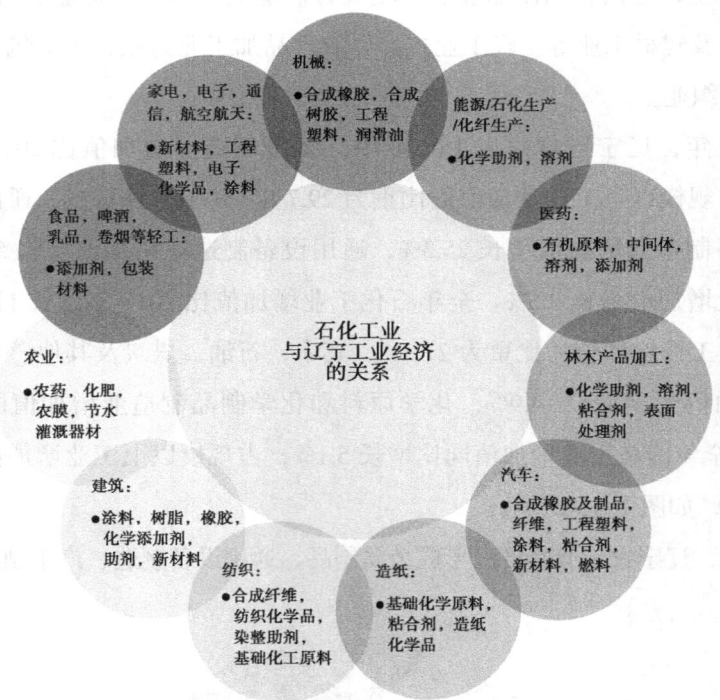

图1-16 石化工业与辽宁省主要工业的带动关系

辽宁省城镇化率始终保持在全国领先水平，但在农业转移人口市民化、优化城镇化布局和形态、提升城市发展品质等方面仍有许多工作要做。《辽宁省新型城镇化规划（2015—2020年）》明确了辽宁省未来推进新型城镇化的总体目标和主要任务，并提出了体制机制改革的主要方向和关键举措。城镇化进程推进和城市品质提升将会带来建筑、公共设施、铁路、公路等基础设施建设，以及与人们生活水平提高息息相关的能源、汽车、电子电器、医疗设备、日用化学品等的需求增长，进而拉动本地石化产品市场的持续增长。

作为基础行业，石化工业是国民经济的一个重要工业部门，石化产品广泛应用于工业生产、农业生产及人民日常生活中，反过来，这些领域的发展也带动了石化工业的发展。未来，辽宁省及周边区域的设备制造、汽车制造、建材工业、食品加工业、纺织业、集成电路、新能源汽车等产业将继续拉动石化产品的需求。区域内工业经济转型升级和城市化进程加快，将为石化产品，特别是化工新材料和高端精细化产品提供更广阔的发展空间，促进石化工业整体升级发展。例如，汽车工业向轻量化、节能化、舒适化和安全化方面发展必将给化工新材提供很大的发挥空间；由于能源和环境保护的需要，节能减排、环保低碳、绿色建筑将强力推进，这对于化工新材的扩大应用而言无疑是一大机遇；随着国家环保法规、标准和监督环节的健全，以及人们环保意识的提升，绿色、环保、完全的精细化产品将有更广阔的发展市场。

1.3.2 辽阳市石化产业发展现状

辽阳高新区建成于1992年5月，1999年11月与宏伟区合并，2010年经国务院批准，晋升为国家级高新区。2018年，在科技部对157个国家高新区的评价中，综合排名第105位，全省排名第4位，列大连高新区、沈阳高新区、鞍山高新区后。

经过多年的发展，辽阳高新区形成化工、工业铝材两个主导产业。其中，化工产业以芳烃及精细化工为特色，产值约占全区总量的一半。

芳烃基地成立于2007年，十多年来，辽宁省已将芳烃基地建设成为国家新型工业化产业示范基地、国家高新技术产业化基地、国内最大的环氧乙烷衍生精细化学品生产研发基地，是国家外贸转型升级基地、沈阳经济区重点工业园区、省示范产业集群、省级出口重点培育基地，2013年、2014年、2016年三次入选中国石化联合会评选的"中国化工园区20强"，2017年入选中国石化联合会评选的"中国化工园区30强"。

芳烃基地总规划面积20.30km²，按产业侧重划分为3个产业功能区，即石油和化工区、精细化工区、化工新材料区。其中石油和化工区占地面积为11.47km²，主要是辽阳石化的建成区和预留发展区，重点发展炼油、芳烃等产品；精细化工区占地面积为5.68km²，重点发展石化深加工产品，主要是基本有机原料和专用化学品；化工新材料区占地面积1.80km²，重点发展化工新材料。

（1）石油和化工区建设情况。中石油集团加大了辽阳石化项目建设力度，20万吨环氧乙烷/乙二醇、80万吨PTA、140万吨/年连续重整装置、110万吨加氢裂化、200万吨加氢精制项目相继投产，辽阳石化基本实现了1000万吨俄油加工能力，提供的原料涵盖20多个种类，年供应商品量超过200吨，投资近60亿元的俄油优化增效项目2018年9月投产，对芳烃基地的大发展起到强劲的带动作用。辽阳市政府与中石油东北化工销售公司签订了战略合作框架协议，进一步扩大了芳烃基地的原料供给范围。

（2）精细化工区和化工新材料区建设情况。截至目前，芳烃基地已完成5.50km²开发，入驻规模以上企业30家，投资亿元以上的重点项目有45项，总投资超过170亿元。世界500强企业德国赢创工业集团、法国液化空气集团、华润集团等先后入驻，培育了辽宁忠旺集团、科隆精细化工、奥克控股集团等本地上市公司。同时，基地也培育出一批具有较强竞争力的企业。其中，奥克控股集团已成长为全球最大的混凝土减水剂用聚醚单体制造商，占有国内环氧乙烷加工领域最大市场份额，并在全国进行布局；科隆精细化工坚持多样化经营，紧跟市场需求，是东北地区第一家拥有自主知识产权的脱硝催化剂生产企业；鸿港化工的"辽虹牌"苊红系列高档有机染料的技术水平在国际上处于领先地位；金谷公司的大容量储能电池电极材料性能跻身世界领先行列。

1.3.3 重要芳烃及化纤原料基地现状

截至2018年底，辽阳高新区芳烃基地入驻企业已达34家，其中，石化化工生产型企业有10多家。主要生产企业情况见表1-12。其中，辽宁奥克化学股份有限公司、辽宁科隆精细化工股份有限公司、辽宁港隆化工有限公司、辽阳辽化奇达化工有限责任公司、辽阳康达塑业有限公司等公司的主导产品是辽阳石化产品的下游延伸。

表1-12 主要石化化工生产型企业列表

序号	企业名称	主要装置	主要原料	原料来源
1	中石油辽阳石化分公司	1000万吨/年一次加工能力及下游化工装置	原油、天然气、石脑油、蜡油、液氨、二甲苯、PTA、甲醇	中石油下属公司
2	辽宁奥克化学股份有限公司	1万吨/年聚乙二醇、10万吨/年聚羧酸减水剂	环氧乙烷、二乙二醇	93%来自辽阳石化
3	辽宁科隆精细化工股份有限公司	13.5万吨/年乙氧基化装置，0.5万吨/年热塑性聚酯弹性体	环氧乙烷	辽阳石化
4	辽宁港隆化工有限公司	1.2万吨/年碳酸甲乙酯/碳酸二乙酯	碳酸二甲酯；乙醇	山东、吉林
5	辽阳兴家化工新材料有限公司	1万吨PA66树脂切片	PA66盐水溶液	国内
6	辽阳合成催化剂有限公司	0.3万吨/年合成催化剂，7万吨/年不饱和聚酯树脂，环保型DOTP等	乙二醇、苯乙烯	周边
7	辽宁鸿港化工有限公司	1.29万吨/年苝红系列有机颜料及中间体	硫酸、氢氧化钾、氢氧化钠、工业苊	周边
8	赢创天大（辽阳）化学助剂有限公司	0.45万吨/年己二胺哌啶，0.1万吨/年阻聚剂	二胺、三丙酮胺、丙酮等	国内、进口
9	辽阳辽化奇达化工有限责任公司	0.5万吨/年APAO（非晶）	乙烯、丙烯	辽阳石化
10	辽阳鑫宇化工有限公司	0.48万吨/年环氧树脂、1.2万吨/年危险废物处置装置	聚丙烯、聚乙烯	辽宁省

续表

序号	企业名称	主要装置	主要原料	原料来源
11	辽阳立业塑料包装有限公司	约0.5万吨/年塑料加工	聚丙烯、聚乙烯	辽宁省
12	辽阳康达塑业有限公司	约1万吨/年塑料加工	聚丙烯、聚乙烯	辽阳石化
14	辽阳石油化纤公司亿方工业公司	10万吨/年碳四加工，10万吨/年有机热载体加工，5万吨/年碳十加工	碳四，有机热载体，碳十	辽阳石化
15	辽宁信德化工有限公司	0.24万吨/年碳纤维可纺沥青装置	石油树脂，古马隆树脂	辽宁省
16	辽阳华润燃气有限公司	沥青装置600m³ LNG储罐	天然气储存	—

辽阳石化是中国石油天然气股份有限公司下属的地区分公司，是大型石油和化工联合生产企业，也是辽阳高新区的龙头企业。现有员工总数1.33万人。辽阳石化前身是辽阳石油化纤公司，始建于1972年，"十一五"以来，公司以产业结构调整为主线，以建设国家重要的俄罗斯原油加工企业和芳烃生产基地为目标，完成了由石油化纤向石油和化工的转型，产业规模和经济总量实现了跨越式增长。2017年以来，公司确定了"三年三步走、五年大跨越，全面实现第三次创业目标，把辽阳石化建设成为有实力、有活力、有竞争力的特色炼化企业"的远景目标，并用一年时间实现了扭亏脱困，建成了俄罗斯原油加工优化增效改造项目，推动企业重回健康良性发展轨道。当前，正加速推动企业由炼油"燃料型"向化工"材料型"转型升级。

辽阳石化现有炼油、芳烃、烯烃等主要生产线，炼化主体生产装置79套，辅助生产装置52套。其中，炼油部分拥有加工俄罗斯原油的全加氢炼厂，原油加工能力达到1000万吨/年，可年产优质柴油430万吨、汽油 260 万吨、航煤 50 万吨。芳烃及衍生物生产能力位居全国前列，可年产 98.5 万吨对二甲苯、40 万吨苯、14 万吨邻二甲苯、30 万吨聚酯、14 万吨精己二酸等。烯烃部分以 20 万吨/年乙烯裂解装置为核心，可年产 7 万吨聚乙烯、20 万吨环氧乙烷/乙二醇。2018 年，辽阳石化加工俄罗斯原油 751.8 万吨，同比增加 25.1%；营业收入 447.4 亿元，同比增加 45.2%；利润总额 3.5 亿元；缴税 78.9 亿元，同比增加 41.4%；工业总产值 448 亿元，同比增加 51.7%，用电量 182980 万千瓦·时，同比增加 21.3%。

辽阳高新区现有石化化工上市企业两家：辽宁科隆精细化工股份有限公司（科隆股份，股票代码为 300405）和辽宁奥克化学股份有限公司（奥克股份，股票代码为 300082）。辽宁科隆精细化工股份有限公司以环氧乙烷为主要原材料加工制造各种精细化工产品，其中，以聚醚单体到聚羧酸系高性能减水剂系列产品为主，被评为"国家混凝土外加剂 10 强企业"。辽宁奥克化学股份有限公司是以环氧乙烷精深加工为主业，以聚乙二醇、破乳剂、乳化剂、消泡剂、医药辅料和聚醚表面活性剂等专用化学品的开发、生产和应用为核心的民营精细化工高新技术产业集团。连续 10 年入选"中国化工企业 500 强"，被工业和信息化部认定为"国家技术创新示范企业"。

此外，辽宁光华化工有限公司年产 3 万吨环丁砜项目、辽阳科瑞特石油化工有限公司年产 7000 吨炼油助剂项目、辽阳石化年产 30 万吨高性能聚丙烯项目、辽宁晟新科技股份有限公司年产 3 万吨纺丝油剂及单体项目、辽宁意邦新型材料科技集团年产 5 万吨水性工业漆项目等一批重大招商项目相继开工建设。广东美联新材料股份有限公司年产万吨级紫外线吸收剂等系列精细化工项目、无锡兴达泡塑新材料股份有限公司年产 18 万吨聚苯乙烯项目、德国赢创工业集团年产 10 万吨聚酰胺 12（PA12）项目、山东寿光鲁清石化公司溶聚丁苯橡胶等项目等一批高端项目进入签约阶段。具体见表 1-13。

表 1-13 重要芳烃及化纤原料基地部分项目列表

序号	项目名称	项目单位	备注
1	年产 30 万吨高性能聚丙烯项目	辽阳石化	建成
2	芳烃联合装置增效改造项目	辽阳石化	建成
3	年产 1000 吨耐高温无色透明聚酰亚	奥克集团股份公司	建成
4	胺材料全产业链建设项目，年产 7000 吨炼油助剂生产项目	辽阳科瑞特石油化工有限公司	建成
5	年产 3 万吨纺丝油剂及单体项目	辽宁晟新（新宁）科技股份有限公司	建成
6	年产 3 万吨环丁砜项目	辽宁光华化工有限公司	建成
7	年产 1 万吨高档分散染料项目	辽宁嘉禾精细化工公司	建成
8	年产 10 万吨环保工程塑料项目	辽阳康达塑胶树脂有限公司	建成
9	塑料用溶剂染料系列项目	辽宁嘉禾精细化工股份有限公司	建成
10	年产 2800 吨食品医药级聚山梨酯（80）项目	奥克药用辅料有限公司	建成
11	年产 20 吨硼-10 同位素产品改扩建项目（一期）	辽宁鸿昊化学工业股份有限公司	建成
12	年产 5 万吨水性工业漆项目	辽宁意邦新型材料科技集团有限公司	建成
13	环保化工新材料研发及检测中心项目	辽宁意邦新型材料科技集团有限公司	建成
14	年产万吨级紫外线吸收剂等系列精细化工项目	广东美联新材料股份有限公司	拟建
15	年产 10 万吨 PA12 项目	德国赢创工业集团	在建
16	年产 60 万吨 PTA（改造）	南通化工园区某搬迁企业	洽谈

1.4 重要芳烃生产的环境影响

1.4.1 生产装置危险性概述

PX 装置属于正压条件下的生产装置，其生产的原材料包括二甲苯等物质，这些物质本身具有易燃易爆的特征，在加热过程中也会存在有毒挥发的问题。其中，苯是剧毒物质，长期接触会导致人体的造血功能障碍，同时也会引发严重的神经系统疾病。

根据对二甲苯生产装置的生产过程，其主要的原材料为混合二甲苯，副产品则包括异构化燃料气及部分轻烃物质。在吸附分离过程中，粗甲苯、二甲苯的塔底具有大量的重芳烃结构，易燃易爆的安全指标可以显示出对二甲苯生产装置应用过程中的危险特征。

对二甲苯生产装置使用过程中会存在安全方面的风险，主要体现在三个方面：第一个方面是不安全用火问题，如果用火不安全，容易导致火灾事故，出现可燃物的喷射泄漏，甚至会出现难以扑灭的问题；第二个方面是可燃物达到爆炸极限后引发超压爆炸事故，该类型的事故会给设备、建筑物带来巨大的损坏；第三个方面是管道破裂，管道破裂后会引发大规模的跑油事故，此时物料严重缺失，同时也会导致一部分直接排入环境当中，给当地的生态环境带来恶劣的影响。

1.4.2 PX 生产装置对环境的影响

对二甲苯生产装置对于环境会产生严重的影响。从生产过程来看，其原材料主要包括苯、甲苯等芳烃物质，这些物质无论是生产、运输还是存储过程，都会对环境产生影响，一旦泄露，则会导致严重的生态系统污染问题。上述化合物本身具有很强的挥发性，在运输使用过程中会进入大气当中，不但会促进臭氧层的增加，还会导致化学烟雾问题加剧。目前，地下油罐与输油线路在使用过程中出现的腐蚀污染问题也变得越来越严重。根据相关统计结果，全球有20%以上的对二甲苯生产装置在应用过程中存在不同程度的泄漏问题，长期的泄漏不但会导致生产的可靠性、经济性下降，同时也会导致土壤、饮用水遭受大规模的污染，给人类生命健康带来潜在的威胁。一些人表现出的神经中枢中毒症状，如麻木、恶心等，往往就与对二甲苯生产装置泄漏有密切的关联。芳香烃化合物苯作为重要的致癌物质，更是会严重影响环境。

对二甲苯生产装置生产过程中许多挥发性物质会通过地表水挥发到大气中，其中只有很小的部分会被降解，其余的部分则会长期以气溶胶的形式存在下去。一般来说，我们采用辛醇空气系数来模拟环境当中的这类物质的占比，作为污染物的衡量标准之一。

1.4.3 对二甲苯生产装置环保措施

对二甲苯生产装置的环保控制需要分别通过废气、废水、废渣三个方面的处理工作予以解决。

1.4.3.1 废气处理

就废气处理的现状来看，还需要结合蒸汽供给情况来做好热源设置处理，满足加热炉设置要求，从而在源头上减小废气排放的总量。与此同时，为了满足工艺设置的热力要求，需要在加压操作环节提升物流温度的区间，并且处理好抽余液塔内部的温度析出工作，全部的回收均可以通过物流潜热来解决，从而达到节能降耗的效果。对于塔底部分的重沸器，则可以采用热源循环利用的方式来满足供热要求，这样不但可以减少装置的占地面积，还可以提升燃烧效率，取得良好的经济效益。在加热炉设计过程中，需要考虑控制排放烟气中的有害物排放，降低二氧化硫及氮氧化物的排量，并提升排放的高度，以便进一步稀释污染物，降低污染物的不良影响。

1.4.3.2 废水处理

废水处理环节主要需要解决好废水中苯、二甲苯含量较高的问题。一般来说，需要对废水先试试预处理，送入酸性水汽提装置中调整酸性浓度后，再将硫黄回收到装置中送至焚烧处理环节。针对一些含油的污水，则需要做好设备的低点排放管理，借助于地漏排出的方式可以实现污水的集中解决。对于溶剂老化引起的溶剂再生塔间断排放问题，可以采取分批掺入燃料油的方式来解决，正常生产过程中，可以做好采样点的采样控制，管道的低点排放可以引入芳烃自流排入装置，做好废芳烃罐的设置，定期做好液下泵的提炼与回收处理工作。

1.4.3.3 废渣处理

废渣处理是环保控制过程中的一个核心环节。针对对二甲苯生产装置反应器中催化剂贵重金属含量较高的问题，可以优先进行回收利用，提升经济效益。在装置的解吸剂调整过程中，对于本身属于无色透明的液体，可以通过二乙基苯进行设置，并做好溶剂的再生处理。其中，最为主要的成分是环丁砜，可以采取燃料混合焚烧处理的方式进行集中处理。污水处理过程中会出现浮选池浮渣数量较多的问题，生化池会产生剩余活性污泥，本身都是污染度较高的物质，需要优先脱水后再进行焚烧处理。白土塔当中的白土、其他支撑物均需要根据使用环境进行调整，如果已经无法继续使用，需要脱除烃类后再进行焚烧处理。

综上所述，对二甲苯生产装置在使用过程中不可避免地会出现一些安全、环境方面的问题，这些问题的存在直接导致对二甲苯生产装置的效益下降，甚至会给行业的可持续发展带来负面影响。为了解决上述问题，除了做好废气、废水处理，还需要进一步做好废渣的管理工作，降低对二甲苯生产装置生产过程对环境的影响，提升生产的安全性，为促进行业的可持续健康发展奠定坚实的基础。

2 区域概况分析

2.1 自然环境和社会经济发展状况

辽阳市位于辽宁省中部，北邻沈阳市，东接本溪市，南、西与鞍山市毗连，东南与丹东市邻界。地处东经122°35′至23°40′，北纬40°42′至41°37′。辽阳市是中国北方重要的石油加工和芳烃及化纤原料生产基地之一。建设芳烃基地将会极大促进辽阳市经济的可持续发展，进一步增强辽宁省石化工业整体竞争力，对推进辽宁老工业基地的全面振兴起到积极作用。

2.1.1 地理位置

芳烃基地位于辽阳高新区。用地区域包括辽化公司现有厂区、辽化公司厂区西北部大打白村及东部曙光镇峨嵋村和前进村区域，整个基地规划面积为20.30km²。芳烃基地划分为3个产业功能区，即石油化工区、精细化工区和化工新材料区。其中石油化工区占地面积为11.47km²，主要是中国石油辽阳石化分公司和辽阳石油化纤公司的建成区和预留发展区，重点发展炼油、乙烯、芳烃、聚酯树脂、PTA、乙二醇和己二酸等产品；精细化工区占地面积为5.68km²，重点发展石化深加工产品，主要是基本有机原料和专用化学品；化工新材料区占地面积1.80km²，重点发展聚对苯二甲酸丁二醇酯（PBT）、聚对苯二甲酸丙二醇酯（PTT）、聚碳酸酯（PC）和热塑性弹性体、聚氨酯弹性体及合成橡胶等合成化工新材料。

2.1.2 地形地貌

辽阳地区地势东高西低，整体地貌为"二山一水七分田"。东部山区为丘陵地带，是长白山的余脉，约占全市总面积的1/3，其余2/3为冲积平原。馒头山海拔108.5m，主峰位于宏伟区政府东北0.45km处。大迫山海拔303.4m，主峰位于宏伟区石厂峪村东南2.0km处。

芳烃基地所处地域主要为古老的东西向构造体系所控制，处于新华夏长白山千山一级隆起带与下辽河一级沉降带的过渡地带。地质构造简单，地层较为稳定，地表属第四纪冲积层。地质构造依次为耕土层、粉质黏土层、砂卵石层及石灰岩层。地震烈度为7度，因处于千山余脉与平原交界地带，区域地貌由外生地貌及内生地貌组成，仅有少量人为地貌。

2.1.3 气象气候

辽阳地区地处北温带，属大陆性气候，冬季寒冷，夏季炎热，四季分明，多年平均气温为9.7℃，最热月份为7—8月，极端最高气温为35.0℃，最冷月份为1—2月，极端最低气温为–24.0℃。年无霜期为216天，年平均降水量为726mm，降水主要集中在6—9月，其降水量约占全年总降水量的70%~80%。

2.1.4 水文水系

辽阳地区的地质、地貌、气候特征及其他地质构造条件，决定辽阳地区属东北少有的优质水富成水地区，境内有大型水库两座，分别为汤河水库和葠窝水库。辽阳市境内流域面积50km² 以上的河流有32条，100km² 以上的河流有17条，太子河贯穿全境，浑河是辽阳市与沈阳市的界河。

芳烃基地所在区域主要水系为太子河，太子河的水源有南北两支，其中南支的源头在本溪县东营坊乡羊湖沟草帽顶子山麓，北支的源头在新宾满族自治县平顶山镇鸿雁沟。两支流到本溪县马家崴子汇合成一股，蜿蜒西下，经由本溪县、本溪市区，到灯塔市鸡冠山乡瓦子峪村进入辽阳市境。然后由鸡冠山南行至孤家子，逶迤西下，经安平、西大窑、沙浒、小屯、望水台、沙岭、黄泥洼、柳壕、穆家、唐马寨等18个乡镇，至唐马寨出境，经鞍山市海城三岔河入辽河，由营口入渤海。太子河全长413km，辽阳市境内流域面积4000km²，太子河年平均径流量26.86亿m³。其中辽阳段长180km，河水平均径流量为67m³/s，最大径流量为119m³/s。太子河在辽阳境内的主要支流有24条，其中较大的河流有蓝河、汤河、北沙河、南沙河、柳壕河、运粮河、杨柳河。太子河辽阳段上游建有葠窝水库，总库容量为7.91亿m³；汤河下游建有汤河水库，总库容量为7.23亿m³，汤河自高城子断面前汇入太子河。太子河辽阳段的水量靠上述水库调节，全年各水期水量较平均，水量特征不明显。

芳烃基地污水处理厂的污水经新开河排入太子河。辽阳市境内的新开河源于辽阳县兰家镇灰岭子，在曙光乡孤榆树入太子河，河长15km，流域面积102km²。新开河属于季节性人工河流，除雨季外，每年有10个月处于干涸状态，实际为雨季的泄洪渠。新开河规划功能为农灌用水，规划为Ⅳ类水体。

2.1.5 社会概况

辽阳古称襄平、辽东城，是辽宁省下辖的地级市，是以石化产业为主的现代工业城市，辽中南地区的中心城市之一。辽阳位于辽宁省中部，是沈阳经济区副中心城市，新兴的现代石化轻纺工业基地、中国优秀旅游城市。

辽阳是一座有着2400多年历史的文化古城。从公元前3世纪到17世纪前期，一直是中国东北地区的政治、经济、文化中心，交通枢纽和军事重镇。

辽阳市行政区域土地面积4735.78km²，辖1县1市15区。共有镇人民政府30个；乡人民政府6个（其中满族乡2个），村民委员会533个（其中民族村22个）；街道办事处62个，社区179个。城市规划区范围1080.07km²，实行城乡统一规划管理。

2021年6月，辽阳市完成第七次全国人口普查。全市人口为1604580

人，与 2010 年第六次全国人口普查的 1858768 人相比，减少 254188 人，减少 13.68%，年平均增长率为 –1.46%。其中辽阳县、灯塔市人口为 726748 人，占 45.3%；五区人口为 877832 人，占 54.7%。全市人口中，居住在城镇的人口为 1071626 人，占 66.79%；居住在乡村的人口为 532954 人，占 33.21%。与 2010 年第六次全国人口普查相比，城镇人口增加 32593 人，乡村人口减少 286781 人，城镇人口比重上升 10.89 个百分点。

芳烃基地规划区内已经搬离 1079 户居民，现有未搬迁村庄包括前进村 8 户、石场峪村 72 户和峨嵋村 12 户，现住人口约 276 人。基地内现有居住区及村庄的搬迁工作由辽阳市高新经济技术开发区管理委员会（以下简称区管委会）统筹安排，相关搬迁计划正在制定中。

2.1.6 经济概况

2021 年全年辽阳市实现地区生产总值 859.7 亿元，按不变价格计算，同比下降 1.0%。分产业看，第一产业增加值 96.0 亿元，同比增长 3.6%；第二产业增加值 385.0 亿元，同比下降 7.0%；第三产业增加值 378.8 亿元，同比增长 3.7%[①]。

（1）产业结构更趋优化。"3+3+X"产业发展格局基本形成，实现销售收入 1335 亿元。芳烯烃及精细化工、铝合金精深加工、智能装备制造及汽车零部件三大主导产业支撑作用日益凸显，冰雪温泉、皮装裘皮、袜艺鞋业 3 个特色产业不断壮大，新材料、数字经济等新产业、新业态、新模式初具规模。文化旅游等现代服务业蓬勃发展，弓长岭区入选"国家全域旅游示范区"，"4A 级"景区达到 6 家，服务业增加值年均增长 3%。国家现代农业示范区全面建成，在全省率先迈入基本实现农业现代化阶段。

（2）科技创新更具活力。深入实施创新驱动发展战略，持续加大研发投入，高新技术产品增加值实现 548 亿元。科技型中小企业年均增长 35.9%，高新技术企业提前完成 3 年倍增计划，雏鹰企业和瞪羚企业数量翻倍。与 13

---

① 数据来自《2021 年辽阳市国民经济和社会发展统计公报》。

家高校院所签订全面战略合作协议,攻克关键核心技术难题220余项,获省级科技进步奖23项。拥有各类创新平台26家,实现重点产业平台服务全覆盖。引进国内外高层次人才92人。

(3)城乡建设更有品质。新型城镇化加速推进,常住人口城镇化率达到66.8%。新老城区实现融合发展,太子河生态走廊风景如画,"一河两岸、跨河而立"的城市形象彰显古城魅力。城市骨架进一步拓展,新建改造各级公路1210km,"七横七纵"路网格局基本形成。实施棚改项目120个,惠及群众7.5万户。坚持最严格的生态环境保护制度,全面完成第一轮中央生态环保督察及"回头看"整改任务,主要污染物排放总量持续减少,辽阳的天更蓝、山更绿、水更清、环境更优美。

(4)项目建设强力推进。深入开展"项目年"活动,实施亿元以上项目334个,开(复)工率达92.2%,完成投资120亿元。90个"四个辽阳"重点项目完成年度建设任务。强化要素保障,争取上级资金108亿元,完成电网和通信基础设施建设投资8.55亿元,"批而未供"和闲置土地分别下降15.1%和38.8%。

(5)招商引资成效显著。进一步完善考核办法,建立通报、调度、督查机制,推动全员招商常态化。开展"走出去、请进来"招商活动280余次。新签约项目209个,同比增长15.5%;落地项目165个,增长19.6%。引进国内实际到位资金260.7亿元,实际利用外资1600万美元[①]。

(6)实体经济发展壮大。全面落实促进民营经济发展政策,新增减税降费3.4亿元,电力直接交易政策为企业节省电费4348万元。运用股权登记、"信易贷"平台等方式助企融资67亿元,办理普惠小微企业贷款延期10.4亿元。全年新增"个转企"517户、"小升规"35户、"规升巨"5户,各类市场主体突破13万户。

(7)生态治理成效明显。开工建设山水林田湖草沙综合治理一期项目。全面整改第二轮中央生态环保督察、省生态环保督察反馈问题和交办信访案

---

① 数据来自《2021年辽阳市国民经济和社会发展统计公报》。

件。集中治理大气重污染区域和"散乱污"企业，完成散煤替代任务，空气质量优良天数所占比例为88%，超过辽宁省下达的指标5.4个百分点。大力整治27个重点河流断面和69个入河排污口，8个国考断面均值全面达标，水质优良比例达到75%。开展建设用地土壤环境违法问题专项整治，污染地块安全利用率100%。植树造林4000亩，治理闭坑矿山和生产矿山5032亩。

2021年，辽阳高新区财政科技支出5863万元，研发经费支出占地区生产总值的比重逐年增加。园区的绿色产业产值实现21.46亿元，逐步构建起高效、清洁、低碳、循环的绿色制造体系。目前，新复合碳纤维等10项绿色产业加速成长，液流电池电极石墨材料研发生产突破国内空白，并获得国家"绿色产品"称号；意邦水性环保涂料产学研联盟被列入辽宁省首批典型实质性产学研联盟，高端绿色产品占比明显提升。辽阳高新区2022年上半年引进域外资金31.65亿元，同比增长37.13%。

2.2 区域发展规划及实施状况

2.2.1 上位规划分析

2.2.1.1 规划总体分析

芳烃基地承载了辽阳市的主导产业发展，根据现行规划，从辽阳市到宏伟区，均对本基地的发展给予重点关注。

本区域规划包括芳烃基地的有《辽阳重要芳烃及化纤原料基地总体发展规划》，上位现行规划还包括《辽阳市城市总体规划（2001—2020年）》《辽阳市国民经济和社会发展第十三个五年规划》《辽阳市宏伟区国民经济和社会发展第十三个五年规划》等，各级规划都对芳烃基地的产业发展、空间布局等进行了重点描述。

各类规划对芳烃基地的规划内容如表2-1所示。

表 2-1 规划相关性分析

《辽阳市城市总体规划（2001—2020 年）》		芳烃基地发展规划
城市产业发展策略	优势产业延伸，依托辽阳石化和芳烃基地进行产业组织，扩大石化产业规模，有选择地进行产业链拓宽、延长，做强做大芳烃产业链，利用民营企业优势发展精细化工，建立化工产品的区域性专业贸易市场，强化化工产业的安全管理	辽阳市城市总体规划将辽阳芳烃基地建设纳入城市总体规划范围，并且在城市性质、职能定位中突出了国家重要的石化产业基地的特点；对芳烃基地建设，在产业定位与产业发展策略方面进行了指导，基地发展规划统筹考虑国内外石油化工的发展动态，从战略和全局高度出发，突出国内外石油化工产业转移的趋势及国内化工园区的竞争态势，建设以石油液化气、芳烃（苯、甲苯、邻二甲苯）、乙烯、丙烯、C_4馏分、C_5/C_9馏分、裂解焦油、PTA、环氧乙烷、乙二醇、己二酸及乙烯装置生产的聚烯烃和基本有机原料等资源为基础原料，向下游深加工，形成以炼油、乙烯和芳烃为代表的石油化工、精细化工和化工新材料三大产品链，以产品链为纽带，基地内各企业和生产装置之间紧密联结，具有专业化的基础设施配套服务功能，充分体现芳烃基地鲜明的产业特色
功能布局	东南片区功能定位为以精细化工产业研发与生产为主要特色的高新技术开发区，区域性化工产品仓储物流区，重点发展精细化工等与辽阳石化有密切关联的产业，以化工、新型建材、微电子为主导产业，结合辽阳东站，建设精细化工产品的区域性商贸物流基地，提供商贸、信息、仓储服务	
《辽阳市国民经济和社会发展第十三个五年规划纲要》		芳烃基地发展规划
坚持控制总量、淘汰落后、延伸产业链，实施原材料工业优化工程，提高产业集中度和加工深度，推进传统工业由要素驱动向创新驱动转变、由低中端向中高端转变 石油化工产业：以芳烃基地、日用化工产业园区、庆化厂区为重点发展区域，科学统筹布局。充分发挥辽阳石化国家级炼化一体的大型石油化工企业的原料资源、技术、人才等优势，以俄油增效改造为契机，发展精细化工产业，推进产品结构优化调整，提高化工原料就地转化能力和精深加工水平，延伸精细化工产业链。充分发挥辽宁庆阳特种化工有限公司国家级军工企业的军工技术、人才、空间、基础设施等优势，规划建设军民融合发展示范区		从延伸产业链、加大创新、重大创新载体工程、产业技术创新、对外出口基地、加强园区建设等多方面明确基地发展规划的总体目标 基地发展规划将自主创新能力和竞争能力作为重点，强调资源节约、节能高效和集约化经营，建设资源节约型产业发展模式，实现石油化工产业升级和资源的高效利用，转资源优势为经济优势，实现资源、经济和环境的协调发展，人与自然的协调发展

续表

《辽阳市国民经济和社会发展第十三个五年规划纲要》	芳烃基地发展规划
化工新材料：积极发展化工、铝、铜等新材料。以芳烃基地、辽阳石化公司庆化厂区为载体，重点开发化学助剂、新型表面活性剂、新型催化剂、新型胶粘剂、日用化工等终端产品，延伸发展苯、对二甲苯、乙烯、环氧乙烷、丙烯、聚酯、碳四等产业链条	芳烃基地产业发展目标是：建成国内外重要的芳烃和化纤原料生产基地；建成国内主要的精细化工和化工新型材料产业基地；建成东北地区石化深加工产品生产基地；建成中德精细化工合作示范基地
芳烃及精细化工产业：依托辽阳高新技术开发区，逐步形成在国内乃至世界上别具特色的聚酯及特种聚酯、聚酰胺及制品、化工新材料、精细化工4个企业群，推进芳烃基地特色化发展。到2020年，建成产值千亿元的全国重要芳烃及精细化工产业基地	
《辽阳市宏伟区国民经济和社会发展第十三个五年规划纲要》	芳烃基地发展规划
东部扩展工业用地，芳烃基地全面完成20km² 开发建设工作	在产业集聚发展、空间发展布局等方面依托基地发展规划思想，在用地发展及产业的总体目标方面给予支持
依托辽阳石化公司产品资源，谋划形成芳烃产业发展的新一轮规划意见，并着手在招商、合资合作等方面开展前期运作，将辽阳石化公司技术改革后的主副产品全盘就地消化吸收。芳烃产业要继续从延伸产业链入手，提升产业丰厚度，提高产品附加值	整个基地规划面积为20.30km²，产业发展目标确定为建成国内外重要的芳烃和化纤原料生产基地；建成国内主要的精细化工和化工新型材料产业基地；建成东北地区石化深加工产品生产基地；建成中德精细化工合作示范基地

2.2.1.2 规划产业政策分析

芳烃基地总体发展规划及产业规划与现行《产业结构调整指导目录（2019年）》相关分析见表2-2。

表 2-2　规划产业政策分析

	《产业结构调整指导目录（2019年本）》	芳烃基地发展规划
鼓励类	10万吨/年及以上离子交换法双酚A、15万吨/年及以上直接氧化法环氧丙烷、20万吨/年及以上共氧化法环氧丙烷、万吨级己二腈生产装置，万吨级脂肪族异氰酸酯生产技术开发与应用	依据基地产业发展规划，现有基地产业未包含《产业结构调整指导目录（2019年本）》中规定的限制类和淘汰类项目，本规划符合国家产业政策要求。基地重点发展行业为：①石油化工（炼油、乙烯、芳烃、聚酯树脂、PTA、乙二醇和己二酸等产品）；②精细化工（基本有机原料和专用化学品）；③化工新材料（聚对苯二甲酸丁二醇酯、聚对苯二甲酸丙二醇酯、聚碳酸酯和热塑性弹性体、聚氨酯弹性体及合成橡胶等）三大产品链群，构建纵向一体化、横向有机结合的石油化工产业链，并使循环经济贯穿整个产业链。上述化工产品主要为汽车工业、纺织行业、电子电器、家用电器、建筑材料、包装行业和机械行业服务，一部分作为化工原料和中间体使用
限制类	新建80万吨/年以下石脑油裂解制乙烯、13万吨/年以下丙烯腈、100万吨/年以下精对苯二甲酸、20万吨/年以下乙二醇、20万吨/年以下苯乙烯（干气制乙苯工艺除外）、10万吨/年以下己内酰胺和乙烯法醋酸、30万吨/年以下羰基合成法醋酸和天然气制甲醇（CO_2含量20%以上的天然气除外）、100万吨/年以下煤制甲醇生产装置，丙酮氰醇法甲基丙烯酸甲酯、粮食法丙酮/丁醇、氯醇法环氧丙烷和皂化法环氧氯丙烷生产装置，300吨/年以下皂素（含水解物）生产装置	
	新建7万吨/年以下聚丙烯、20万吨/年以下聚乙烯、乙炔法聚氯乙烯、起始规模小于30万吨/年的乙烯氧氯化法聚氯乙烯、10万吨/年以下聚苯乙烯、20万吨/年以下丙烯腈-丁二烯-苯乙烯共聚物（ABS）、3万吨/年以下普通合成胶乳-羧基丁苯胶（含丁苯胶乳）生产装置	

2.2.2　基地土地开发利用状况

芳烃基地总规划用地面积20.3km^2，其中辽阳石化公司厂区包括辽阳石化分公司现有厂区及该公司已征用土地，占地面积为11.47km^2；精细化工区主要位于辽阳石化公司厂区东部区域，占地面积为5.68 km^2，其中辽阳石化分公司以东、前进河以西和之间区域为基地规划启动区（启动区为精细化工区一部分），占地面积为3.48 km^2；辽阳石化公司厂区西北部现为规划化工新材料区，占地面积为 1.80km²；辽阳石化公司电厂及扩建用地以南区域为预留发展用地，占地面积为 1.09km²。芳烃基地用地分区面积及比例如表 2-3 和图 2-1 所示。

表 2-3 芳烃基地分区用地面积表

单位：km²

序号	用地名称	规划面积	现状面积
1	辽阳石化公司厂区	11.47	11.47
2	精细化工区启动区	3.48	3.48
3	精细化工区（预留区）	2.20	2.20
4	化工新材料区	1.80	1.80
5	预留发展用地	1.09	1.09
6	其他用地（绿化）	0.26	0.26
7	规划建设用地合计	20.30	20.30

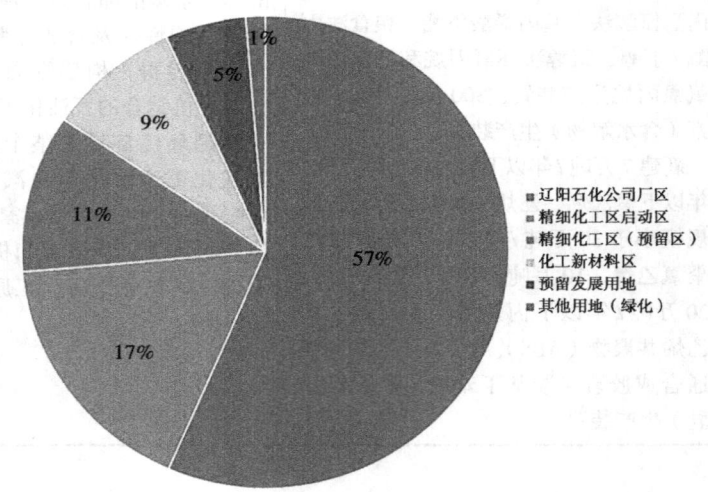

图 2-1 芳烃基地土地利用规划面积比例图（2019 年）

截至 2019 年，芳烃基地内各地块用地基本满足土地规划目标，各企业均按相应的产业类别与土地规划类别对应开发。各类用地已开发 15.79 km²，基本按照规划及规划环评阶段目标进行，但尚有 4.51km² 土地需要在下一阶段继续按照规划及规划环评阶段目标分类开发。芳烃基地内用地现状及可利用土地状况如表 2-4 和图 2-2 所示。

表 2-4 芳烃基地用地类型表

单位：m²

序号	用地代号	用地名称	规划用地	现状使用	待开发
1	M	工业用地	17375900	14621025	2754875
2	W	仓储用地	208238	62471	145767
3	U	市政公用设施用地	363082	108924	254158
4	C	公共设施用地	34514	10354	24160
5	S	道路用地	1343278	502983	840295
6	G	绿化用地	972743	486371	486372
合计		建设用地	20297755	15792128	4505627

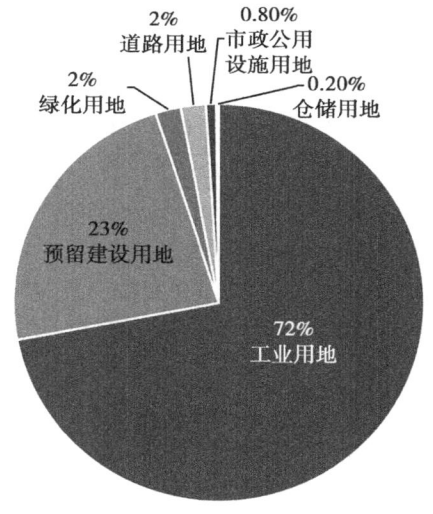

图 2-2 芳烃基地土地利用现状面积比例图

2.2.3 芳烃基地产业布局及空间发展现状

芳烃基地重点发展行业为：①石油化工（炼油、乙烯、芳烃、聚酯树脂、PTA、乙二醇和己二酸等产品）；②精细化工（基本有机原料和专用化学品）；③化工新材料（聚对苯二甲酸丁二醇酯、聚对苯二甲酸丙二醇酯、聚碳酸酯和热塑性弹性体、聚氨酯弹性体以及合成橡胶等）。基地力图构建纵向一体化、横向有机结合的石油化工产业链，并使循环经济贯穿整个产业链。

截至 2019 年，中石油辽阳石化公司为芳烃基地内最大的石油化工企业，其余以辽宁奥克化学股份有限公司、辽宁科隆精细化工股份有限公司、赢创天大（辽阳）化学助剂有限公司为代表的精细化工企业入驻 27 家；辽宁忠旺集团成为芳烃基地内最大的化工新材料企业。入驻企业均按照规划功能区分布。2019 年芳烃基地内入驻企业共 34 家，企业分布情况见表 2-5。

表 2-5　芳烃基地入驻企业分布情况表（2019 年）

序号	企业名称	产品名称	产业类型	是否符合产业定位	经营状况
1	辽宁奥克化学股份有限公司	环氧乙烷衍生精细化工新材料、乙氧基化样品、乙二醇单醚、丙烯醇醚、聚丙二醇聚乙二醇、精制聚丙二醇减水剂、聚乙二醇、乙氧基化催化剂、乙二醇单丁醚	精细化工	是	生产
2	辽宁科隆精细化工股份有限公司	高性能混凝土用聚羧酸减水剂、高性能混凝土用泵送剂、太阳能硅片切割液、热塑性聚酯弹性体、乙二醇苯醚、丙二醇苯醚、SCR 脱硝催化剂	精细化工	是	生产
3	赢创天大（辽阳）化学助剂有限公司	阻聚剂 CPSS53、己二胺哌啶、A 系列阻聚剂装置、S 系列阻聚剂装置	精细化工	是	生产
4	灯塔北方化工有限公司	非表面离子活性剂	精细化工	是	停产
5	辽阳兴家化工新材料有限公司	PA66 树脂切片、工业丝、66 盐、己二酸、工程塑料	精细化工	是	生产
6	辽阳合成催化剂有限公司	丙二醇、乙二醇、二乙二醇、苯乙烯、燃料油、辛醇	精细化工	是	停产
7	辽阳顺泰化学制品有限公司	MTBE、民用液化气	精细化工	是	生产

续表

序号	企业名称	产品名称	产业类型	是否符合产业定位	经营状况
8	辽宁金谷炭材料股份有限公司	标准硬质石墨毡板、高性能硬质石墨毡板、单晶硅保温筒、低压烧结炉保温筒、PAN基石墨毡	精细化工	是	生产
9	辽宁会福化工有限公司	液体石蜡（120t）粗品仲辛脂（150t）、乙二醇残液（550t）、氢氧化钠（2t）、醇酮重组分（50t）、碳酸二甲酯（500t）、乙醇（150t）、EI油（36.45t）	精细化工	是	停产
10	辽阳华润燃气有限公司	燃气供应	石油化工	是	生产
11	辽宁华峰化工有限公司	苯、氢气、液碱、环己烷、环己醇、天然气	精细化工	是	停产
12	液化空气（辽阳）有限公司	燃气供应	石油化工	是	停产
13	辽阳国成热电有限公司	热电联产	社会服务	是	生产
14	辽宁港隆化工有限公司	碳酸二甲酯、碳酸乙烯酯、碳酸甲乙酯、碳酸二乙酯、六氟磷酸锂	精细化工	是	生产
15	辽宁鸿港化工有限公司	3,5-二甲基苯胺；1,8-萘二甲酸酐；1,8-那内酰亚胺；3,4,9,10-苉四甲酸二酐；颜料	精细化工	是	生产
16	辽宁奥克医药辅料股份有限公司	环氧乙烷、二乙二醇、20%氢、氧化钠、过氧化氢、硬脂酸、斯潘-80、乙醇、液化石油气	精细化工	是	生产
17	中石油天然气股份有限公司辽河油田辽阳瑞兴燃气有限公司	燃气供应	社会服务	是	生产

续表

序号	企业名称	产品名称	产业类型	是否符合产业定位	经营状况
18	辽阳鑫宇化工有限公司	环氧树脂、乙二醇废液、废污油、废润滑剂、醇酮重组分处理	精细化工	是	生产
19	辽阳圣美克化工有限公司	重质溶剂 DEIP、靛红酸苷系列	精细化工	是	在建
20	辽宁鸿昊化学工业股份有限公司	氨丙基三甲氧基硅烷、碳酸二甲酯、甲苯、甲基三氯硅烷、三乙胺、甲醇溶液	精细化工	是	生产
21	辽阳辽化奇达化工有限责任公司	丙烯、乙烯、氢气、己烷、四氯化钛（催化剂）、三乙基铝（催化剂）、乙氧基镁（催化剂）	精细化工	是	生产
22	辽阳市博鑫化工厂	废催化剂、含酸废液、含碱废液、含盐废液、沾染危险废弃物的废弃包装物、容器、清洗杂物等危险废弃物处理处置	精细化工	是	生产
23	辽宁维鼎科技发展有限公司	次氯酸钠、二氧化氯、三氧化铁、聚合氯化铝	精细化工	是	在建
24	辽阳康达塑胶树脂有限公司	塑胶树脂、塑料制品	精细化工	是	生产
25	辽宁嘉禾精细化工股份有限公司	塑氨基酮类溶剂染料；1,5-二氨基萘；1,8-二氨基萘、双偶氮溶剂染料；塑料用黄系列溶剂染料；金属络合溶剂染料；裂解制氢	精细化工	是	生产
26	辽宁皓禹环保科技有限公司	聚合氯化铝（铁）	精细化工	是	在建
27	辽阳晟新（新宁）科技有限公司	化学纤维	精细化工	是	在建

续表

序号	企业名称	产品名称	产业类型	是否符合产业定位	经营状况
28	辽阳光华化工有限公司	环丁砜	精细化工	是	在建
29	辽阳科瑞特石油化工有限公司	炼油助剂	石油化工	是	在建
30	辽宁意邦新型材料科技集团有限公司	防水涂料	精细化工	是	在建
31	辽阳市宏伟区污水处理厂	污水处理	社会服务	是	生产
32	辽阳辽化贵金属有限公司	苯二甲酸、苯甲酸、邻苯二甲酸、醋酸、草酸钴锰、海绵铂、白银	精细化工	是	停产
33	辽宁忠旺集团有限公司	建筑用铝合金型材和一般工业用型材	化工新材料	是	生产
34	中石油辽阳石化分公司	柴油、蜡油、石油焦、液化气、硫黄、汽油、苯、PX、抽出油、PTA、丙烯、环氧乙烷、乙二醇、聚乙烯、正己烷、裂解汽油、己二酸、硝酸、乙二醇废液和重醇酮、固态二元酸	石油化工	是	生产

2.2.4 芳烃基地市政基础设施配套现状

2.2.4.1 给水设施

芳烃基地内供水单位为中石油辽阳石化分公司水厂，由辽阳市杨家花园水厂供应，供水能力为 40000m^3/d。2015 年芳烃基地修建了纬五路、经四路、经三路和纬三路供水管网，管道采用地下直埋敷设。2017 年在道路中心线西侧 9.5m 处布置一条给水管网，全长 652.74 米，满足了园区入驻企业的供水需求。

2.2.4.2 排水设施

芳烃基地内企业（辽阳石化除外）产生的废水经自建污水处理站预处理后，通过排水管网进入辽阳市宏伟区污水处理厂。辽阳市宏伟区污水处理厂收水范围包括芳烃基地辽阳石化以外的区域，设计污水处理规模为1.5万t/d，工业废水处理能力为1万t/d，生活污水处理能力为0.5万t/d。污水经过处理后经新开河流入太子河。

石油化工区污水由辽阳石化污水处理厂处理。辽阳石化现有污水处理厂四处，94#污水处理厂和440#污水处理厂、450#污水处理厂和一个污水深度处理厂。目前450#污水处理厂废水处理能力为1000t/h，目前处理量为726t/h；94#污水厂废水处理能力为1350t/h，目前处理量为893t/h；440#污水厂废水处理能力为700t/h，目前处理量为471t/h。废水经94#、440#、450#污水处理装置二级处理后进入污水深度处理厂，深度处理装置设计处理规模为2300t/h。深度处理出水1061t/h送国成热电厂回用，200t/h送入中水回用设施处理后回用于辽阳石化循环水场。剩余829t/h经辽阳石化长排管线在蛤蜊坑处排入太子河。

2.2.4.3 供热设施

芳烃基地供热设施由辽阳石化热电厂、辽阳国成热电有限公司提供。

辽阳石化热电厂共有7台410t/h煤粉锅炉、产汽能力为960万t/a，8台发电机组、发电装机容量27.4万kW。电厂的运行方式是汽电联产、以汽定电，热电比为400%，最大机炉运行方式是冬季6炉8机运行、夏季5炉8机运行。

辽阳国成热电有限公司作为芳烃基地规划集中热源，建有3台蒸发量为460t/h的高温高压自认循环粉煤炉（2开1备），2台50MW高温高压背压式供热汽轮机组，2台60MW冷发电机组。辽阳石化热电厂供汽能力不足时，有国成热电有限公司供应蒸汽作为补充。辽阳国成热电有限公司年供热量达到1.906×10^7 GJ，年发电量达到6.66×10^8 kW·h，可满足芳烃基地入驻企业的供应需求。

2.2.4.4 供电设施

电力负荷中心建设有一座220kV的变电所，装机容量为2台18万kVA

变压器。电力接引源头位于兰家镇西喻村 220kV 变电所（装机容量为 2 台 18 万 kVA 变压器），距芳烃基地 12km。220kV 变电站内设有 3 台 50000 kVA 主变压器，作为整个基地的主供电源，向基地提供 66/10kV 等级供电线路。

2.2.4.5 道路交通

芳烃基地内从 2015 年实施道路交通规划，主要建设四条道路：①纬五路，经二路—经四路，道路全长 865.5m，道路红线宽 40m，为城市主干路。②经四路，沈环路—高速辅路，道路全长 2170.186m，道路红线宽 24m，为城市次干路。③经三路，高速辅路—纬三路，道路全长 794.138m，道路红线宽 24m，为城市次干路。④纬三路，万和二路—万和四路，道路全长 901.579m，道路红线宽 24m，为城市支路。

截至 2019 年，芳烃基地内已建设道路分别为经三路和纬三路，正在建设的道路是纬五路，尚未建设的道路是经四路和纬四路。

2.3 芳烃基地环境质量状况和趋势分析

2.3.1 芳烃基地污染源分布及污染物排放现状

2.3.1.1 芳烃基地污染源分布状况

截至 2019 年，芳烃基地入驻企业 34 家，西部主要为辽阳石化，中小企业集中在园区中部，在空间布局上，东部及南部部分地区没有企业进驻，污染源空间分布状况如图 2-3 所示。

2.3.1.2 污染物排放特征

芳烃基地利用辽阳石化大炼油、大乙烯和大芳烃等项目及周边地区可提供的基础原料（环氧乙烷、乙二醇、己二酸、对苯二甲酸、C_5/C_9 馏分和聚乙烯、聚丙烯、聚酯树脂等）和产业基础，生产的主要产品有三大类：①石油化工类，如炼油、乙烯、芳烃、聚酯树脂、PTA、乙二醇和己二酸等产品；②精细化工类，包括基本有机原料和专用化学品；③化工新材料，

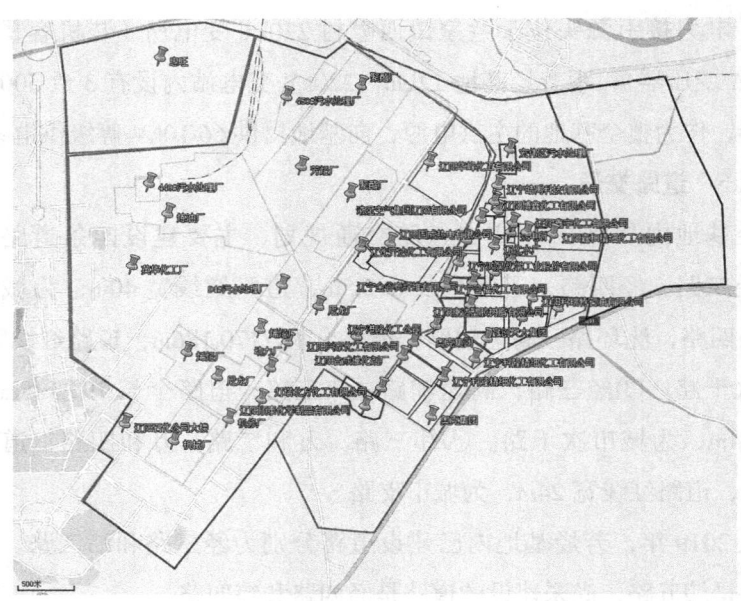

图 2-3 芳烃基地污染源空间分布状况

如聚对苯二甲酸丁二醇酯、聚对苯二甲酸丙二醇酯、聚碳酸酯和热塑性弹性体、聚氨酯弹性体及合成橡胶等。产品生产过程中产生的污染物主要有废水COD、氨氮，废气 SO_2、NO_x、烟粉尘、VOCs，工业固废。其中 VOCs 为石化行业中的特征污染物，出现在原料使用、生产工艺、末端排放各环节中。VOCs 排放直接影响大气环境中 PM2.5 和 O_3 浓度，但 VOCs 治理存在排放现状掌握不足、无组织排放严重、监测困难、缺乏数据支撑，以及排放量核算不准确、VOCs 产品应用涉及行业广泛、管理不到位等一系列问题。

2.3.1.3 污染物排放量

芳烃基地工业源污染物排放总量见表 2-6。基地内现有企业废气年排放总量如下：SO_2 为 2261.059t/a，NO_x 为 5885.93t/a，非甲烷总烃为 5699.499t/a。废水年排放总量 COD 为 1060.98 t/a，NH_3–N 为 102.77 t/a。基地内现有企业废气污染物 SO_2、NO_x 主要以辽阳石化、辽阳国成热电有限公司排放为主，非甲烷总烃主要以辽阳石化、辽阳光华化工有限公司排放为主；废水污染物COD 主要以辽阳石化、辽阳国成热电有限公司排放为主，NH_3–N 主要以辽阳石化、辽宁嘉禾精细化工股份有限公司排放为主。

表 2-6 芳烃基地企业污染物排放总量情况表

单位：t/a

序号	企业名称	废水排放量	COD$_{cr}$	NH$_3$-N	废水特征污染物	SO$_2$	NO$_x$	颗粒物	非甲烷总烃	废气特征污染物	危险废物处置量	工业固废
1	辽宁奥克化学股份有限公司	24785.98	3.95	0.14	石油类：0.1906	8.96	—	2.04	0.0074	—	86.2599	24.1
2	辽宁科隆精细化工股份有限公司	4126.94	0.5387	0.051	—	0.07	2.66	0.024	0.00182	甲醇：0.000025 苯酚：0.00137 氨气：0.0001	18.4	20
3	赢创天大（辽阳）化学助剂有限公司	67200	3.36	0.34	—	0.0104	0.584	—	0.053	丙酮：0.99 乙醇：3.39 甲醇：0.16 甲苯：0.05	204.79	—
4	灯塔北方化工有限公司	20400	6.12	0.02	BOD$_5$：5.1	—	—	—	—	烃类：3.4 环氧乙烷：0.08 乙酸：0.05	30	31.50
5	辽阳兴家材料有限公司	73334	16.67	0.29	石油类：0.0017	14.94	10.89	9.13	0.0057	H2S：0.00048	146.15	490
6	辽阳合成催化剂有限公司	5523.8	0.116	0.024	BOD：0.036 氯化物：4.614	1.5	1.15	0.95	—	粉尘：13.392	54	8.4

续表

序号	企业名称	废水排放量	COD$_{cr}$	NH$_3$-N	废水特征污染物	SO$_2$	NO$_x$	颗粒物	非甲烷总烃	废气特征污染物	危险废物处置量	工业固废
7	辽阳顺泰化学制品有限公司	2550	0.51	—	—	1.366	6.466	0.829	—	甲醇：11	13.3	50.4
8	辽宁金谷炭材料股份有限公司	1275	0.26	—	—	—	—	—	1.701	HCN：27.62g/a NH$_3$：241.62g/a 乙醇：8.76	—	16.909
9	辽宁合福化工有限公司	9415.6	0.89	0.0002	—	—	—	—	0.09774	甲醇：0.0006	12.7366	1.02
10	辽阳华润燃气有限公司	—	—	—	—	—	—	—	—	—	—	—
11	辽宁华峰化工有限公司	—	—	—	—	—	—	—	—	—	—	—
12	液化空气（辽阳）有限公司	—	—	—	—	—	—	—	—	—	—	—
13	辽阳国成热电有限公司	1434600	71.73	—	氯化物：359.34	131.598	96.861	81.6	—	—	273.5	273600
14	辽宁港隆化工有限公司	2400	0.334	0.014	—	—	—	—	0.284	甲醇：0.028	39	2

区域概况分析

续表

序号	企业名称	废水排放量	COD$_{cr}$	NH$_3$-N	废水特征污染物	SO$_2$	NO$_x$	颗粒物	非甲烷总烃	废气特征污染物	危险废物处置量	工业固废
15	辽宁鸿港化工有限公司	44588	13.68	0.664	—	3.02	21.74	1.828	—	氨气：1.3	31.3	24
16	辽宁奥克医药辅料股份有限公司	43268.2	2.16	0.346	石油类：0.186	—	—	0.693	0.06324	—	77.14	44.64
	中石油天然气股份公司											
17	辽河油田辽阳油兴燃气有限公司	—	—	—	—	—	—	—	—	—	—	—
18	辽阳鑫宇化工有限公司	14642.4	0.743	0.075	—	0.01095	1.8144	—	—	—	0.1	—
19	辽阳圣美克化工有限公司	8171.04	1.336	0.0074	—	—	—	0.72	—	氯化氢：0.01	0.05	5.3
20	辽宁鸿昊化学工业股份有限公司	37203.8	3.43	0.0684	BOD$_5$：0.66 氟化物：0.038 硼：0.0158 石油类：0.0001	—	—	0.075	2.99	氟化物：0.007 食堂油烟：0.0097 硫酸雾：0.013	10	143.45

83

续表

序号	企业名称	废水排放量	COD$_{cr}$	NH$_3$-N	废水特征污染物	SO$_2$	NO$_x$	颗粒物	非甲烷总烃	废气特征污染物	危险废物处置量	工业固废
21	辽阳辽化奇达化工有限责任公司	4350	0.29	0.023	石油类：0.002	—	—	—	0.08	—	0.05	0.45
22	辽阳市博鑫化工厂	36600	1.83	0.18	—	0.146	0.81	0.046	—	HCl: 0.01t/a Cl$_2$: 0.03t/a 氨: 0.0007t/a	3.2	0.4
23	辽宁维鼎科技发展有限公司	1280	0.26	0.03	氯离子：0.04	—	—	10.22	—	HCl: 3.13	—	54068.9
24	辽阳康达塑胶树脂有限公司	7538	0.294	0.0054	—	—	—	—	—	—	0.1	1.35
25	辽宁嘉禾精细化工股份有限公司	383199.01	52.12	2.92	—	7.9	22.249	0.522	—	乙醇：1.272 甲醇：0.5705 二氯乙烷：0.3036 HCl: 1.6235 CO: 4.37	331.54	5

84

区域概况分析

续表

序号	企业名称	废水排放量	COD$_{cr}$	NH$_3$-N	废水特征污染物	SO$_2$	NO$_x$	颗粒物	非甲烷总烃	废气特征污染物	危险废物处置量	工业固废
26	辽宁皓禹环保科技有限公司	1176	0.192	0.019	BOD: 0.115	—	—	—	—	HCl: 0.1121	3000	55
27	辽阳晟新(新宁)科技有限公司	1180.17	0.206	0.0021	酚类: 0.004	0.015	0.118	0.015	0.938	—	60.92	12.7
28	辽阳光华化工有限公司	11304	0.57	0.09	石油类: 0.009 动植物油: 0.029	126.54	5.28	0.48	75.9	CO$_2$: 3791 CO: 28 H$_2$: 23 H$_2$O: 15 甲醇: 8 惰性气体: 8 油烟: 0.0212	381.7	1994.8
29	辽阳科瑞特石油化工有限公司	973.2	0.29	0.013	动植物油: 0.011 石油类: 0.038	—	—	—	0.095	甲醇: 0.007 氯化氢: 0.0008 食堂油烟: 0.003	74.52	0
30	辽宁意邦新型材料集团有限公司	—	—	—	—	—	—	—	—	—	—	—

85

续表

序号	企业名称	废水排放量	COD$_{cr}$	NH$_3$-N	废水特征污染物	SO$_2$	NO$_x$	颗粒物	非甲烷总烃	废气特征污染物	危险废物处置量	工业固废
31	辽阳市宏伟区污水处理厂	547.5	273.75	35.57	TP: 0.47 TN: 21.15	—	—	—	—	NH$_3$: 1.82 H$_2$S: 0.06	—	2.31
32	辽阳辽化贵金属有限公司	10333.44	0.734	0.0049	—	—	1.043	—	—	硫酸雾: 0.443	—	
33	辽宁忠旺集团有限公司	48480	7.645	0.78	—	0.2102	17.754	10.034	—	—	4	12963.12
34	中国石油辽阳石化分公司	9768400	787.23	67.2	石油类: 29.3052	1962	5711.29	543.96	5618.22	—	174081.8	346671.5

数据来源:《辽阳重要芳烃及化纤原料基地环境保护规划》。

2.3.2 大气环境质量现状及变化趋势

芳烃基地环境空气数据采用《辽阳市"十三五"环境质量报告书》《辽阳市生态环境质量报告书（2021年度）》中辽阳石化（宏伟区）的点位数值，以及《辽阳市生态环境质量报告书（2021年度）》《辽阳市2021年环境质量简报》的数值。采用PM2.5、PM10、SO_2、NO_2、CO_{-95per}、$O_{3-8H-90per}$ 6项污染物的监测数据进行统计，见表2-7。宏伟区环境空气质量变化情况如图2-4所示。

表2-7 环境空气质量变化情况

单位：mg/m^3

年份	SO_2	NO_2	PM10	CO_{-95per}	PM2.5	$O_{3-8H-90per}$
2013	0.039	0.034	0.068	1.250	—	—
2014	0.036	0.032	0.088	1.680	0.050	0.099
2015	0.032	0.028	0.092	1.440	0.061	0.094
2016	0.031	0.028	0.097	4.062	0.043	0.139
2017	0.024	0.031	0.097	2.376	0.055	0.157
2018	0.020	0.027	0.067	1.800	0.038	0.144
2019	0.018	0.028	0.074	1.900	0.041	0.140
2020	0.014	0.023	0.058	1.700	0.034	0.129
2021	0.014	0.013	0.056	1.800	0.032	0.129
（GB3095-2012二级标准）标准值	0.060	0.040	0.070	4.000	0.035	0.160

由表2-7及图2-4看出，近年来芳烃基地空气质量有所改善，年均值除了PM2.5、PM10外其余指标达到国家《环境空气质量标准》二级标准。

SO_2、NO_2、CO_{-95per}污染物年均值能到达到国家《环境空气质量标准》二级标准，且近年污染物浓度略有降低，主要原因是：①加大环境基础设施投入，污染物得到了集中控制。几年来，芳烃基地建成并运行集中

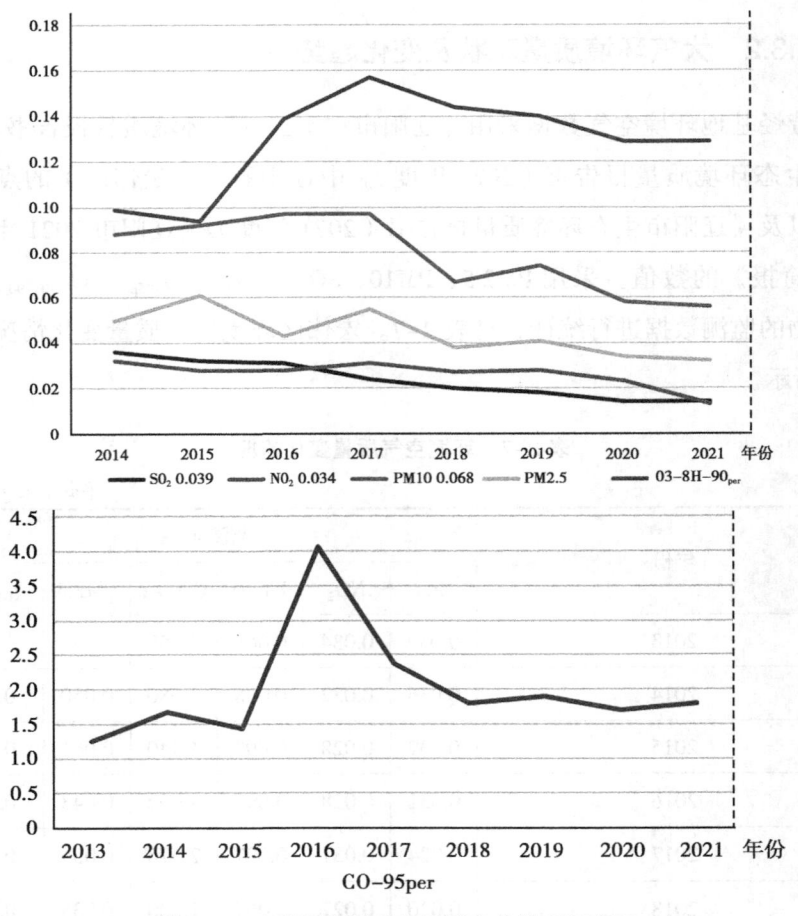

图 2-4 宏伟区环境空气质量变化情况示意图

热源，同时要求燃煤锅炉及工艺的催化裂化装置全部安装脱硫除尘设施。②严格锅炉管理，加大了源头控制。在供热能力范围内一律不准建设燃煤锅炉，全部采用集中供热供汽。③加强排污企业的环境监管。芳烃基地内燃煤锅炉全部安装在线监测设施，并在宏伟区环保局设立了监控平台实时监控。

PM2.5、PM10年均值能到未达到国家《环境空气质量标准》二级标准，主要是区域气候、城市建设的二次扬尘及工业污染产生的废气等原因造成的。辽阳地区加大环境综合整治力度，增加绿化面积，有效控制扬尘污染。对建筑工地、煤堆、灰堆、物料堆全部实施抑尘网覆盖，建设密闭物料贮存仓,不断增加园区道路湿扫面积,扬尘污染得到有效控制。

$O_{3-8H-90per}$ 逐年增加,是由于工业污染产生的废气造成了光化学反应。应加强工业污染氮氧化物的控制,加强工业污染源脱硝工作的力度,加快燃煤锅炉超低排放改造工程的建设进度,加快脱销减排工程的建设进度。

2.3.3 地表水环境质量现状及变化趋势

辽阳市境内河流属大辽河水系,主要河流太子河贯穿全境,境内长度为180km。辽阳市宏伟区污水处理厂的污水通过排放口经新开河排入太子河。辽阳石化污水处理厂的污水经辽阳石化长排管线在蛤蜊坑处排入太子河。太子河在辽阳市区段、下口子断面均为Ⅳ类水体。

太子河辽阳段水质情况采用《辽阳市"十三五"环境质量报告书》《辽阳市生态环境质量报告书(2021年度)》中辽阳石化(宏伟区)的点位数值,以及《辽阳市生态环境质量报告书(2021年度)》《辽阳市2021年环境质量简报》中的数据。2020—2021年,太子河干流水质考核目标发生调整,由2020年的Ⅳ类调整至2021年Ⅲ类。2021年,太子河干流水质持续改善,特别是太子河出市断面下口子,由2020年的Ⅳ类水质改善至2021年的Ⅱ类水质,实现了由"轻度污染"到"良好"的质的变化。下王家断面水质类别无变化,仍为Ⅱ类水质。

"十三五"期间,太子河干流水质总体有明显改善,至2020年,水质符合地表水Ⅲ类水质标准,水质状况良好。"十三五"初期,太子河干流水质为Ⅳ类水质,从2017年开始,太子河干流水质有所好转,并持续至"十三五"末期,水质稳定在地表水Ⅲ类水质标准。其中下口子作为太子河干流出市断面,自2017年起已连续4年持续达标,水质状况明显改善。

太子河干流共设置3个断面,分别为葠窝坝下(上游)断面、下王家(中段)断面、下口子(下游)断面。2016年,葠窝坝下断面、下王家断面水质满足地表水Ⅳ类水质标准,水质状况为轻度污染,到2020年,两个断面水质状况均发生了明显好转,水质类别均符合地表水Ⅱ类水质标准。位于下游的下口子断面水质状况也有所改善。2016年，水质超标，为Ⅴ类水质，中度污染，经过辽阳市政府的河流整治，自2017年起，连续4年持续稳定达标。葠窝坝下断面和下王家断面水质优于下口子断面，2016年水质满足Ⅳ类标准，自2017年起，连续4年满足Ⅲ类水质标准，水质状况为良。太子河辽阳段总体水质明显改善，2016年，太子河辽阳段水质类别为Ⅳ类水质，自2017年起连续4年持续稳定保持在Ⅲ类水质，水质状况为良。太子河辽阳段水质监测结果见表2-8。

表2-8 太子河辽阳段水质监测结果统计表

单位：mg/L

年份	项目	化学需氧量	五日生化需氧量	氨氮	石油类	总磷	氟化物
2016	平均值	12	1.4	1.07	0.05	0.15	0.381
	超标倍数	—	—	0.9	—	0.1	—
2017	平均值	14	2.3	0.42	0.03	0.12	0.563
	超标倍数	—	—	—	—	—	—
2018	平均值	15	3.2	0.96	0.03	0.10	0.499
	超标倍数	—	—	0.7	—	—	—
2019	平均值	16	2.2	0.33	0.01	0.06	0.461
	超标倍数	0.1	—	—	—	—	—
2020	平均值	15	2.3	0.38	0.01	0.05	0.354
	超标倍数	0.1	—	—	—	—	—
五年平均值		15	2.3	0.63	0.02	0.10	0.457
Ⅲ类水质要求		20	4	1.0	0.05	0.2	1.0
Ⅳ类水质要求		30	6	1.5	0.1	0.3	1.5

2.3.3.1 主要污染物时空变化趋势

"十三五"期间，太子河干流3个断面中，氨氮、化学需氧量、总磷、石油类是主要污染物。其中，石油类仅在2016年下王家断面出现，浓度为0.06mg/L，超过地表水Ⅲ类水质标准0.2倍，其他时间均在地表水Ⅲ类水质标准限值以下，浓度值较为平稳。

（1）化学需氧量。时间变化规律："十三五"期间，蔹窝坝下、下王家断面的化学需氧量浓度值均能满足地表水Ⅲ类水质标准限值，每年浓度值略有上升。下口子断面化学需氧量呈缓慢上升趋势，在2019年、2020年浓度值超过地表水Ⅲ类水质标准限值，成为该断面的主要污染物。

空间变化规律：从太子河干流上游到下游，化学需氧量浓度基本呈升高趋势。太子河干流各断面化学需氧量时空变化如图2-5所示。

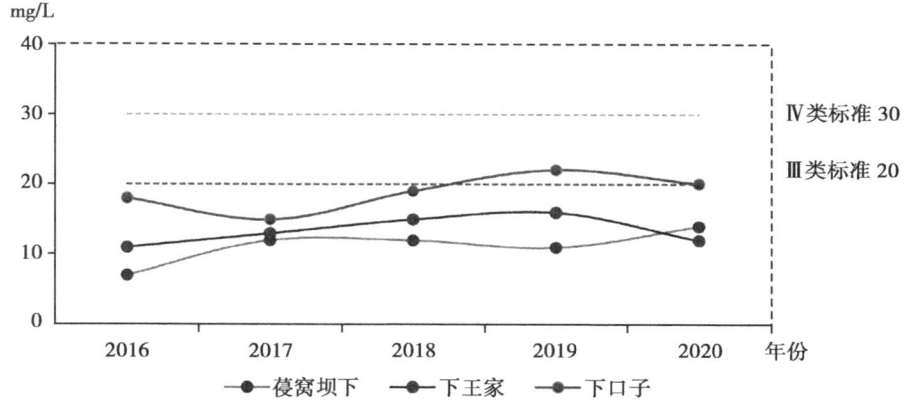

图2-5 太子河干流各断面化学需氧量时空变化（2016—2020年）

（2）氨氮。时间变化规律：蔹窝坝下断面、下口子断面氨氮浓度值在2017—2018年出现一个上升趋势，但总体呈下降趋势，下王家断面氨氮浓度值变化较为平稳。到2020年，下口子断面氨氮浓度值已能满足地表水Ⅲ类水质标准限值，比2016年同期下降73%。蔹窝坝下、下王家断面氨氮浓度值已能满足地表水Ⅱ类水质标准限值。

空间变化规律：2016—2018年，下口子断面氨氮浓度始终高于蔹窝坝下断面和下王家断面，2019—2020年，各断面无明显差异，如图2-6所示。

（3）总磷。时间变化规律：蔹窝坝下断面、下王家断面、下口子断面的总磷浓度值均呈下降趋势，到2020年，均能满足地表水Ⅱ类水质标准限值。其中，下口子断面总磷浓度比2016同期年下降61.9%，下王家断面比2017年同期下降75.0%。

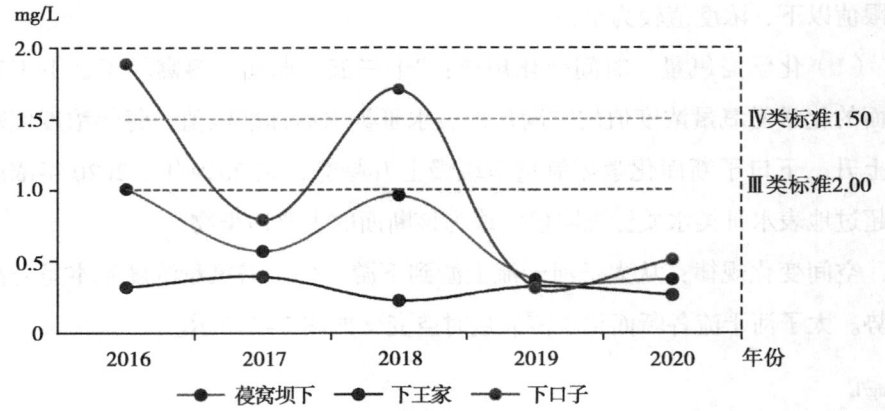

图 2-6　太子河干流各断面氨氮时空变化（2016—2020年）

空间变化规律：葠窝坝下断面总磷浓度值最低，下王家断面、下口子断面总磷浓度值较为接近，如图 2-7 所示。

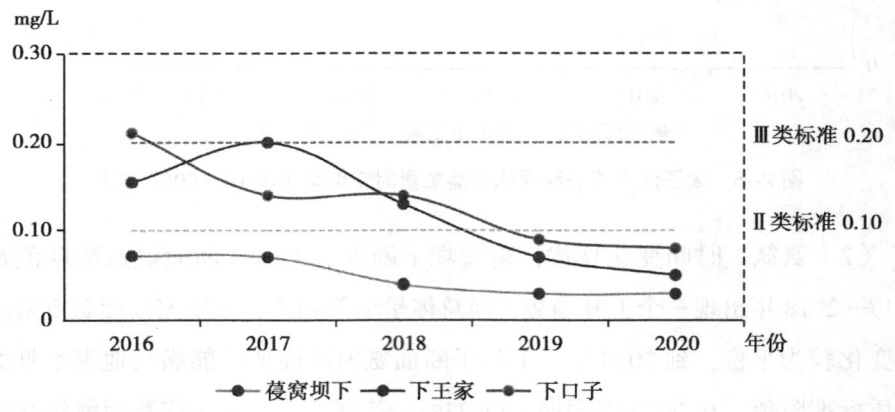

图 2-7　太子河干流各断面总磷时空变化（2016—2020年）

2.3.4　声环境质量现状及变化趋势

声环境质量数据采用《辽阳市"十三五"环境质量报告书》《辽阳市生态环境质量报告书（2021年度）》中辽阳石化（宏伟区）的点位数值，以及《辽阳市生态环境质量报告书（2021年度）》《辽阳市2021年环境质量简报》中的数据。2021年，辽阳市声环境质量总体表现良好。辽阳市城市环境功能区噪声点次达标率昼间为 100%、夜间为 81.2%。26 个城市道路交通噪声达标路段为 24 个，达标率为 92.1%。城市区域环境噪声质量水平等级为三级，达标网格数为 178 个，达标率为 88%（见表 2-9）。社会生活噪声源和交通噪声源仍是城市主要环境噪声源。

表 2-9 2016—2021 年辽阳市功能区噪声监测结果统计

单位：dB

年度	1 类区 昼间	1 类区 夜间	2 类区 昼间	2 类区 夜间	3 类区 昼间	3 类区 夜间	4 类区 昼间	4 类区 夜间
2016	52.2	44.1	57.5	47.6	59.9	52.8	64.5	53.2
2017	48.2	40.9	56.9	42.1	61	53.5	65.4	53.7
2018	51.4	43.9	58.3	42.6	60.1	51.0	68.3	58.2
2019	50.5	39.0	56.5	43.5	60.1	51.0	67.3	57.1
2020	49.7	42.1	56.6	42.4	60.3	48.6	65.1	56.7
2021	50.0	43.4	56.1	46.0	60.4	49.8	64.9	55.5
标准	55	45	60	50	65	55	70	55

我们收集了芳烃基地跟踪评价中声环境质量现状监测数据，共设置了 9 个点位，监测时间为 2019 年 10 月 30 日至 31 日，具体内容如表 2-10 所示。

表 2-10 芳烃基地环境噪声检测结果

监测点位	监测时间	昼间 [dB（A）] 现状值	昼间 [dB（A）] 标准值	昼间 [dB（A）] 超标值	夜间 [dB（A）] 现状值	夜间 [dB（A）] 标准值	夜间 [dB（A）] 超标值
基地东侧	10 月 30 日	56.7	60	-3.3	47.3	50	-2.7
基地东侧	10 月 31 日	55.9	60	-4.1	43.6	50	-6.4
基地南侧	10 月 30 日	50.1	60	-9.9	44.5	50	-5.5
基地南侧	10 月 31 日	51.7	60	-8.3	48.4	50	-1.6
基地西侧	10 月 30 日	48.9	60	-1.1	43.1	50	-6.9
基地西侧	10 月 31 日	49.2	60	-0.8	43.5	50	-6.5
基地北侧	10 月 30 日	49.7	60	-0.3	46.8	50	-3.2
基地北侧	10 月 31 日	48.6	60	-1.4	45.9	50	-4.1

续表

监测点位	监测时间	昼间 [dB(A)] 现状值	昼间 [dB(A)] 标准值	昼间 [dB(A)] 超标值	夜间 [dB(A)] 现状值	夜间 [dB(A)] 标准值	夜间 [dB(A)] 超标值
原辽阳石化公司大楼	10月30日	52.3	60	−7.7	46.1	50	−3.9
	10月31日	51.8		−8.2	48.7		−1.3
原7区幼儿园	10月30日	51.2		−8.8	49.7		−0.3
	10月31日	50.4		−9.6	47.3		−2.7
原东山公寓	10月30日	55.2		−4.8	47.3		−2.7
	10月31日	53.7		−6.3	48.8		−1.2
原大打白狐村	10月30日	50.7		−9.3	48.6		−1.4
	10月31日	49.9		−10.1	46.7		−3.3
原峨嵋中学	10月30日	59.1		−0.9	49.8		−0.2
	10月31日	58.4		−1.6	47.9		−2.1

由表2-10可知，芳烃基地边界各监测点位昼间、夜间噪声值均满足《声环境质量标准》（GB3096-2008）中声环境3类功能区标准要求。

2.3.5 地下水质量现状

我们收集了芳烃基地跟踪评价中地下水环境质量现状监测数据，共设置了5个地下水监测点位，监测时间为2019年10月30日，具体内容如表2-11所示。

表2-11 水质监测结果统计一览表

项目	点位	10月30日 赢创天大	峨眉村	小打白村	西八家子	徐家村	标准值	单位
pH值	浓度	7.33	7.44	7.56	7.42	7.37	6.5~8.5	无量纲
	污染指数	0.22	0.29	0.37	0.28	0.25		
氨氮	浓度	<0.02	<0.02	<0.02	<0.02	<0.02	0.5	mg/L
	污染指数	<0.04	<0.04	<0.04	<0.04	<0.04		

续表

项目	点位	10月30日					标准值	单位
		赢创天大	峨眉村	小打白村	西八家子	徐家村		
硝酸盐氮	浓度	11.7	4.8	4.5	0.4	5.8	20.0	mg/L
	污染指数	0.585	0.24	0.225	0.02	0.29		
亚硝酸盐氮	浓度	0.004	0.003	0.002	0.007	0.001	1.00	mg/L
	污染指数	0.004	0.003	0.002	0.007	0.001		
挥发酚	浓度	<0.002	<0.002	<0.002	<0.002	<0.002	0.002	mg/L
	污染指数	<1	<1	<1	<1	<1		
总硬度	浓度	270	292	370	421	288	450	mg/L
	污染指数	0.6	0.65	0.82	0.94	0.64		
溶解性总固体	浓度	766	821	845	837	816	1000	mg/L
	污染指数	0.766	0.821	0.845	0.837	0.816		
耗氧量	浓度	0.78	0.78	0.79	0.82	0.76	3.0	mg/L
	污染指数	0.26	0.26	0.26	0.27	0.26		
硫酸盐	浓度	39	78	126	163	90	250	mg/L
	污染指数	0.156	0.312	0.504	0.652	0.360		
氯化物	浓度	19.1	33.5	74.7	112.0	55.5	250	mg/L
	污染指数	0.076	0.134	0.299	0.448	0.222		
氟化物	浓度	0.1	0.2	0.1	0.1	0.2	1.0	mg/L
	污染指数	0.1	0.2	0.1	0.1	0.2		

续表

项目	点位	10月30日					标准值	单位
		赢创天大	峨眉村	小打白村	西八家子	徐家村		
砷	浓度	<1.0	<1.0	<1.0	<1.0	<1.0	10	μg/L
	污染指数	<0.1	<0.1	<0.1	<0.1	<0.1		
铬（六价）	浓度	<0.004	<0.004	<0.004	<0.004	<0.004	0.05	mg/L
	污染指数	<0.00008	<0.00008	<0.00008	<0.00008	<0.00008		
铅	浓度	<0.0025	<0.0025	<0.0025	<0.0025	<0.0025	0.01	mg/L
	污染指数	—	—	—	—	—		
汞	浓度	<0.1	<0.1	<0.1	<0.1	<0.1	—	μg/L
	污染指数	—	—	—	—	—		
铁	浓度	<0.3	<0.3	<0.3	<0.3	<0.3	0.3	mg/L
	污染指数	<1	<1	<1	<1	<1		
镉	浓度	<0.5	<0.5	<0.5	<0.5	<0.5	5	μg/L
	污染指数	<1	<1	<1	<1	<1		
锰	浓度	<0.1	<0.1	<0.1	<0.1	<0.1	≤0.10	mg/L
	污染指数	<1	<1	<1	<1	<1		
石油类	浓度	0.01	<0.01	0.01	<0.01	<0.01	—	mg/L
	污染指数	—	—	—	—	—		
总大肠菌群	浓度	未检出	未检出	未检出	未检出	未检出	≤3.0	MPN/100ml
	污染指数	—	—	—	—	—		

续表

项目	点位	10月30日					标准值	单位
		赢创天大	峨眉村	小打白村	西八家子	徐家村		
细菌总数	浓度	94	89	95	94	91	≤100	cfu
	污染指数	0.94	0.89	0.95	0.94	0.91		
K^+	浓度	1.35	2.45	1.80	3.05	4.65	—	mg/L
	污染指数	—	—	—	—	—		
Na^+	浓度	20.8	28.4	58.5	41.8	44.0	—	mg/L
	污染指数	—	—	—	—	—		
Ca^{2+}	浓度	98.0	98.0	150	152	102	—	mg/L
	污染指数	—	—	—	—	—		
Mg^{2+}	浓度	15.6	22.4	27.1	35.7	18.7	—	mg/L
	污染指数	—	—	—	—	—		
CO_3^{2-}	浓度	未检出	未检出	未检出	未检出	未检出	—	mg/L
	污染指数	—	—	—	—	—		
HCO_3^-	浓度	321	289	396	290	271	—	mg/L
	污染指数	—	—	—	—	—		

对照表2-11可发现，芳烃基地所在区域地下水水质满足《地下水质量标准》（GB/T14848-2017）中Ⅲ类水质标准。

2.3.6 土壤环境质量现状及变化趋势

我们收集了芳烃基地跟踪评价中土壤环境质量现状监测数据，共设置了5个土壤监测点位，监测时间为2019年10月30日，具体内容如表2-12所示。

表 2-12 芳烃基地土壤环境质量监测结果表

采样日期	检测项目	忠旺（原大打白孤村）0~0.5m	忠旺（原大打白孤村）0.5~1.5m	忠旺（原大打白孤村）1.5~3.0m	奥克化学股份有限公司上游（原炼油厂北侧农田）	基地外环境本底（原料化填埋上游）	标准值	单位
2019年10月30日	砷	10.7	10.5	9.78	11.4	9.34	60	mg/kg
	镉	0.09	0.10	0.11	0.15	0.08	65	mg/kg
	铅	6.2	6.6	6.7	4.2	4.0	800	mg/kg
	铜	150	149	151	148	145	18000	mg/kg
	镍	3 (L)	3 (L)	3 (L)	3 (L)	3 (L)	900	mg/kg
	汞	1.010	0.998	0.982	0.490	0.538	38	mg/kg
	六价铬	2 (L)	2 (L)	2 (L)	2 (L)	2 (L)	5.7	mg/kg
	硝基苯	0.09 (L)	0.09 (L)	0.09 (L)	0.09 (L)	0.09 (L)	76	mg/kg
	2-硝基苯胺	0.08 (L)	0.08 (L)	0.08 (L)	0.08 (L)	0.08 (L)	260	mg/kg
	2-氯酚	0.04 (L)	0.04 (L)	0.04 (L)	0.04 (L)	0.04 (L)	2256	mg/kg
	氯甲烷	12.0	13.1	14.5	15.0	13.8	37000	μg/kg
	氯乙烯	2.3	2.1	2.3	2.0	2.2	53000	μg/kg
	1,1-二氯乙烯	20.6	21.1	19.8	20.5	20.1	66000	μg/kg
	二氯甲烷	33.5	34.7	36.2	35.4	34.8	616000	μg/kg

续表

采样日期	检测项目	检测结果					标准值	单位
		忠旺（原大打白孤村）0~0.5m	忠旺（原大打白孤村）0.5~1.5m	忠旺（原大打白孤村）1.5~3.0m	奥克化学股份有限公司上游（原炼油厂北侧农田）	基地外环境本底（原料化填埋上游）		
2019年10月30日	反1,2-二氯乙烯	8.9	9.4	8.5	10.0	9.7	54000	μg/kg
	1,1-二氯乙烷	1.1	1.2	1.3	1.1	1.2	9000	μg/kg
	顺1,2-二氯乙烯	2.6	2.7	2.8	2.9	2.7	596000	μg/kg
	氯仿	2.7	2.6	2.8	2.8	2.6	900	μg/kg
	1,1,1-三氯乙烷	6.4	5.9	6.4	6.3	6.1	840000	μg/kg
	四氯化碳	3.8	4.5	4.1	4.4	4.2	2800	μg/kg
	1,2-二氯乙烷	26.4	27.8	25.1	28.3	27.8	5000	μg/kg
	苯	2.6	1.9	2.1	2.2	2.3	4000	μg/kg
	三氯乙烯	2.7	3.8	2.4	3.9	3.6	2800	μg/kg
	1,2-二氯丙烷	11.4	12.3	12.7	12.8	11.9	5000	μg/kg
	1,1,2-三氯乙烷	23.8	26.5	25.9	27.8	26.7	2800	μg/kg
	四氯乙烯	15.7	14.8	13.9	15.7	14.7	53000	μg/kg
	氯苯	27.8	28.4	29.3	29.7	28.5	270000	μg/kg
	1,1,1,2-四氯乙烷	3.4	2.8	2.5	2.2	2.5	10000	μg/kg

续表

采样日期	检测项目	忠旺（原大打白弧村）0~0.5m	忠旺（原大打白弧村）0.5~1.5m	忠旺（原大打白弧村）1.5~3.0m	奥克化学股份有限公司上游（原炼油厂北侧农田）	基地外环境本底（原填埋化填埋上游）	标准值	单位
2019年10月30日	1,1,2,2-四氯乙烷	28.7	27.9	26.5	29.2	27.3	6800	μg/kg
	乙苯	6.3	6.7	5.3	6.5	5.8	28000	μg/kg
	间,对二甲苯	1.4	1.6	1.3	1.6	1.7	570000	μg/kg
	邻二甲苯	1.6	1.4	1.7	1.9	1.7	640000	μg/kg
	苯乙烯	1.1（L）	1.1（L）	1.1（L）	1.1（L）	1.1（L）	1290000	μg/kg
	1,2,3-三氯丙烷	4.6	5.3	4.8	5.9	6.0	500	μg/kg
	1,4-二氯苯	1.5（L）	1.5（L）	1.5（L）	1.5（L）	1.5（L）	20000	μg/kg
	1,2-二氯苯	1.5（L）	1.5（L）	1.5（L）	1.5（L）	1.5（L）	560000	μg/kg
	甲苯	23.2	24.3	23.8	25.3	24.7	1200000	μg/kg
	苯并(a)蒽	4（L）	4（L）	4（L）	4（L）	4（L）	15000	μg/kg
	苯并(a)芘	5（L）	5（L）	5（L）	5（L）	5（L）	1500	μg/kg
	苯并(b)荧蒽	5（L）	5（L）	5（L）	5（L）	5（L）	15000	μg/kg
	苯并(k)荧蒽	5（L）	5（L）	5（L）	5（L）	5（L）	151000	μg/kg

续表

采样日期	检测项目	检测结果 忠旺（原大打白孤村）0~0.5m	忠旺（原大打白孤村）0.5~1.5m	忠旺（原大打白孤村）1.5~3.0m	奥克化学股份有限公司上游（原炼油厂北侧农田）	基地外环境（原料本底）（氧化填埋上游）	标准值	单位
2019年10月30日	茚	3（L）	3（L）	3（L）	3（L）	3（L）	1293000	μg/kg
	二苯并（a，h）蒽	5（L）	5（L）	5（L）	5（L）	5（L）	1500	μg/kg
	茚并（1，2，3-cd）芘	4（L）	4（L）	4（L）	4（L）	4（L）	15000	μg/kg
	萘	3（L）	3（L）	3（L）	3（L）	3（L）	70000	μg/kg
	石油烃（C_{10}~C_{40}）	26	23	24	27	24	4500	mg/kg
	锌	1（L）	1（L）	1（L）	1（L）	1（L）	200	mg/kg

备注：
检测结果小于检出限报最低检出限值加（L）；
六价铬参照《固体废物 六价铬的测定 碱消解/火焰原子吸收分光光度法》（HJ 687-2014）进行测定。

对照表 2-12 可发现，各监测点位的各污染因子均满足《土壤环境质量 建设用地土壤污染风险管控标准（试行）》（GB36600-2018）中第二类用地风险筛选标准要求。

2.3.7 生态环境质量现状及变化趋势

采用《生态环境状况评价技术规范》（HJ/T192-2015）及高分辨率影像分别对生态环境质量进行综合评价。2019年辽阳市生态环境状况指数（EI）为67.48，生态环境质量为良，植被覆盖度较高，生物多样性较丰富，基本适合人类生存。其中辽阳市区生态环境状况指数（EI）为64.06，生态环境质量为良；灯塔市生态环境状况指数（EI）为60.66，生态环境质量为良；辽阳县生态环境状况指数（EI）为71.40，生态环境质量为良。辽阳市区植被覆盖度较高，生物多样性较丰富，适合人类生存。详见表2-13。

表 2-13 辽阳市区生态环境各项指数汇总表

年份	生物丰度指数	植被覆盖指数	水网密度指数	土地退化指数	污染负荷指数	生态环境状况指数（EI）	生态环境状况指数评价
2016	51.55	98.35	26.74	26.59	18.63	65.72	良
2017	52.30	79.23	22.47	13.84	6.66	63.74	良
2018	52.24	82.39	22.47	18.31	7.26	63.78	良
2019	52.24	82.36	24.82	18.03	8.35	64.06	良
2020	52.20	83.11	22.47	18.34	7.30	67.39	—

根据生态环境状况指数与基准值的变化情况，可将生态环境质量变化幅度（ΔEI）分为4级，即无明显变化、略有变化（好或差）、明显变化（好或差）、显著变化（好或差），具体分级见表2-14。

表 2-14 生态环境状况变化幅度分级

级别	无明显变化	略有变化	明显变化	显著变化
变化值	$|\Delta EI| \leq 1$	$1<|\Delta EI| \leq 3$	$3<|\Delta EI| \leq 8$	$|\Delta EI|>8$
描述	生态环境质量无明显变化	如果 $1<\Delta EI \leq 3$，则生态环境质量略微变好；如果 $-1>\Delta EI$ 或 $\Delta EI \geq 3$，则生态环境质量略微变差	如果 $3<\Delta EI \leq 8$，则生态环境质量明显变好；如果 $-3>\Delta EI$ 或 $\Delta EI \geq 8$，则生态环境质量明显变差；如果生态环境质量类型发生改变，则生态环境质量明显变化	如果 $\Delta EI>8$，则生态环境质量显著变好；如果 $\Delta EI<-10$，则生态环境质量显著变差

辽阳市区的 EI 值变化不明显，其中各分指数中水网密度指数下降最为明显，其次为土壤胁迫指数，但植被覆盖指数和污染负荷指数均有所升高，特别是污染负荷指数由 2019 年的 8.35 降至 2020 年的 7.30。2020 年辽阳市全市 EI 指数整体无明显波动。其中植被覆盖指数略有升高，主要原因为辽阳县和灯塔市山区、丘陵地区近年来大力推进绿色矿山整治，加大生态恢复工程，矿山裸露面积大幅度减少；污染负荷指数也有一定程度的下降，特别是辽阳市区内企业搬迁、燃煤锅炉取缔、污水管网全覆盖，从而对全市污染物排放有较大幅度削减；水网密度指数略有降低，对我市全生态环境状况有一定影响。

2.4 芳烃基地生态环境保护状况与趋势

2.4.1 环境管理体系

芳烃基地环境管理工作由辽阳市生态环境局宏伟分局统一负责，已形成了规划环境影响评估、建设项目环境保护"三同时"制度、排污许可制度、ISO14001 环境管理体系、清洁生产和重点企业在线监控六大综合环境管理体系。

（1）规划环境影响评估。2008 年《辽阳重要芳烃及化纤原料基地发展规划环境影响报告书》通过了辽宁省环境保护局（现辽宁省环境保护厅）审查。

辽阳市再生资源产业园位于芳烃基地内，2013 年《辽阳市再生资源产业园控制性详细规划环境影响报告书》通过了辽宁省环保厅审查。

（2）建设项目环境保护"三同时"制度。芳烃基地建设项目严格执行环境保护"三同时"制度，限制能耗大、物耗高、污染重的项目入区建设，积极引进技术先进、无污染或少污染的建设项目，入区建设项目的环境影响评价和"三同时"制度执行率始终保持在 100%。

（3）排污许可制度。芳烃基地建设项目有 4 家取得了排污许可证，其余运行企业正在申报排污许可证。

（4）ISO14001 环境管理体系。通过积极推动 ISO14001 环境管理体系认证，提升了环境管理理念，规范了环境管理方式，使各项环境管理工作更加规范化、标准化、制度化。同时，积极引导区内企业开展 ISO14001 环境管理体系建设，目前已有 23 家企业通过 ISO14001 环境管理体系认证。

（5）清洁生产。芳烃基地积极贯彻执行《中华人民共和国清洁生产促进法》，以节能、降耗、减污、增效为目标，推动企业由末端治理向全过程治理转变，目前 8 家企业通过了清洁生产审核，10 家企业正在审核中。

（6）在线监控。芳烃基地加强对重点污染源企业的环境监管能力，大力推进重点污染源企业在线监控设施建设，目前已安装废水、废气在线监控设施 40 余台（套）。

2.4.2　芳烃基地环境保护工作状况

2.4.2.1　环境保护相关政策及执行情况

（1）大气污染防治行动计划。针对大气污染防治，从国家到地方先后颁布了《大气污染防治行动计划》（以下简称国务院"气十条"）、《辽宁省大气污染防治行动计划实施方案》（以下简称辽宁省"气十条"）、《辽阳市大气污染防治行动计划实施方案》（以下简称辽阳市"气十条"）。芳烃基地近年来严格落实相关大气污染防治计划要求，采取了一系列措施改善基地大气环境，取得了显著成效，详见表 2-15。

表 2-15　芳烃基地大气环境治理政策执行情况

序号	国务院"气十条"	辽宁省"气十条"	辽阳市"气十条"	政策执行情况
1	一、(一) 在供热供气管网不能覆盖的地区，改用电、新能源或洁净煤，推广应用高效节能环保型锅炉	(二) 10. 全面拆除燃煤小锅炉。在供热供气管网不能覆盖的地区，改用电、清洁能源或洁净煤	实施清洁能源替代，加快推进芳烃基地热电厂热电机组新建	芳烃基地热电厂已建设投产，并完成超低排放改造，统一为入驻企业提供蒸汽和电能
2	二、(五) 加快淘汰落后产能。结合产业发展实际和环境质量状况，进一步提高环保、能耗、安全、质量等标准，分区域明确落后产能淘汰任务，倒逼产业转型升级	(三) 12. 加快淘汰落后产能。进一步加强环保、能耗、安全、质量等标准约束，采取经济、技术、法律和必要的行政手段，提前一年完成钢铁等21个重点行业的全省"十二五"落后产能淘汰任务		基地内入驻企业采用先进工艺设备进行生产建设，不属于落后产能，不在淘汰落后任务中
3	二、(七) 坚决停建产能严重过剩行业违规在建项目。认真清理产能严重过剩行业违规在建项目，对未批先建、边批边建、越权核准的违规项目，尚未开工建设的，不准开工；正在建设的，要停止建设	(三) 11. 严控"两高行业"新增产能。严格落实国家高能耗、高污染和资源性行业准入条件		芳烃基地按照规划要求落实准入条件，内部企业不属于产能过剩项目，不属于高能耗、高污染行业
4	三、(十四) 推进煤炭清洁利用。扩大城市高污染燃料禁燃区范围，逐步由城市建成区扩展到近郊……逐步推行以天然气或电替代煤炭。鼓励北方农村地区建设洁净煤配送中心，推广使用洁净煤和型煤	(一) 3. 科学推进地热能、风能、核能等清洁能源利用。严格执行地源热泵运行电价政策，积极推广地源热泵，全省每年新增地源热泵供热面积 2000 万 m²		芳烃基地内企业供热统一由辽阳国成热电有限公司提供，该公司已完成超低排放改造

续表

序号	国务院"气十条"	辽宁省"气十条"	辽阳市"气十条"	政策执行情况
5	推进挥发性有机物污染治理。在石化、有机化工、表面涂装、包装印刷等行业实施挥发性有机物综合整治,在石化行业开展"泄漏检测与修复"技术改造。限时完成加油站、储油库、油罐车的油气回收治理,在原油成品油码头积极开展油气回收治理。完善涂料、胶粘剂等产品挥发性有机物限值标准,推广使用水性涂料,鼓励生产、销售和使用低毒、低挥发性有机溶剂	推进挥发性有机物污染治理。在石化、有机化工、医药、表面涂装、包装印刷等重点行业实施挥发性有机物综合整治,到2014年底,完成所有加油站、储油库、油罐车的油气回收治理。到2015年底,在10家石化企业推行"泄露检测与修复"技术,在原油成品油码头开展油、气回收治理。积极推广使用水性涂料,鼓励生产、销售和使用低毒、低挥发性有机溶剂	中石油辽阳石化分公司等石化企业推行"泄露检测与修复"技术,完成挥发性有机物综合治理	基地内石化企业已经进行有机物摸底调查及推进综合治理。中石油辽阳石化分公司推行"泄露检测与修复"技术,完成治理

（2）水污染防治行动计划。针对水污染防治,从国家到地方先后颁布了《水污染防治行动计划》（以下简称国务院"水十条"）、《辽宁省水污染防治工作方案》（以下简称辽宁省"水十条"）、《辽阳市水污染防治工作方案》（以下简称辽阳市"水十条"）。芳烃基地近年来严格落实相关水污染防治计划要求,采取了一系列措施改善基地地区水环境,取得了显著成效,详见表2-16。

（3）土壤污染防治行动计划。针对土壤污染防治,从国家到地方先后颁布了《土壤污染防治行动计划》（以下简称国务院"土十条"）、《辽宁省土壤污染防治工作方案》（以下简称辽宁省"土十条"）、《辽阳市土壤污染防治工作方案》（以下简称辽阳市"土十条"）。芳烃基地近年来严格落实相关土壤污染防治计划要求,采取了一系列措施改善基地地区土壤环境,取得了显著成效,详见表2-17。

区域概况分析 2

表2-16 芳烃基地水环境治理政策执行情况

序号	国务院"水十条"	辽宁省"水十条"	辽阳市"水十条"	政策执行情况
1	一、(一) 狠抓工业污染防治。2016年底前,按照水污染防治法律法规要求,全部取缔不符合产业政策的小型造纸、制革、染料、炼焦、炼硫、炼砷、炼油、电镀、农药等严重污染水环境的生产项目	二、(一) 1. 狠抓工业污染防治。取缔不符合产业政策的工业企业,全面排查装备水平低、环保设施差的小型工业企业,2016年年底前,全部取缔不符合国家和行业准入条件的小型造纸、印染、染料、炼焦、炼硫、炼砷、炼油、电镀、农药等严重污染水环境的企业	狠抓工业污染防治。取缔不符合产业政策的工业企业,全面排查装备水平低、环保设施差的小型工业企业,2016年年底前,按照水污染防治法律法规要求,全部取缔不符合国家和行业准入条件的小型造纸、印染、染料、炼焦、炼硫、炼砷、炼油、电镀、农药等严重污染水环境的企业	基地内入驻企业均符合国家和辽宁省的产业政策
2	二、(五) 调整产业结构。依法淘汰落后产能。自2015年起,各地要依据部分工业装备和产品指导目录及相关行业污染物排放标准,产业结构调整指导目录及相关行业污染物排放标准,产业结构调整指导目录及相关行业污染物排放标准,结合水质改善要求及产业发展情况,制定并实施年度落后产能淘汰方案,报工业和信息化部、环境保护部备案	二、(二) 1. 依法淘汰落后产能。依据部分工业装备和产品指导目录及相关行业污染物排放标准,产业结构调整指导目录及相关行业污染物排放标准,结合水质改善要求及产业发展情况,按照法制化和市场化原则,制定并实施年度落后产能淘汰方案	依据部分工业装备和产品指导目录及产业结构调整指导目录及相关行业污染物排放标准,结合水质改善要求及产业发展情况,按照法制化和市场化原则,制定并实施年度落后产能淘汰方案的地区,暂停审批和核准其相关行业新建项目	芳烃基地按照规划要求,落实准入条件,内部企业满足产业污染物排放标准和产业调整目录要求。基地内入驻企业采用先进工艺设备进行生产建设,不属于落后产能,不在淘汰落后任务中

续表

序号	国务院"水十条"	辽宁省"水十条"	辽阳市"水十条"	政策执行情况
3	二、(六) 优化空间布局。鼓励发展节水高效现代农业，低耗水高新技术产业以及生态保护型旅游业，严格控制缺水地区、水污染严重地区和敏感区域高耗水、高污染行业发展，新建、改建、扩建重点行业建设项目实行主要污染物排放减量置换。推动污染企业退出。城市建成区内现有钢铁、有色金属、造纸、印染、原料药制造、化工等污染较重的企业应有序搬迁改造或依法关闭。 二、(六) 积极保护生态空间。严格城市规划蓝线管理，城市规划区范围内应保留一定比例的水域面积。新建项目一律不得违规占用水域。严格利用水域岸线法律法规和技术标准要求，留足河道、湖泊和海岸带的管理和保护范围，非法挤占的应限期退出	三、(二) 3. 优化产业空间布局。重大项目和重点开发区原则上布局在优化开发区和重点开发区，合城乡规划和土地利用总体规划。鼓励发展水高效现代农业、低耗水型旅游业，生态保护型旅游业，严格控制缺水地区和敏感区域高耗水、高污染行业发展，新建、改建、扩建重点行业建设项目实行主要污染物排放减量置换 三、(二) 3. 辽河、鸭绿江等流域干流沿岸严格控制石油加工、化学原料和化学制品制造、医药制造、化学纤维制造、有色金属冶炼、纺织印染等项目环境风险，合理布局生产项目装置及危险化学品仓储等设施	3. 优化产业空间布局：合理确定产业发展规模，结构和规划，充分考虑水资源、水环境承载能力，以水定城、以水定地、以水定人、以水定产。重大项目原则上布局在优化开发区和重点开发区，并符合城乡规划和土地利用总体规划。鼓励水高新技术产业、低耗水型旅游业。严格控制缺水地区、水污染严重地区和敏感区域高耗水、高污染行业发展，新建、改建、扩建重点行业建设项目实行主要污染物排放减量置换。太子河流域干流沿岸及两大水库周边严格控制石油加工、化学原料和化学制品制造、医药制造、化学纤维制造、有色金属冶炼、纺织印染等项目环境风险，合理布局生产项目装置及危险化学品仓储等设施	芳烃基地为辽阳市城市总规中重要开发区域，其产业布局主要为石油化工区、精细化工区和化工新材料区。入驻企业符合产业规划和土地利用规划要求 芳烃基地内入驻企业废水均经过管网排入辽阳市宏伟区污水处理厂、辽阳石化污水处理厂，不会对地表水太子河产生影响

108

续表

序号	国务院"水十条"	辽宁省"水十条"	辽阳市"水十条"	政策执行情况
4	二、(七)推进循环发展。加强工业水循环利用。鼓励钢铁、石油石化、化工、造纸、纺织印染、制革等高耗水企业废水深度处理回用	三、(二)4. 推进循环发展。加强工业水循环利用。鼓励钢铁、纺织印染、造纸、石油石化、化工、制革等高耗水企业废水深度处理回用,不断提高中水回用率,提高水循环利用率		辽阳石化污水处理厂深度回用出水一部分回用于辽阳国成热电厂,另一部分送入中水回用设施处理后回用于辽阳石化循环水场,水重复利用率为97%。劳经基地内污水处理厂中水系统尚未建设。基地内其余企业内部进行清洁生产,提高水循环利用率

109

表2-17 芳烃基地土壤环境治理政策执行情况

序号	国务院"土十条"	辽宁省"土十条"	辽阳市"土十条"	政策执行情况
1	二、(六)全面强化监管执法。明确监管重点……重点监管有色金属矿采选、有色金属冶炼、石油加工、化工、焦化、电镀、制革等行业，地级以上城市建成区等区域	二、(六)6.全面强化监管执法。重点监测土壤中镉、汞、砷、铅、铬等重金属和多环芳烃、石油烃等有机污染物，重点监管有色金属矿采选、有色金属冶炼、石油加工、化工、焦化、电镀、制革等行业，以及产粮(油)大县、地级以上城市建成区等区域	全面强化监管执法。重点监测土壤中镉、汞、砷、铅、铬等重金属和多环芳烃、石油烃等有机污染物，重点监管有色金属矿采选、有色金属冶炼、石油加工、化工、焦化、电镀、制革等行业	芳烃基地全面加强监管执法，入驻企业严格按照要求对重金属实施重点监测制度
2	三、(八)切实加大保护力度。各地要将符合条件的优先保护类耕地划为永久基本农田，实行严格保护，确保其面积不减少，土壤环境质量不下降，除依法律规定的重点建设项目选址确实无法避让外，其他任何建设不得占用。防控企业污染。严格控制在优先保护类耕地集中区域新建有色金属冶炼、石油加工、化工、焦化、电镀、制革等行业企业，现有相关行业企业要采用新技术、新工艺，加快提标升级改造步伐	三、(三)8.切实加大保护力度。各地区要将符合条件的优先保护类耕地划为永久基本农田，实行严格保护，确保其面积不减少，土壤环境质量不下降，除依法律规定的重点建设项目选址确实无法避让外，其他任何建设项目不得占用。防控企业污染。严格控制在优先保护类耕地集中区域新建有色金属冶炼、化工、焦化、金属冶炼、石油加工、化工、焦化、电镀、制革等行业企业，现有相关行业企业要采用新技术、新工艺，提标升级改造步伐		芳烃基地内的土地为工业用地，土地开发严格按照规划要求进行

续表

序号	国务院"土十条"	辽宁省"土十条"	辽阳市"土十条"	政策执行情况
3	五、(十六)防范建设用地新增污染。排放重点污染物的建设项目,在开展环境影响评价时,要增加对土壤污染影响的评价内容,并提出防范土壤污染的具体措施;需要建设的土壤污染防治设施,要与主体工程同时设计、同时施工、同时投产使用;有关情况落实的保护部门要做好有关措施落实情况的监督管理工作	三、(五)16.防范建设用地新增污染。排放重点污染物的建设项目,在开展环境影响评价时,要增加对土壤污染影响的评价内容,并提出防范土壤污染的具体措施。需要建设的土壤污染防治设施,要与主体工程同时设计、同时施工、同时投产使用。环保部门要做好有关情况落实的监督管理工作		芳烃基地内的企业均按照相关要求提出防范的具体措施,并落实
4	六、(十八)继续淘汰涉重金属相关行业严重过剩产能,完善涉重金属重点行业准入条件,禁止新建该行业的建设项目	三、(六)18.加强执行重金属污染物排放标准并落实相关总量控制指标……继续淘汰涉重金属重点行业严重过剩产能或产能严重过剩行业后产能或产能严重过剩行业的建设项目		芳烃基地内无涉重金属重点行业落后产能或产能过剩的企业
5	六、(十八)加强工业固体废物处理处置。加强工业废物综合利用。对电子废物、废轮胎、废塑料等再生利用活动进行清理整顿,引导有关企业采用先进适用加工工艺、集聚发展,集中建设和运营污染治理设施,防止污染土壤和地下水	三、(六)18.加强工业固体废物处理处置。加强工业固体废物综合利用。对电子废物、废轮胎、废塑料等再生利用活动进行清理整顿,引导有关企业采用先进适用加工工艺、集聚发展,集中建设和运营污染治理设施,防止污染土壤和地下水	加强工业废物处理处置。加强工业固体废物综合利用。对电子废物、废轮胎、废塑料等再生利用活动进行清理整顿,引导有关企业采用先进适用加工工艺、集聚发展,集中建设和运营污染治理设施,防止污染土壤和地下水	芳烃基地内企业严格按照要求对工业产生的固体废物处理处置

（4）环境保护规划。芳烃基地严格落实《辽宁省环境保护"十三五"规划》《辽阳市环境保护"十三五"规划》相关要求，取得了显著成效，详见表2-18。

表2-18　与环保规划相符性分析

《辽宁省环境保护"十三五"规划》		政策执行情况
重点领域和主要任务	"十三五"期间将狠抓工业污染防治，扩大重点行业整治范围。具体要求为强化经济技术开发区、高新技术开发区、出口加工区等工业聚集区污染治理。2017年底前，工业聚集区应按规定建成污水集中处理设施，并安装在线监控装置。加快城镇污水处理设施建设与改造，全面加强配套管网建设，强化稳定运行	芳烃基地有单独的污水处理厂，安装在线监控装置，稳定运行
	实施"气化辽宁"工程，出台全省天然气发展实施利用规划，全面推进气源、天然气管网建设，合理适度使用天然气能源。严控新建燃煤锅炉，依法划定高污染燃料禁燃区	芳烃基地内企业供热统一由辽阳国成热电有限公司提供，该企业已完成超低排放改造
	全面推行清洁生产，强化对重点企业的强制性清洁生产审核	内部重点企业已经完成清洁生产审核工作
	划定并严守生态保护红线。在全省以生态服务功能、生态敏感区域和生物多样性保护区域综合方法划定生态红线，制定生态红线管制要求，将生态功能保护和恢复任务落实到地块，形成点上开发、面上保护的区域发展空间结构	基地内无生态红线范围
	规范危险废物的收集、贮存、转移、运输和处理处置活动。严厉打击危险废物非法转移。促进危险废物利用和处置产业化、专业化和规模化发展	芳烃基地内企业危险废物的收集、贮存、转移、运输和处理处置活动完全按照国家法律相应要求进行。没有危险废物非法转移

续表

《辽阳市环境保护"十三五"规划》		芳烃基地发展规划
重点领域和主要任务	加强污水处理及配套设施建设，大力推广中水回用技术。按照要求新建和扩建污水处理设施，并对现有污水处理设施进行升级改造，不断完善污水管网系统建设，提高污水处理率	芳烃基地宏伟区污水处理厂已经完成提标改造工程，出水指标达到一级 A
	深化工业二氧化硫治理，火电行业燃煤机组全部安装高效湿式脱硫设施；石化行业所有催化裂化装置配备高效湿式脱硫设备	芳烃基地内企业配备高效湿式脱硫设备
	严控臭氧污染，积极推进 VOCs（挥发性有机物）综合整治。开展 VOCs 摸底调查，对所有加油站、油库和加油车实施油气回收改造	芳烃基地内化工企业已经开展 VOCs 摸底调查以及综合整治工作
	全面推行清洁生产，强化重点企业强制性清洁生产审核工作，对重点企业每两年进行一次强制性清洁生产审核。推进工业水循环利用，推动水泥、钢铁等工业窑炉、高炉实施废物协同处置。强化工业园区环境管理，开展工业园区污染集中控制和环境风险集中防范	芳烃基地已经开展环境风险集中防范，强化重点企业强制性清洁生产审核工作

2.4.2.2 大气环境保护工作状况

芳烃基地企业在大气污染防治方面以预防为主，通过"以新代老"措施，加强污染治理。基地内建设项目采用清洁先进工艺，减少物料、能源消耗，减少废弃物产生。

芳烃基地采用集中热源，供热、供汽及供电来自辽阳国成热电有限公司、中石油辽阳石化分公司热电厂。该热电厂锅炉已经完成超低排放改造，达到国家相应标准要求。同时芳烃基地内燃煤锅炉及工艺的催化裂化装置全部安装脱硫除尘设施。

各企业生产装置废气根据实际情况采用吸收法、物理法、化学吸收法、燃烧法和冷凝法等不同方法确保污染物达标排放。中石油辽阳石化分公司已推行"泄露检测与修复"技术，完成挥发性有机物综合治理。

截至 2019 年年底，芳烃基地内入驻企业多达 34 家，其中停产 8 家。芳烃基地内企业废气污染控制措施见表 2-19。

表 2-19 芳烃基地内企业废气污染控制措施一览表

序号	企业名称	废气污染控制措施
1	辽宁奥克化学股份有限公司	氨气、环氧乙烷废气及装置检修产生的少量环氧乙烷废气，经过吸收塔吸收处理后，通过 20m 高排气筒排放中试装置中的废气。主要为反应系统和真空系统在抽真空、置换钝化、吹扫过程中产生的少量未反应的环氧乙烷气体和氨气等，废气经过吸收塔吸收处理后，通过 20m 高排气筒排放环氧乙烷等废气经过吸收塔吸收处理后，通过 20m 高排气筒排放
2	辽宁科隆精细化工股份有限公司	废气先经过活性炭吸附罐的处理，再进入尾气吸收塔处理，处理后通过 16.7m 高排气筒排放。燃气导热油炉产生的烟气通过 15m 高排气筒排放
3	赢创天大（辽阳）化学助剂有限公司	用喷淋洗涤塔对冷凝装置产生的不凝尾气（未冷凝的丙酮尾气、乙醇尾气及溶剂中溶解的少量空气）进行喷淋吸收处理，喷淋液为水，吸收后通过 23m 高排气筒排放。阻聚剂生产过程产生的工艺废气（甲苯、NMHC）采取先冷凝再送活性炭吸附处理的措施，其处理效率可达到 90% 以上，经过处理后，工艺废气远低于排放标准值，经 25m 高排气筒排放至环境中
4	辽阳合成催化剂有限公司	导热油炉废气通过 8m 高排气筒排放；苯二甲酸及顺酐物料投放过程中安装旋风分离器对粉尘回收后由 15m 高排气筒排放；餐饮油烟经油烟净化器处理后排放
5	辽阳顺泰化学制品有限公司	蒸汽锅炉燃烧废气经 10m 烟囱有组织排放
6	辽宁金谷炭材料股份有限公司	复合及钢化工序产生的废气由车间 15m 高排气筒排放；固化、碳化、石墨化工序产生的废气经焚烧炉焚烧处理后，由 25m 高排气筒排放
7	辽阳华润燃气有限公司	加强管道检修，加强对无组织排放的管理
8	辽阳国成热电有限公司	2 台高压循环煤粉炉配置布袋除尘器，采用氨法脱硫、选用低氮燃烧技术并设置 SCR 脱硝装置。锅炉烟气经上述措施后通过烟气管网集中统一由 180m 钢筋混凝土烟囱高空排放

续表

序号	企业名称	废气污染控制措施
9	辽宁港隆化工有限公司	生产工序产生的非甲烷总烃、甲醇经专用管道集中收集后,引至设置的活性炭吸收塔进行吸附处理后,引至20m高排气筒排放;餐饮油烟经油烟净化器处理后,经专用烟道引至建筑物顶层排放
10	辽宁鸿港化工有限公司	在1,8-萘内酰亚胺车间氨化产生的氨气通过2级冷凝全部回收,所产生的氨气及废水全部回到车间循环利用,无废气外排。并且在1,8-萘二甲酸酐粉料室产品粉碎设置了布袋除尘器
11	辽宁奥克医药辅料股份有限公司	反应系统和真空系统在抽真空过程中产生的少量的非甲烷总烃经尾气吸收塔、尾气吸收塔循环处理后,通过20m高排气筒排放;片状及粉状产品,在粉碎工序产生的粉尘经布袋除尘器处理后,通过15m高排气筒排放;食堂厨房烹饪产生的油烟经油烟净化器处理后,通过专用烟道排放 尿素溶液真空干燥尾气、废液精馏塔尾气、合成油甲酯蒸馏尾气、T80合成反应釜置换废气、PEG合成反应釜剩余尾气及各中间产品罐放空口均通过负压送至尾气处理系统,处理后的废气经20m高排气筒排放。喷雾造粒及包装系统废气均经除尘器收尘,经除尘器收尘后尾气均经各自15m高排气筒
12	中石油天然气股份公司辽河油田辽阳瑞兴燃气有限公司	—
13	辽阳鑫宇化工有限公司	特种环氧树脂生产装置、燃料油回收装置、混合醇及醇酮回收装置生产过程中排放的挥发性有机污染物采用活性炭吸附处理后,经20m排气筒排放。燃气锅炉废气经10m高排气筒排放
14	辽阳圣美克化工有限公司	干燥工序颗粒物采用1台旋风除尘器+1台布袋除尘器处理,处理后的废气由引风机引入一根15m高排气筒排放
15	辽阳辽化奇达化工有限责任公司	在集合反应釜、蒸馏釜、回收罐等设备收集至有机废气收集管道,并对收集气体进行冷凝处理,冷凝下来的己烷气体回收利用,不凝气经由管线送至辽阳石化烯烃厂火炬焚烧处理

续表

序号	企业名称	废气污染控制措施
16	辽阳康达塑胶树脂有限公司	挤出工序非甲烷总烃，通过集气罩收集后采用 3 套活性炭吸附加光氧化装置处理，处理后通过 3 根 20m 排气筒高空排放
17	辽宁嘉禾精细化工股份有限公司	蒸发尾气 HBr 和 HCl 经深冷装置、水吸收塔、碱吸收塔二级碱吸收处理后，经 15m 高的排气筒排放。焚烧炉尾气经深冷装置、消石灰干法吸收、活性炭吸附、旋风除尘、布袋除尘处理后，经 1 根 35m 排气筒排放。恶臭污染物由生物滤池处理后，由 15m 高排气筒排放
18	辽宁皓禹环保科技有限公司	生产过程中产生的氯化氢经收集后送入酸雾吸收塔进行吸收，吸收方式为 3 级吸收塔串联吸收，吸收塔尾气送入碱吸收塔吸收后通过 15m 高排气筒排放
19	辽阳晟新（新宁）科技股份有限公司	生产过程中产生的非甲烷总烃经真空泵集中引至两级喷淋塔装置+活性炭吸附处理后，经 15m 高排气筒排放。蒸汽锅炉排放的锅炉废气，经收集后通过 15m 高排气筒排放。生产工序产生的粉尘经专用管道收集后，引至设置的布袋除尘器进行处理，然后引至 15m 高排气筒排放
20	辽阳光华化工有限公司	环丁砜生产车间回收装置尾气含有 NMHC 及 SO_2，进入萃取回收装置（回收效率 90%）回收 SO_2，再进入导热油炉作为燃料燃烧，然后通过 1#15m 排气筒排入大气；SO_2 生产回收尾气主要成分为 SO_2，脱气釜尾气主要成分为 SO_2，一起进入 1# 工艺碱洗装置进行脱硫处理（脱硫效率为 90%）；热分解釜尾气主要成分为 NMHC 及 SO_2，进入 2# 工艺碱洗装置进行脱硫处理（脱硫效率为 90%）；上述各类废气通过工艺碱洗装置处理后通过同 1 个 3# 40m 高排气筒排入大气。甲醇裂解放空气直接通过 2# 15m 排气筒排入大气；制 SO_2 车间产生的惰性气体及环丁砜车间加氢反应排放的加氢尾气通过 3#40m 高排气筒排入大气
21	辽阳科瑞特石油化工有限公司	工艺废气经过水喷淋+活性炭吸附装置处理后，经 15m 高排气筒排放；食堂油烟经油烟净化器处理后，由专用烟道排放
22	辽阳市宏伟区污水处理厂	絮凝除臭剂，降低源强；污泥脱水后及时清运；在污染源水面喷洒除味剂，屏蔽恶臭；污泥脱水间安装排风装置，高度 15m；种植除臭效果良好的树种、花草

续表

序号	企业名称	废气污染控制措施
23	辽阳辽化贵金属有限公司	①PTA残渣处理工艺废气：生产过程中产生的水蒸气，经生产车间1000m³/h的风机外排；生产过程中产生醋酸气体，由统一收集后经一套二级喷淋塔+碱液吸收塔吸收后，经15m高排气筒外排 ②白银回收工艺废气：生产过程中产生的N_2和水蒸气，经生产车间1000m³/h的风机外排；生产过程中产生的NO_2气体，经统一收集后经一套二级喷淋塔+碱液吸收塔吸收后，经15m高排气筒外排 ③铂回收工艺废气：生产过程中产生的N_2和水蒸气，经生产车间1000m³/h的风机外排；生产过程中产生的硫酸雾、HCl、NO_2，由统一收集后经一套二级喷淋塔+碱液吸收塔吸收后，经15m高排气筒外排。本项目以上所有废气排放均统一由一套二级喷淋塔+碱液吸收塔吸收后，经15m高排气筒外排
24	辽宁忠旺集团有限公司	熔炼炉、保温炉燃烧废气经22m高排气筒排放；扒渣粉尘经收集+布袋除尘措施，通过20m高排气筒排放；深加工车间采用分层送风技术，整体车间通风除尘，废气抽送至净化除尘装置，处理后通过16m烟囱排放；回转炉和中频炉废气采用除尘系统进行除尘处理后，经20m烟囱有组织排放
25	中石油辽阳石化分公司	炼油厂初顶、常顶及减顶产生的瓦斯气采用150m高火炬气回收系统进行回收处理。自酸性水汽提来的汽提酸性气经酸性气分液罐分液，自溶剂再生来的再生酸性气经酸性气分液罐分液后经酸性气预热器加热到160℃，两股酸性气混合进入硫黄回收酸性气燃烧炉燃烧器。两股酸性气分液罐分出的酸性液经酸性液压送罐由氮气压送至酸性水汽提部分进行处理 芳烃厂加热炉（F-982）以装置自产燃料气作为燃料，加热炉火嘴采用低氮氧化物型燃烧器，减少NOx排放；二甲苯塔重沸炉（F-981A/B）烟气通过100m高排气筒排放，新增的二甲苯塔再蒸馏塔重沸炉（F-982）烟气通过60m高排气筒排放 烯烃厂催化重整、蒸汽裂解、汽油加氢、聚乙烯、聚丙烯和烯烃厂环己烷装置产生的含烃废气采用150m高火炬气回收系统进行回收处理

续表

序号	企业名称	废气污染控制措施
		尼龙厂环己烷装置的加氢尾气主要为氢气、C_4以下烷烃、环己烷等有机气体，全部进入辽阳石化的燃料气管网进行综合利用。醇酮装置的氧化尾气送至高低压尾气洗涤塔内用环己酮洗涤吸收后，通过塔顶排气筒排放到环境空气中。己二酸装置的氧化气和真空尾气中的主要成分为氧化氮气体，在总管中与空气混合，压缩后依次经过第一、第二、第三亚硝气吸收塔，与粗己二酸结晶器来的冷凝液分段进行对流吸收；第一吸收塔塔底浓度约为55%的硝酸送往氧化工序和催化剂回收工序回用，吸收塔尾气排入环境空气。流化床干燥器和精己二酸料仓尾气经旋风分离器分离后，经洗涤塔用水洗涤除去己二酸微粒后排入环境空气 热电厂锅炉烟气通过电除尘及布袋除尘系统除尘后，再通过脱硫塔脱硫处理，采用低氮燃烧+SCR进行烟气脱硝处理，处理后的废气通过240m高排气筒排放

2.4.2.3 水环境保护工作现状

芳烃基地企业水污染防治坚持以实施污染全过程控制为中心，实施水污染物集中控制和分散治理相结合的原则，确保水环境保护目标的实现。

基地内现有污水处理厂4座，包括辽阳市宏伟区污水处理厂、中石油辽阳石化分公司3座污水厂。基地内排水企业采用雨污分流系统。中石油辽阳石化厂区全部雨污分离，厂区外精细化工区已经建设污水管网10.1km、雨水管网8.3km，覆盖区域4.53km²。

辽阳市宏伟区污水处理厂处理能力为1.5万t/d，工业废水处理能力1万t/d，生活污水处理能力0.5万t/d。出水指标为国家一级A排放标准，污染排放口实施规范化建设，已安装在线监测。各企业对污水进行预处理后经排水管网排入污水处理厂处理。收水范围包括芳烃基地中石油辽阳石化以外区域。基地内宏伟区污水处理厂尚未建设中水处理系统。

石油化工区（中石油辽阳石化所在区域）污水由中石油辽阳石化公司污水处理厂处理。3座二级污水处理厂处理能力为3050t/h，实际处理水量为2090t/h，其中450#污水处理厂废水处理量为726t/h，94#污水厂废水处理量为 893t/h，440# 污水厂废水处理量为 471t/h；1 座深度污水处理厂污水处理能力为 2300t/h，实际污水处理总量为 2090t/h。废水深度处理出水 1061t/h 送辽阳国成热电厂回用，200t/h 送入中水回用设施处理后回用于辽化循环水厂，剩余 829t/h 经辽阳石化长排管线在蛤蜊坑处排入太子河。中石油辽阳石化分公司循环水厂总规模为 158660m³/h，全公司循环水量约为 142757t/h，循环水浓缩倍数 ≥ 4。中石油辽阳石化分公司水的重复利用率为 97%。

截至 2019 年底，芳烃基地内入驻企业多达 34 家，其中停产 8 家。芳烃基地内企业废水污染控制措施见表 2-20。

表 2-20　芳烃基地内企业废水污染控制措施一览表

序号	企业名称	废水污染控制措施
1	辽宁奥克化学股份有限公司	雨污分流，初期雨水及生产废水集中收集排入厂区污水处理池，生活废水经化粪池处理后排入污水处理池，池内废水经均质后，进入宏伟区污水处理厂处理 真空系统抽出的反应生成水、依托现有项目循环水站增加的排污水、中试装置产生的清洁地面污水集中收集排入厂区污水处理池，池内废水经均质后，进入宏伟区污水处理厂处理
2	辽宁科隆精细化工股份有限公司	生活污水经化粪池处理后，通过市政管网排至宏伟区污水处理厂处理；生产废水经管线收集后，送至厂区隔油池，经过隔油和均质后送到宏伟区污水处理厂进行集中处理
3	赢创天大（辽阳）化学助剂有限公司	有机废水经自建污水处理装置采用"一级、二级活性炭吸附 + 臭氧发生器预氧化反应 + 膜生物反应器"处理后，与经化粪池处理的生活污水一起送至市政管网后，由宏伟区污水处理厂进行最终的处理
4	辽阳合成催化剂有限公司	生产废水经污水处理站处理后，通过管网排入宏伟区污水处理厂；生活污水经化粪池处理后排入污水处理厂处理
5	辽阳顺泰化学制品有限公司	项目无工艺废水产生，循环冷却水、实验室废水、生活污水全部进入宏伟区污水处理厂处理
6	辽宁金谷炭材料股份有限公司	生活污水经化粪池处理后排入污水处理厂处理
7	辽阳华润燃气有限公司	生活污水经化粪池处理后排入污水处理厂处理

续表

序号	企业名称	废水污染控制措施
8	辽阳国成热电有限公司	输煤废水经输煤废水处理站处理达标后，回用于输煤系统冲洗；酸碱废水经过中和池处理后回用于调节池；工业废水经工业废水处理系统处理后，通过市政管网排入宏伟区污水处理厂；生活污水经化粪池处理后排入宏伟区污水处理厂处理
9	辽宁港隆化工有限公司	生产废水收集在事故池内，通过添加石灰和絮凝剂的方式预处理，处理后的废水通过排水管网进入宏伟区污水处理厂处理。生活污水经化粪池处理后排入宏伟区污水处理厂处理
10	辽宁鸿港化工有限公司	生产废水经污水处理站处理后，通过市政管网排入宏伟区污水处理厂；生活污水经化粪池处理后排入宏伟区污水处理厂处理
11	辽宁奥克医药辅料股份有限公司	本项目生产废水主要为废液精馏塔产生的精馏废水，精馏水经生产污水管网排入污水收集池，生活污水经化粪池处理后排入污水收集池，其他废水分别经各自排污管网排至污水收集池，污水收集池污水经厂区总排口排至宏伟区污水处理厂
12	中石油天然气股份公司辽河油田辽阳瑞兴燃气有限公司	生活污水经化粪池处理后排入宏伟区污水处理厂处理
13	辽阳鑫宇化工有限公司	生产废水经污水处理站处理后，与经化粪池处理的生活污水通过管网排入宏伟区污水处理厂。锅炉废水和净水机产生的反冲洗水排入厂区污水处理装置处理后，排入宏伟区污水处理厂
14	辽阳圣美克化工有限公司	厂区采用雨污分流，工艺废水为高浓度有机废水，单独收集，经预处理回收物料，同时降低COD浓度后再经厂内污水站处理后达标排放；生活污水经化粪池处理后直接排入宏伟区污水处理厂
15	辽阳辽化奇达化工有限责任公司	生活污水、清净下水、地面冲洗水、初期雨水经管网排入宏伟区污水处理厂处理

续表

序号	企业名称	废水污染控制措施
16	辽阳康达塑胶树脂有限公司	生产废水经厂区污水处理站处理后,与生活污水一同经过管网排入宏伟区污水处理厂处理
17	辽宁嘉禾精细化工股份有限公司	生产废水经厂区污水处理站处理后,与生活污水一同经过管网排入宏伟区污水处理厂处理
18	辽宁皓禹环保科技有限公司	生产废水经厂区污水处理站处理后,与生活污水一同经过管网排入宏伟区污水处理厂处理
19	辽阳晟新(新宁)科技股份有限公司	生产废水经厂区污水处理站处理后,与生活污水一同经过管网排入宏伟区污水处理厂处理
20	辽阳光华化工有限公司	生产废水经厂区污水处理站处理后,与生活污水一同经过管网排入宏伟区污水处理厂处理
21	辽阳科瑞特石油化工有限公司	冲罐废水排入废水暂存池,作为生产用水回用;水洗罐循环水废水主要来自循环水定期排水,排放的废水作为QX-1炉管清洗钝化剂、CG-2除垢除锈清洗剂的生产用水回用;车间地面冲洗废水、初期雨水经隔油池、化粪池处理后,排入宏伟区污水处理厂。生活污水经化粪池处理后,排入宏伟区污水处理厂
22	辽宁意邦新型材料科技集团有限公司	生产废水经厂区污水处理站处理后,与生活污水一同经过管网排入宏伟区污水处理厂处理
23	辽阳市宏伟区污水处理厂	工业废水单独经过"粗格栅+细格栅+调节池+气浮池+水解酸化+接触氧化+中沉淀"工艺处理后,与"预处理+膜格栅"处理后的生活污水混入"A^2/O+MBR膜池+消毒"处理工艺处理
24	辽阳辽化贵金属有限公司	生活污水经化粪池处理后排入污水宏伟区处理厂处理
25	辽宁忠旺集体有限公司	熔铸和挤压净环系统产生的废水作为熔铸浊环系统重复用水,熔铸、挤压浊环系统的排水经管网进入集团公司污水处理站处理后排入市政排水管网,进入宏伟区污水处理厂处理;生活废水经化粪池处理通过市政排水管网,最终进入宏伟区污水处理厂处理

续表

序号	企业名称	废水污染控制措施
26	中石油辽阳石化分公司	炼油厂含油污水经隔油池隔油、浮选后，再进入94#污水处理厂和440#污水处理厂进行处理。炼油厂现有4套酸性水汽提装置，40m³/h单塔汽提装置、50m³/h双塔汽提装置和80m³/h单塔常压汽提装置、回收氨的双塔加压汽提工艺，主要处理常减压、延迟焦化、加氢裂化、加氢精制等装置排出的含硫污水，把废水中的硫化氢用汽提方法分离出来，生产出酸性气作为制取硫黄的原料气，使污水净化。装置出水在达到设计指标后，与原料水换热，然后回用于常减压装置电脱盐注水、轻烃回收工艺注水等。生活污水经化粪池处理后排入污水处理厂处理 热电厂余热锅炉排污水提升至循环水系统回用，循环水系统排污水进入PTA污水处理装置的压滤冲洗水，最终入450#污水处理厂生化处理 含油废水采用聚乙烯装置和隔油池通过物理方法使油水充分分离，然后将悬浮在水面的废油回收送到储油槽，回收的废油经过一台废油泵送油品废油罐。废水排入94#污水处理厂生化处理 生产废水经二元酸装置废水预处理后，通过管网排入440#污水处理厂处理

2.4.2.4 固体废物污染控制工作状况

芳烃基地现状企业生活固废和工业固废分别收集堆放，安全处置。2020年，芳烃基地内企业工业固废产生量为60.86万t/a，其中危险废物产生7.58万t/a，仅中石油辽阳石化分公司危险废物产生量7.548万t/a，其余企业危险废物产生量为0.032万t/a。

基地内企业危险废物严格按照相关管理办法要求执行，委托有资质单位处理。严格执行《中华人民共和国固体废物污染环境防治法》《危险废物贮存污染控制标准》的规定。

基地内加强了工业固体废物循环再生利用，引进了辽阳市博鑫化工厂、辽阳鑫宇化工有限公司等几家企业。这些企业主要处理废醇废液、废污油、废润滑剂、醇酮重组分处理，以及废催化剂、含酸废液、含碱废液、含盐废液、沾染危险废弃物的废弃包装物、容器、清洗杂物等危险废弃物处理处置，延长基地内企业产业链，实现园区内部分工业固体废物循环再生利用。

2.4.2.5 生态景观建设状况

基地在南侧边界与本辽辽高速公路之间种植了50m宽的绿化隔离带；北侧靠近辽溪铁路种植了50m宽绿化隔离带；化工新材料区北侧与新开河之间种植了100m宽绿化隔离带；前进河两侧种植了10~15m宽绿化隔离带。基地内主干道两侧均有绿化带，主干道、次干道及支路的分车绿带、行道树绿带和路侧绿带等绿化带。基地内现有绿化面积为0.25km²。

2.5 芳烃基地环境风险和控制情况

2.5.1 重点风险源及风险防范措施

基地内的重点环境危险源为辽宁奥克化学股份有限公司、辽宁奥克医药辅料有限公司、赢创天大（辽阳）化学助剂有限公司、辽宁鸿昊化学工业股份有限公司、辽阳辽化奇达化工有限责任公司、辽阳顺泰化学制品有限公司、辽阳国成热电有限公司、辽宁忠旺集团有限公司、辽阳华润燃气有限公司、中石油辽阳石化分公司等。基地内重点环境风险源及其现有环境风险防范措施情况见表2-21。

表2-21 芳烃基地内重点环境风险源表

序号	企业名称	危险化学品	事故类型	现有环境风险防范设施
1	赢创天大（辽阳）化学助剂有限公司	氢、甲苯、醋酸乙烯酯、甲醇	泄漏、火灾、爆炸	（1）应急事故池 （2）喷淋装置 （3）装置围堰、罐区围堤 （4）监控设备、监控系统
2	辽阳辽化奇达化工有限责任公司	丙烯、乙烯、氢、四氯化钛	泄漏、火灾、爆炸、中毒	（1）雨污分流装置 （2）应急事故池 （3）初期雨水池 （4）装置围堰、罐区围堤

续表

序号	企业名称	危险化学品	事故类型	现有环境风险防范设施
3	辽宁奥克化学股份有限公司	环氧乙烷	泄漏、火灾、爆炸	（1）在线监测系统 （2）应急事故池 （3）污水收集池 （4）危险废物暂存间
4	辽宁奥克医药辅料有限公司	环氧乙烷、液化石油气	泄漏、火灾、爆炸	（1）污水收集池 （2）应急事故池 （3）危险废物暂存间 （4）化验室喷淋装置 （5）监控设备、监控系统
5	辽宁鸿昊化学工业股份有限公司	甲苯	泄漏、火灾、爆炸、中毒	（1）应急事故池 （2）喷淋装置 （3）装置围堰、罐区围堤 （4）监控设备、监控系统
6	辽阳顺泰化学制品有限公司	MTBE、液化石油气、甲醇	泄漏、火灾、爆炸	（1）灭火器材 （2）消防栓 （3）喷淋装置
7	辽宁忠旺集团有限公司	硫酸、液碱、甲烷、乙炔	泄漏、火灾、爆炸、中毒	（1）排污口设置电子监控系统 （2）厂区排水管线雨污分流 （3）设置围堰 （4）应急事故池 （5）污水处理车间 （6）旋风+布袋除尘器 （7）安装先进通风除尘净化装置 （8）危险废物暂存库 （9）危险废物的运输管理
8	辽阳华润燃气有限公司	液化天然气	泄漏、火灾、爆炸	（1）应急事故池 （2）喷淋装置 （3）装置围堰、罐区围堤 （4）监控设备、监控系统
9	辽阳国成热电有限公司	液氨	泄漏、火灾、爆炸	（1）烟尘事故排放防范措施 （2）脱硫系统事故风险防范措施 （3）油罐区设围堰

续表

序号	企业名称	危险化学品	事故类型	现有环境风险防范设施
				（4）氨储罐围堰和导液设施 （5）事故溶液储存罐 （6）事故池
10	中石油辽阳石化分公司	石油、环氧乙烷等	泄漏、火灾、爆炸、中毒	（1）雨污分流装置 （2）缓冲池、应急事故池 （3）初期雨水池 （4）装置围堰、罐区围堤 （5）监控设备、监控系统

基地内环境风险等级为较大环境风险，针对可能发生的突发环境事件，基地已设置的风险防范设施有：基地内各企业风险防范设施，污水处理应急事故池等。一座事故池位于园区内的污水处理厂北部；事故池为不规则多边形，容积为 10000m^3（深 3.1m），当污水处理站发生设备故障时，可第一时间将未处理的污水排放至事故池内，同时对故障设备进行抢修。

2.5.2 环境事故应急能力建设

芳烃基地的上级区管委会于 2017 年编制完成《辽阳高新技术产业开发区突发环境事件应急预案》《危险化学品事故应急预案》，按照《应急演练计划表》进行演练。通过对基地基本情况进行调查、对基地应急队伍情况进行调查，辽阳高新技术产业开发区内各专业应急救援队伍和从业单位根据实际情况和需要配备必要的应急救援装备。专业应急救援指挥机构应当掌握本专业的特种救援装备情况，各专业队伍按规程配备救援装备。高新区管委会和区人民政府有关部门、从业单位，建立应急救援设施、设备、救治药品和医疗器械等储备制度，储备必要的应急物资和装备。各专业应急救援机构根据实际情况，负责监督应急物资的储备情况、掌握应急物资的生产加工能力及储备情况。基地与基地内的各企业已鉴定了应急救援协议，发生突发环境事件时可第一时间调用周边企业储备的应急救援物资。

2.6 芳烃基地主要环境保护问题和原因分析

2.6.1 污染物总量减排需要更多资金技术投入

减少污染物排放总量是环境质量改善和提升的主要手段。随着常规污染物实现达标，近年来，国家、省、市普遍关注的VOCs等污染物的减量化成为工作重点，芳烃基地在污染物减量排放上的重点压力来自三个方面：氨氮和氮氧化物考核指标的实现，在减排的深度和广度上都提出了新要求；园区发展、经济增长、煤炭消耗带来的污染物增量给减排任务的完成造成更大压力；化工企业为VOCs的主要排放源，VOCs减排任务要求越来越明确，减排量主要依靠工程减排和结构减排，需要大量技术和资金投入。

2.6.2 环境管理需要更加精细有效

环境问题复杂程度加大，由原来的单一污染物影响转变为多污染物交互影响，复合型污染特征显现，传统的工程型末端治理已经不能满足环境治理和改善的需要，要从精细化管理、全过程治理入手，基地污染治理需要从以大气和水治理为主转向大气、水、土壤全方位加强，推进企业全生产周期环境治理和精细有效的环境管理。污染治理设施从重建设向建设和运营并重过渡，建立污染设施运营长效机制，保障污染设施稳定达标运行成为一个必须解决的课题。

2.6.3 防范环境风险能力需要加强

芳烃基地潜在的重大环境风险源较多，突发性环境事件呈增多趋势；持久性有机污染物、危险废物和危险化学品等长期存在的环境问题将可能集中显现。防范重大环境污染事件，做好环境风险应急，保障环境安全的任务更加艰巨。

2.6.4 环境治理基础设施需要更加完善

管网建设与城镇污水处理不配套。芳烃基地内主要以辽阳石化为主进行水重复利用。基地内宏伟区污水处理厂尚未建设中水管网。辽阳石化厂区内中水利用率为60%，尚有40%的中水没有利用而直接外排。其余企业没有中水利用。

芳烃基地内依托的宏伟区污水处理厂不是独立的工业污水处理厂，工业污水处理工艺及处理能力不足，尚未发挥工业集中区污水处理厂集中处理降低处理成本的优势。

2.6.5 芳烃基地内资源循环能力较弱

芳烃基地内企业除了能逐步利用环氧乙烷外，其余资源循环利用能力较弱，尚未完全发挥中石油辽阳石化分公司石化基地的优势，产业链尚未建立。

芳烃基地内企业最终产生废物较多，废物处理能力不足，现有企业产生的危险废物及其他固体废物主要处理均委托芳烃基地外相应资质单位处理，尚未在园区循环使用。污水处理厂的污泥处理、脱硫同时解决脱硫废弃物、脱硝催化剂等都是亟待解决问题。

2.6.6 环保基础支撑能力薄弱

相对于实际需要而言，芳烃基地内的环境监测、监察执法能力还是比较薄弱，监管能力建设仍有待进一步加强。

2.7 国内外先进工业园区发展特征

世界大型石化基地和国内已经具备一定基础的石化园区，均表现出产业链一体化程度高，公用工程与基础设施完善且成本竞争力强，管理专业配套服务能力强，具有良好的科学与创新环境等特征，而且能切实履行环保义务，与周边社区保持融洽的关系。

最新发布的"2021年中国化工园区30强"企业平均单位工业增加值能耗为1.61吨标煤/万元。其中，前10强企业的单位工业增加值能耗为1.31吨标煤/万元，单位万元生产总值COD排放量为0.08kg，单位万元生产总值SO_2排放量为0.21kg，均低于全行业平均水平。

美国经济学家波尔丁在20世纪60年代首次提出循环经济。循环经济发展到如今，其目的是高效、循环利用资源，其原则是使资源投入减量、再生使用和回收利用，即"3R"原则。中国自2009年颁布实施《循环经济促进法》，随后制定了再生利用标准282项、再制造标准14项、再使用标准11项，十八届五中全会提出了"推动建立绿色低碳循环发展产业体系"。石化行业产品具有极强的关联度和产业链协同效应，因此石化行业在自身内部实施循环经济的同时，更加强调延伸产业链、追求上下游化工产品聚集发展，这也是化工行业总体的发展思路和方向。

我国石化行业正处在高质量发展转型的关键时期，责任关怀工作面临着提高认识、提升水平、彰显责任担当的紧迫使命。当前我们发展面临的背景和要求与以往有很大的不同。在国际环境发生了很大变化的同时，中国特色社会主义进入了新时代，中国经济正在迈入高质量发展的新阶段。中国的石化园区在规模总量、布局结构、产业结构，以及创新能力、绿色发展水平等方面要有更新的拓展，迫切要求高质量发展，以及更高的环境管理和改善能力。

2.8 石化工业园发展特征分析

2.8.1 石化园区可持续发展五大特征

一是产业可持续发展。园区有适度的产业规模和适中的发展速度，产业关联紧密，园区生产技术先进、持续创新能力强。二是资源可持续利用。园区资源转化率高、资源重复利用率高。三是环境可持续平衡。园区经济发展对生态环境的影响被严格控制在地区环境容量范围内，并使生态环境的污染和破坏得到及时有效的治理恢复。四是人员可持续保障。园区注重企业职工、社区居民健康保障能力建设。五是社会可持续进步。园区和社区实现和谐发展。

2.8.2 生态工业园七大特征

生态工业园（eco-industry park）是建立在一块固定地域上的由制造企业和服务企业形成的企业社区。在该社区内，各成员单位通过共同管理环境事宜和经济事宜来获取更大的环境效益、经济效益和社会效益。生态工业园是区域经济顺应绿色经济潮流的必然趋势，对工业的进一步发展、促进工业高新技术（环境优化技术）的集成和转化、加速工业现代化进程有重要的作用。生态工业的最大特点是模拟自然系统中生产者、消费者、分解者间的关系，构建工业共生体系。在生态工业系统中，上游生产单元的废物和副产品，作为下游单元的原料，进行产品生产，从而实现系统内的资源利用最大化和废物排放最小化。具体表现在以下七个方面：①具有明确的主题，并紧密围绕当地的自然条件、行业优势和区位优势，围绕某一主题进行生态工业园区中生态产业链的设计和运行；②通过回用、再生和循环对材料进行可持续利用；③通过不同产业或企业间存在的物质、能量关联和互动关系，形成各产业或企业间的工业生态链或生态网络；④通过工业生态链进行各单元间的副产物和废物交换、能量和废水的梯级利用及基础设施的共享，实现资源利用的最大化和废物排放的最小化；⑤生态工业园区可实现区域性清洁化生产，促进区域性的经济规模化发展；⑥通过采用现代化管理手段、政策手段及新技术（如信息共享、节水、能源利用、再循环和再使用、环境监测和可持续交通技术），保证园区的稳定和持续发展；⑦通过园区环境基础设施的建设和运行，持续改进企业、园区和整个社区的环境状况；生态工业园区不单纯着眼于经济发展，而是着眼于工业生态关系的链接，把环境保护融于经济活动过程中，实现环境与经济的协调发展。

2.9 发展优劣势和机遇分析

2.9.1 发展优势分析

辽阳重要芳烃及化纤原料基地建设和发展需具备相关条件及发展环境，主要包括宏观投资环境、资源依托条件、产业支撑条件、能源（煤炭和电力等）、淡水资源、交通、市场、土地资源和环保容量等方面。在辽阳市建设辽阳重要芳烃及化纤原料基地，发展炼油、芳烃、化纤原料、精细化工和化工新材料具有以下优势。

（1）资源依托优势。中石油辽阳石化分公司和辽阳石油化纤公司坐落在芳烃基地内，"十一五"和"十二五"期间，两大公司1000万t/a炼油、80万t/a乙烯、130万t/a芳烃、20万t/a乙二醇、30万t/a己二酸、45万t/a聚酯等大项目的建设，提供了大量的乙二醇、己二酸、聚乙烯、聚丙烯、聚酯树脂、C_4馏分、C_5馏分、C_9馏分、裂解焦油等基础原料，芳烃基地内的企业可充分利用上述资源发展精细化工和化工新材料等高附加价值、高技术含量的下游深加工产品。因此，芳烃基地的建设与发展有着不可比拟的资源依托优势。

（2）龙头产业和龙头企业带动优势。对于石油化工产业来说，龙头产业和龙头企业的带动至关重要。芳烃基地的建设同样离不开中石油辽阳石化分公司和辽阳石油化纤公司的发展。在"十一五"和"十二五"期间，两大公司大炼油、大乙烯、大芳烃和大化纤原料项目的建设和发展带动了基地下游企业、下游产品和建设项目的发展和集聚，从而加快了基地建设步伐。

（3）区位和交通条件优势：芳烃基地位于辽宁省中部、大沈阳经济区腹地，背靠千年古城辽阳，是环渤海经济圈和东北亚经济走廊的重要结点。北距沈阳桃仙国际机场仅50km，南距海滨城市大连及大连港300km。沈大高速公路、哈大铁路纵贯南北，辽溪铁路、本辽辽高速公路横亘东西，交通便利，物流迅捷。芳烃基地生产的产品可通过铁路和公路运往全国各地，也可由大连和营口出海口，通过海路进行运输。上述运输条件对芳烃基地建设与发展提供了有利条件，可大幅度降低物流费用，提高竞争力。

（4）老工业基地优惠政策：环渤海地区是我国北方经济最活跃的区域经济板块，是我国对外开放的窗口和对外贸易的重要基地之一，在全国经济整体格局中占有重要战略地位。

作为振兴东北老工业基地的一项重要优惠政策，中央已经决定，从2004年开始，在东北地区的装备制造业、石油化工业、冶金工业、船舶制造业、汽车制造业、高新技术产业、军品工业、农产品加工业8个产业中进行增值税试点改革，用消费型增值税替代生产型增值税。实行消费型增值税将大大降低企业税赋，有利于芳烃基地发展和投资环境改善，有利于降低投资成本。

（5）产业支撑优势：辽宁省是我国最大的老工业基地。目前，汽车、装备、机械制造、钢铁和造船等重工业较为发达。上述产业需要大量的精细化工和化工新材料产品配套。辽宁省相关产业发展，为辽阳市建设芳烃基地提供了很好的产业支撑。

（6）人才和专业技术支撑优势：1999年，辽阳高新区同清华大学研究生院合作，建立了全国首家区级清华大学研究生社会实践基地。目前已有两批研究生先后到区内帮助企业搞技术攻关。

沈阳工业大学辽阳校区和中石油辽阳石化研究院、设计院等驻区单位为高新区的发展提供了良好的科技、智力支持。高新区还与中国科学院、清华大学、大连理工大学等高等院校和科研院所建立了密切的合作关系。高新区生产力促进中心被科技部和工业与信息化部认定为第四批国家级示范生产力促进中心。

辽宁奥克化学股份有限公司在高新区建设了一个省级技术开发中心和辽阳奥克新材料应用技术研究所（与大连理工大学联合成立），两个都是精细化工专业研究机构，为今后环氧乙烷系列精细化工产品和其他产品的开发奠定了良好基础。

中石油辽阳石化分公司和辽阳石油化纤公司经过 30 多年的建设与发展，培养和造就了大量的精通石油化工和精细化工技术、生产和经营管理的专业人才和员工队伍。辽阳市现有石油化工职工约 25000 人，其中技术人员 3500 余人，占职工总数的 14%。上述人才和技术力量为辽阳重要芳烃及化纤原料基地的发展提供了坚实的技术保证。

（7）淡水资源优势：石油化工产业发展需水量较大，水源在一定程度上也是石油化工产业发展的主要瓶颈。辽阳市水资源相对丰富，为石油化工产业的发展奠定了良好基础。

2.9.1.1 政策环境优势

"十三五"时期，辽阳市委、市政府高度重视生态环保工作，深入学习贯彻习近平生态文明思想，牢固树立生态立市的理念，坚定走绿色低碳高质量发展之路，以中央生态环境保护督察及省级督察整改和污染防治攻坚战各项任务目标为着力点，加大生态环境保护治理力度，坚决打赢污染防治攻坚战，努力实现"天蓝水清土净山绿"的工作目标，全市生态环境质量得到明显改善。

"十四五"时期是我国全面建成小康社会、实现第一个百年奋斗目标之后，乘势而上开启全面建设社会主义现代化国家新征程、向第二个百年奋斗目标进军的第一个五年。在生态环境保护领域，"十四五"时期是污染防治攻坚战取得阶段性胜利，补齐环境质量短板后继续推进美丽中国建设的关键时期。

2.9.1.2 产业集聚优势

芳烃基地发展迅猛，是辽阳经济区的核心发展区，其主导产业是化工产业。芳烃基地依托辽阳高新技术开发区，逐步形成在国内乃至世界上别具特色的聚酯及特种聚酯、聚酰胺及制品、化工新材料、精细化工四个企业群，推进基地特色化发展。到 2020 年，建成产值千亿元的全国重要芳烃及精细化工产业基地。主导产业拥有龙头企业的支撑和外部效应，可让更多的企业加入芳烃基地；且因企业相对集中，有利于环保、节能等标准的制定及政府对企业及各项措施落实情况的监督管理。

2.9.1.3 生态环境建设优势

芳烃基地在绿色低碳循环发展方面一直走在东北地区前列,自基地规划开始就将循环经济理念融入建设中。实施循环发展引领计划,推行企业循环式生产、产业循环式组合、园区循环式改造,减少单位产出物质消耗。运用减量化、资源循环利用、低碳等技术改造提升传统产业。加强再生资源回收衔接,推进生产系统和生活系统循环链接。

近年来,辽阳地区生产方式和生活方式绿色、低碳水平稳步上升。能源和水资源消耗、建设用地、碳排放总量得到有效控制,主要污染物排放总量减少。万元地区生产总值用水量年均下降4.8%,单位地区生产总值能源消耗年均下降3%。主体功能区布局基本形成。资源节约循环高效利用,自然生态系统和环境保护力度加大。城乡生产生活环境日趋优良。森林覆盖率达到39.6%,森林蓄积量达到500万 m^3。

2.9.1.4 基地园区管理、周边产业配套等优势

近年来,辽阳高新技术开发区持续优化营商环境,不断强化基地科学化和精细化管理,保证入驻企业顺利办理各项审批手续,积极为基地内企业争取国家、省(市)各项扶持政策,降低企业运营成本。同时,芳烃基地位于辽阳市半小时经济圈内,周边产业配套相对完善。以沈阳市为经济发展着力点,直接面向东北地区广阔的市场,辐射东北—蒙东经济区和京津冀经济区。

2.9.2 发展劣势和挑战分析

辽阳重要芳烃及化纤原料基地建设拥有许多优势,但也存在以下劣势和挑战:①本地市场容量有限。由于辽阳市经济总量和相关产业规模尚比较小,因此本地区石化产品市场容量有限,生产的大部分石化产品需外运销售,相应增加了物流费用。但由于辽阳市靠近市场中心,物流费用增加有限,可通过提高产品附加价值来缓冲物流费用的影响。②相关支撑产业薄弱,如电子电气、汽车、纺织、建筑材料、医药、食品加工等行业规模较小,吸纳石化产品的能力有限。

2.9.2.1 经济总量偏小

近年来，辽阳市社会经济发展迅速，然而与发达地区相比仍有较大差距。经济总量小，完成税收总额不高，政府财力不足，投资能力弱，融资手段有限，势必影响生态文明建设步伐。生态工程是建设期长、投资较大、体现综合效益的项目，资金投入的不足势必给生态工程的规划和建设带来困难。

2.9.2.2 环境基础配套设施建设滞后

芳烃基地基础设施建设有待进一步加强。近年来，东北地区经济下行压力增大，园区内部分行业和企业生产经营困难，投资信心略显不足，财政吃紧态势日益呈现。随着入园企业数量的增加和企业生产规模的扩大，现有基础设施条件已难以满足基地园区可持续发展的需要。目前基础设施建设相对滞后，尚未完全建成统一的道路体系、供水管网、天然气管网、污水集中处理管网等设施。污水处理厂中水系统尚未建设。

2.9.2.3 产业结构需要逐步优化

经济面临经济体制转型、经济结构转型、经济发展方式转型等多重压力。从目前来看，辽阳地区产业结构一直不尽合理，三次产业结构调整速度过缓，服务业总体发展落后于工业发展，经济增长仍过分依赖于第二产业。

2.9.2.4 能源资源消耗量较高，能源结构不尽合理

辽阳地区能源结构不尽合理，芳烃基地工业增加值综合能耗未达到国家生态工业示范园区标准。节能减排工作需要加大力度。目前基地中水系统尚未建设，应进一步加快中水系统建设，提高园区及企业内部再生水利用量，有效减少新鲜用水量。

2.9.2.5 监管能力仍需加强

辽阳高新技术开发区污染处置能力、监测监控能力、环境科技支撑能力近几年明显加强，但仍跟不上形势发展的需要。环保系统、环保部门在机构队伍建设、科技平台建设等方面都还有不小的差距，环保能力建设需要进一步加强。

2.9.3 发展机遇

（1）政策支持：党的十八大以来，党中央、国务院出台的一系列振兴东北地区等老工业基地的重大决策部署，以及习近平总书记关于东北、辽宁振兴发展和考察辽阳时的重要讲话精神，为辽阳市发展芳烃基地产业提供了政策支持。同时，习近平总书记在深入推进东北振兴座谈会上指出，要培育发展现代化都市圈，加强重点区域和重点领域合作。辽宁省委、省政府提出要形成"一圈一带两区"的区域发展格局。建设好规划共绘、交通共联、产业共链、平台共享、生态共保、文旅共建、社会共治的以沈阳为中心的现代化都市圈，将辽阳打造成沈阳现代化都市圈高质量高发展的副中心城市，为打造东北振兴发展的重要增长极提供了新的发展空间。《辽阳市国民经济和社会发展第十四个五年规划和二〇三五年远景目标纲要》中也明确提出要推进发展芳烯烃及精细化工产业领域。

中石油辽阳石化公司在"十四五"期间炼油能力将达到900万吨/年，芳烃能力将达到200万吨/年，乙烯能力将达到百万吨级。主导产品是聚乙烯、环氧乙烷、苯乙烯、聚丙烯、环氧丙烷、芳烃。率先实现国有企业"种子队"目标，创建世界一流示范企业，实现"减油增化"高质量发展目标。该规划项目的实施，也将大力推进芳烃基地建设和发展，推动芳烯烃及精细化工产业向价值链高端延伸。

（2）产业转移机遇。目前，发达国家石油化工产品市场已经饱和，且人工费用高，因此近几年和在今后相当一段时期内，上述国家和地区的石化产业将大规模向亚洲地区转移，尤其是向中国转移。而辽阳市拥有较为丰富的化工基础原料、土地资源、水资源和便利的交通条件，加之国家最近给予老工业基地发展的各项优惠政策，对跨国公司和国内投资者具有极大的吸引力。国际石化产业的转移将为辽阳重要芳烃及化纤原料基地建设与发展带来重要的机遇。

（3）市场前景广阔。目前，我国是世界石油化工产业发展最为活跃的地区，市场增长潜力大，大部分产品处于快速成长期，发展前景广阔。在未来一个时期，我国重点石化产品供应能力仍不能满足市场需求，且出口潜力巨大，急需建设新的产能，以满足国内外市场需求。

辽宁省所在的东北区域市场潜力巨大，未来5年，石油化工产业在东北地区的市场份额将达到8000亿~11000亿元，增长4~5倍，强大的消费群体，势必会拉动东北地区石油化学工业迅猛发展。

2.9.4 发展战略选择

根据上述内外部环境和优劣势及发展机遇分析，辽阳重要芳烃及化纤原料基地选择的发展战略是增长型战略（SO）。

利用我国石油化工产业正处于成长期的机会，充分发挥辽阳市的各项优势，发展优势特色产品。利用中石油辽阳石化分公司1000万t/a大炼油项目、80万t/a大乙烯项目和130万t/a大芳烃项目建设的机会，发展下游精细化工和化工新材料等深加工石化产品。

利用交通运输和资源依托优势，结合中石油化工行业发展契机，发展石化基础原料、精细化工和化工新材料产品。

积极采用新技术，建设高起点、高水平、高进入门槛的石化产业基地，发展特色产业。

3 芳烃基地产业发展规划回顾

3.1 规划总纲

3.1.1 指导思想

辽阳重要芳烃及化纤原料基地总体规划指导思想是：在国家宏观经济政策、国家石化工业总体发展战略和产业政策的指导下，坚持走新型工业化道路，采用高新技术，实现资源的高效、清洁、高附加值转化，形成资源利用合理、保护环境、具有循环经济特色的产业结构，达到经济效益、环境效益和社会效益的高度统一。以上下游一体化的方式，构筑独具特色的产品链结构。建设具有国际水平、国内领先的大型芳烃及化纤原料基地。

3.1.2 规划原则

（1）芳烃及化纤原料基地建设要符合国家产业政策及经济发展、环境和生态保护的要求。

（2）充分体现高科技、高效益原则，基地的开发要建立在采用高新技术、节能技术、节水技术、再循环技术和信息技术，采纳国际先进的过程管理和环境管理标准的基础上，发展石油化工及其相关产业。以大型项目为龙头，采用一体化的发展方式，带动下游发展，形成产业链、产业群，相互配套，降低生产成本，提高经济效益。

（3）"五个一体化"原则：产品项目一体化、公用辅助工程一体化、物流传输一体化、环境保护一体化、管理服务一体化。有序开发、集中建设，适度超前、分期实施，以最有竞争力的公用工程建设为区内企业服务，吸引投资者。

（4）减量、再用、循环（"3R"）原则。要求建设项目采用清洁先进工艺，减少物料、能源和水资源消耗，减少废弃物的产生，从源头做到节约资源和减少污染。同时加强"废物"的资源化及能源和水的梯级利用，追求产业链之间的横向耦合和纵向闭合。

（5）区域发展原则：立足于区域优势，基地的建设与地区发展和地方特色经济相结合，与区域生态环境综合整治相结合。

（6）动态发展原则：基地的建设采用滚动发展的模式，其区域功能定位是随着开发的完善程度、招商引资、项目建设的进展而不断发展和调整的，要根据产业的发展变化和生态环境的变化调整和补充，以其得到更好的发展。

3.1.3 基本思路

根据国内外石化工业发展趋势、辽宁省石化产业发展布局规划，依托中石油辽阳石化分公司大炼油、大乙烯和大芳烃项目建设所提供的基础原料，用10年左右时间，逐步建设形成完善的工业体系，成为国内最具特色、可以辐射到东北、华南和华东等地市场的芳烃及化纤原料生产基地。

根据石油化工产业发展特性，规划力求创造一个能满足现代石油化工产业集约化、规模化、标准化、效益化发展需求的空间构架；营造一个有效保护自然、服务现代、保障可靠、和谐发展的石油化工基地；通过资源的有序利用和设施的共建共享，成为一个可持续发展的有机增长体。

在产品链设计方面，实现石油化工、精细化工和化工新材料的有机结合。石油化工重点发展炼油、乙烯、芳烃、聚酯树脂、PTA、乙二醇和己二酸等产品，并为精细化工和化工新材料提供基础原料；精细化工重点发展石化深加工产品，主要是基本有机原料和专用化学品；化工新材料重点发展聚对苯二甲酸丁二醇酯（PBT）、聚对苯二甲酸丙二醇酯（PTT）、聚碳酸酯（PC）和热塑性弹性体、聚氨酯弹性体，以及合成橡胶等合成化工新材料。

在基地发展模式上，全面贯彻循环经济和可持续发展理念。在充分考虑原料优势、区位优势和基础设施优势的基础上，实现辽阳重要芳烃及化纤原料基地的生态化建设。最终将基地建设成产业特色突出、技术先进、功能设施完善、环境优良的石化生态工业区。

在基地产业布局方面，综合考虑资源分布、产业基础，以产业链设计为依据，保证物料流向合理；充分考虑环境因素，尽量减少对生态和环境的影响；功能分区合理，保证有良好的生产联系和工作环境。

在基础设施建设方面，进行一体化规划，并注意遵循适度超前、分期实施的原则，重视规划的可操作性，并有一定的弹性，同时规划中基础设施，特别是能源及水资源设施要尽量考虑梯级利用，以提高利用效率，减少自然资源消耗。根据产业布局要求考虑铁路、道路、管线等综合交通运输系统，尽量提高基础设施的共享性和重复利用率。

3.1.3.1 搭建芳烃及化纤原料基地建设与发展平台

纵观世界发达国家石化产业发展，都是走园区化发展模式。通过建设芳烃及化纤原料基地这一产业发展平台，可使产业发展所需的基础设施统一规划，综合平衡，实现能源的梯级利用、生产物料与中间产品的互供，以及废水的集中处理与循环利用，减少排放，做到产业发展与环境协调、友好。因此，建设辽阳重要芳烃及化纤原料基地是必要的。

建设辽阳重要芳烃及化纤原料基地，通过物质集成、能量集成、水集成、技术集成和信息共享与基础设施共享，真正使石油化工产业按照循环经济模式发展。

辽阳重要芳烃及化纤原料基地的规划建设，符合石油化工产业向集约化、园区化发展的总体趋势；通过基地建设，可承载辽阳石化分公司和辽阳石油化纤公司大炼油、大乙烯、大芳烃和大化纤项目建设，同时可吸纳以炼化和芳烃为原料进行深加工的精细化工项目和化工新材料项目。

3.1.3.2 实现产业链的延伸和上下游一体化

石油化工产业的发展龙头是炼油、乙烯和芳烃。炼油、乙烯和芳烃装置可联产大量基本化工原料，包括石油液化气、芳烃（苯、甲苯、二甲苯）、乙烯、丙烯、C_4馏分、C_5/C_9馏分、裂解焦油及乙烯装置生产的聚烯烃和基本有机原料。上述资源为发展下游精细化工和化工新材料提供了宝贵资源。

中石油辽阳石化分公司1000万t/a炼油、80万t/a乙烯和130万t/a芳烃项目的建设，为辽阳市石化产业发展带来前所未有的大好发展机遇和条件。通过建设辽阳重要芳烃及化纤原料基地，对辽阳石化的资源进一步深加工，可有效延伸石油化工产业链，进一步提高高技术含量和高附加价值的精细化工产品和化工新材料的比重，壮大辽阳市石油化工产业的规模和实力。发展下游精细化工和化工新材料产业，可有效带动辽阳市塑料加工、建筑材料、机械、纺织和包装等相关产业发展。通过纵向发展和横向配套形成大的产业集群，充分发挥产业积聚效应，逐步实现产业间的协调与稳定发展，提高辽阳市经济的总量规模。

3.1.3.3 改善投资环境和招商引资效果

辽阳重要芳烃及化纤原料基地内建设的公共管廊和公用工程岛，可实现工业气体、供电与供热、信息与通信及安全与应急等的隔墙对接，最大限度地降低投资成本。

辽阳重要芳烃及化纤原料基地内部企业间或装置间产品与原料的上下游一体化和相互匹配，大大降低了企业的物流费用和运营费用，有助于提高企业的竞争力和经济效益，充分发挥产业集群给企业带来的巨大协同效应。

相关部门在对国内外市场及辽阳周边地区的实际情况进行分析的基础上，为辽阳重要芳烃及化纤原料基地规划出合理的产品方案、产业空间布局和基础设施配套，从而为入驻企业方便、快速、顺利投入生产奠定了基础。

综上，辽阳市政府决定建设辽阳重要芳烃及化纤原料基地，发展模式正确，条件基本具备，优势明显，规划时机成熟，编制《辽阳重要芳烃及化纤原料基地总体发展规划》十分必要，是落实国家全面振兴东北老工业基地战略和辽宁省新型产业基地建设战略的具体步骤，意义重大，效果显著。

3.2 基地规划范围、时限与目标

辽阳重要芳烃及化纤原料基地位于辽阳市高新区，用地区域包括辽阳化工公司现有厂区、厂区西北部大打白村、厂区东部曙光镇峨嵋村和前进村区域，整个基地规划面积为 20.30km²。基地西侧边界为宏伟区宏伟路和火炬大街，西南到辽阳辽化工程塑料有限公司和羽毛沟，东南部以本辽辽高速公路为界，东侧边界靠近峨嵋林场，到石磨山脚下，北部紧邻辽溪铁路和辽溪公路。

辽阳重要芳烃及化纤原料基地位于辽阳市东南部的千山山脉西麓低山丘陵地带，处于太子河南岸的冲积平原和微倾斜平原地带，地貌以低山丘陵为主。用地现状主要为辽化公司厂区、村庄、荒地和耕地，区内有少量基本农田。规划区内村庄主要有大打白村、曙光镇峨嵋村和前进村，现有设施主要有辽阳石化公司厂区、辽阳石化公司铁路专用线、辽阳石化水厂和危险品仓库，以及医院旧址和少量工业厂房。规划区北部紧邻新开河，规划区东部前进河南北向穿过曙光镇的峨嵋村和前进村。根据辽阳市总体规划，该区域已整体转化为工业用地。

芳烃及化纤原料基地场地标高在 26.77~79.54m，辽阳石化水厂东部山头最高 79.54m，基地西北部大打白村靠近新开河沿岸最低为 26.77m。基地整体地势呈现低山丘陵地貌，局部地势比较平缓，整体地势东高西低，南高北低。大打白村及辽化公司厂区场地地势比较平坦，标高在 26.77~56.1m；东部区域呈现东西较高、中间较低的地势，标高在 30.73~72.23m。场地内有大小不等的冲沟从不同方向穿过场地，大部分经常干枯无水，雨季有暂时性流水，区域内现已形成大型排水系统。

基地内现有两条水系，一个是人工修筑的排洪沟，另一个是自然形成的排水明渠。辽阳石化分公司的东环线贯通于基地南北，是基地的主要对外通道。基地内有三条铁路穿过：一是北侧的辽溪铁路，二是通往辽阳石化分公司煤电站的铁路专用线，三是通往辽阳石化分公司厂区的铁路专用线。

根据辽阳市石油化工产业现有基础及资源、市场和产业支撑等情况，确定辽阳重要芳烃及化纤原料基地的重点发展行业为石油化工、精细化工和化工新材料。基地力图构建纵向一体化、横向有机结合的石油化工产业链，并使循环经济贯穿整个产业链。

根据上述产业发展定位，辽阳重要芳烃及化纤原料基地划分为 3 个产业功能区，即石油化工区、精细化工区和化工新材料区。其中，石油化工区占地面积为11.47km^2，主要是辽阳石化分公司和辽阳石油化纤公司的建成区和预留发展区，重点发展炼油、乙烯、芳烃、聚酯树脂、PTA、乙二醇和己二酸等产品；精细化工区占地面积为5.68km^2，重点发展石化深加工产品，主要是基本有机原料和专用化学品；化工新材料区占地面积1.80km^2，重点发展聚对苯二甲酸丁二醇酯（PBT）、聚对苯二甲酸丙二醇酯（PTT）、聚碳酸酯（PC）和热塑性弹性体、聚氨酯弹性体及合成橡胶等合成化工新材料。

3.3 产业发展规划

3.3.1 产业目标

在2007—2015年，辽阳重要芳烃及化纤原料基地规划建设37个项目（未含辽阳石化分公司和辽阳石油化纤公司项目，下同）。2007—2010年规划建设14个项目，主要是5000t/a热塑性聚酯弹性体、3万t/a尼龙6工程塑料、3万t/a不饱和聚酯树脂、5000t/a聚烯烃多层共挤收缩膜（POF）、15万t/a环氧乙烷衍生产品项目、1万t/a化纤油剂项目、3万t/a加氢石油树脂项目、5万t/a抽余C$_4$深加工项目、1.5万t/a偏三甲苯装置改造项目、2万t/a偏苯三酸酐项目、1万t/a偏苯三酸酐三辛酯项目、3万t/a乙二胺项目、5000t/a无水哌嗪项目和1000t/a三乙烯二胺项目。近期规划项目完成后，辽阳重要芳烃及化纤原料基地雏形基本形成。2011—2015年实施的规划项目有23个项目，主要是化工新材料和基本有机原料项目。

辽阳重要芳烃及化纤原料基地规划面积为20.30km^2，基地建设计划分为近期和中远期实施。到2010年，总用地面积为15.48km^2，总投资规模为164.18亿元，实现工业产值215.81亿元，利税56.92亿元。

中远期规划项目实施后，预计投资额为354.97亿元，实现工业产值362.75亿元，利税86.77亿元。到2015年，辽阳重要芳烃及化纤原料基地全部建成时总用地面积为 20.30km², 总投资规模达到 519.15 亿元, 实现工业产值 578.45 亿元, 利税 143.69 亿元。届时, 辽阳重要芳烃及化纤原料基地将发展成为国内外重要的芳烃及化纤原料生产基地之一。辽阳重要芳烃及化纤原料基地各项规划总量指标详见表 3-1。

表 3-1　基地规划目标与实施计划（2007—2015 年）

序号	项目	近期	中远期	合计
1	辽阳重要芳烃及化纤原料基地用地面积（km²）	15.48	20.30	20.30
2	辽阳重要芳烃及化纤原料基地发展目标			
2.1	建设项目（个）	14	23	37
2.2	基地投资规模（亿元）	164.18	354.97	519.15
2.3	工业产值（亿元）	215.81	362.75	578.45
2.4	利税（亿元）	56.92	86.77	143.69
3	主要生产装置及规模（t/a）			
3.1	近期实施项目			
3.1.1	环氧乙烷衍生产品（t/a）	150000		150000
3.1.2	化纤油剂（t/a）	10000		10000
3.1.3	乙二胺（t/a）	30000		30000
3.1.4	无水哌嗪（t/a）	5000		5000
3.1.5	三乙烯二胺（t/a）	1000		1000
3.1.6	热塑性聚酯弹性体（t/a）	5000		5000
3.1.7	聚烯烃多层共挤收缩膜（t/a）	5000		5000
3.1.8	尼龙 6 工程塑料（t/a）	30000		30000
3.1.9	不饱和聚酯树脂（t/a）	30000		30000
3.1.10	抽余 C₄ 深加工项目（t/a）	50000		50000
3.1.11	石油树脂（t/a）	30000		30000
3.1.12	偏三甲苯改造（t/a）	15000		15000
3.1.13	偏苯三酸酐（t/a）	20000		20000

续表

序号	项目	近期	中远期	合计
3.1.14	偏苯三酸酐三辛酯（t/a）	10000		10000
3.2	中远期实施项目			
3.2.1	特种增塑剂 DOA（t/a）		10000	10000
3.2.2	1,4-BDO（t/a）		50000	50000
3.2.3	1,4-CHDM（t/a）		2000	2000
3.2.4	均苯四甲酸二酐（t/a）		2500	2500
3.2.5	间苯二甲酸（t/a）		10000	10000
3.2.6	对氨基三氟甲苯（t/a）		1000	1000
3.2.7	邻苯法苯酐（t/a）		60000	60000
3.2.8	碳四法顺酐（t/a）		60000	60000
3.2.9	己内酰胺（t/a）		150000	150000
3.2.10	苯酚丙酮（t/a）		200000	200000
3.2.11	双酚 A（t/a）		150000	150000
3.2.12	1,3-丙二醇（t/a）		20000	20000
3.2.13	新工艺炭黑（t/a）		20000	20000
3.2.14	PBT 树脂（t/a）		50000	50000
3.2.15	特种聚酯 PCT（t/a）		3000	3000
3.2.16	PTT 树脂（t/a）		20000	20000
3.2.17	尼龙 66 工程塑料（t/a）		20000	20000
3.2.18	聚酰亚胺（t/a）		1000	1000
3.2.19	塑料合金（PP、PBT、PA）（t/a）		50000	50000
3.2.20	异戊橡胶（t/a）		20000	20000
3.2.21	SIS 弹性体（t/a）		10000	10000
3.2.22	聚氨酯弹性体（合成革与鞋底料）（t/a）		50000	50000
3.2.23	聚碳酸酯（t/a）		60000	60000

续表

序号	项目	近期	中远期	合计
4	公用工程需求量	—	—	—
4.1	新鲜水（万 t/d）	1.52	7.70	9.22
4.2	电力（万 kW）	—	—	15.50
4.3	蒸汽（t/h）	105.31	633.59	738.90
5	运输量（万 t）	56.17	279.88	336.05
6	就业人员数量（人）	1125	2295	3420

3.3.2 产业发展定位

根据国内外石油化工产业发展的趋势、辽阳市石油化工产业现有基础以及资源、市场和产业支撑条件，紧紧抓住国内石油化工产业快速成长、市场需求不断扩大和中石油辽阳石化分公司大炼油、大乙烯和大芳烃等项目建设的难得机遇，充分利用上述项目及周边地区可提供的基础原料（环氧乙烷、乙二醇、己二酸、对苯二甲酸、C_5/C_9 馏分和聚乙烯、聚丙烯、聚酯树脂等）和产业基础，确定辽阳重要芳烃及化纤原料基地的重点发展行业为：①石油化工（炼油、乙烯、芳烃、聚酯树脂、PTA、乙二醇和己二酸等产品）；②精细化工（基本有机原料和专用化学品）；③化工新材料（聚对苯二甲酸丁二醇酯、聚对苯二甲酸丙二醇酯、聚碳酸酯和热塑性弹性体、聚氨酯弹性体以及合成橡胶等）。构建纵向一体化、横向有机结合的石油化工产业链，并使循环经济贯穿整个产业链。上述化工产品主要为汽车工业、纺织行业、电子电器、家用电器、建筑材料、包装行业和机械行业服务，一部分作为化工原料和中间体使用。

3.3.3 产品链设计

3.3.3.1 石油化工产品链

石油化工产品链主要是利用俄罗斯原油加工生产汽油、柴油、化工轻油和液化气等产品。生产的化工轻油用作乙烯装置的裂解原料和催化重整与联合芳烃的重整原料。

乙烯装置生产的乙烯用于生产聚乙烯树脂和环氧乙烷/乙二醇，丙烯用于生产聚丙烯树脂和提供部分丙烯商品；裂解焦油和裂解碳五外供用于深加工。

重整和联合芳烃装置生产的对二甲苯用于生产精对苯二甲酸，邻二甲苯外供用于深加工，纯苯用于生产己二酸（部分外供），重整氢气用于柴油加氢精制。

3.3.3.2 精细化工产品链

精细化工产品链主要是利用辽阳石化分公司提供的环氧乙烷和乙二醇资源，向下游进行深加工，主要产品包括表面活性剂、乙醇胺、化纤油剂、无水哌嗪和三乙烯二胺等高技术含量和高附加价值产品。

此外，可利用己二酸、对苯二甲酸、间二甲苯加工基本机原料和化工中间体。具体产品包括：特种增塑剂己二酸酯（DOA）；1，4-丁二醇（BDO）；1，4-环己二醇（1，4-CHDM）；均苯四甲酸二酐；间苯二甲酸；对氨基三氟甲苯等。上述产品主要为化工新材料和其他化工产品提供基础配套原料。

3.3.3.3 化工新材料及加工制品产品链

化工新材料主要发展市场需求量大、发展前景好、附加价值高并具有原料配套优势的产品，主要包括：PBT树脂、特种聚酯PCT、PTT树脂、热塑性聚酯弹性体、尼龙66工程塑料、聚酰亚胺、塑料合金（PP、PBT、PA）、聚烯烃多层共挤收缩膜（POF）、异戊橡胶、SIS弹性体和石油树脂等。上述产品主要用于汽车、电子电器、包装和建筑材料等领域。

3.3.4 产业布局与功能区划分

辽阳重要芳烃及化纤原料基地规划面积为20.30km^2，基地划分为3个产业功能区，即石油化工区、精细化工区和化工新材料区。其中石油化工区占地面积为11.47km^2，主要是辽阳石化分公司和辽阳石油化纤公司的建成区和预留发展区，重点发展炼油、乙烯、芳烃、聚酯树脂、PTA、乙二醇和己二酸等产品；精细化工区占地面积为5.68km^2，重点发展石化深加工产品，主要是基本有机原料和专用化学品；化工新材料区占地面积 1.80km^2，重点发展聚对苯二甲酸丁二醇酯（PBT）、聚对苯二甲酸丙二醇酯（PTT）、聚碳酸酯（PC）和热塑性弹性体、聚氨酯弹性体及合成橡胶等合成化工新材料。

精细化工区建设项目将重点寻求与德国有关公司进行合作，并将其建成中德精细化工合作示范园区。

基地建设分为起步区和规划发展区，其中起步区规划用地面积为 3.48km^2。在项目招商和建设步骤上，分近期建设项目和中远期规划建设项目。近期项目主要布局在起步区建设，中远期规划项目布局在相应的功能区建设。

3.4 循环经济框架与效果分析

3.4.1 循环经济框架模式

石油化工产品生产将排放一定量的 CO_2、SO_X、NO_X、废渣和废水，按传统物质代谢和工业发展模式，大多污染环境的废气、废水和废渣仅做简单处理后便排向大气、水体或堆放，在生产和经济发展的同时，对人们的生存环境造成较大破坏。

辽阳重要芳烃及化纤原料基地建设按循环经济理念和新型物质代谢模式，在目的产物生产中采用先进的清洁生产技术，减少废副产生；对于二级或三级衍生产品的生产，积极采用环境友好生产工艺，充分体现循环经济的"减量"原则。

对于生产过程中产生的 CO_2、SO_X、NO_X 废气，首先尽量"再用"，SO_X 通过尾气处理设施，回收硫黄；NO_X 经尾气处理后无害排放；废渣送去固废处理中心。

通过上述"减量、再用和循环"模式，辽阳重要芳烃及化纤原料基地可实现清洁、无害化生产，真正体现经济、环境和能源三者的协调发展。

3.4.2 基地循环经济实施方案

3.4.2.1 物质集成

物质集成就是对资源尽可能考虑回收利用或梯级利用，最大限度地降低对物质资源的消耗，包括石化工业园区内部上下游物质流的连接和石化工业园区与外部的物质联系。园区内物质联系主要是上下游产品的原料互供及废气利用；园区与外部的联系主要是废渣、废水的综合利用。废渣用于生产建筑材料，废水经处理后进行中水回用。辽阳重要芳烃及化纤原料基地以炼油化工、乙烯化工、芳烃、化工新材料与精细化工为主体，结合产业链上的相关企业，构成石化、精细化工、合成材料和后加工等产业群落，在规划区成员间实现高效的物质交换。

3.4.2.2 技术集成

辽阳重要芳烃及化纤原料基地以炼油、乙烯、芳烃、精细化工和化工新材料为主，主要技术包括合成技术、聚合技术、分离精制技术、净化技术和节能技术等。上述生产技术通过组合应用，有望实现以清洁化和环境友好为特点的技术集成，构建绿色石化工业基地。

3.4.2.3 能源集成

有效的能源利用是降低费用和减轻环境负担的主要措施。辽阳重要芳烃及化纤原料基地的能源集成，不仅要求各企业寻求各自的能源使用实现效率最大化，同时要求生产装置内广泛采用新的节能技术和设备，选用新型高效催化剂，从而实现总能源的优化利用和梯级利用，提高能源利用效率。

3.4.2.4 水集成

水集成主要是对园区内各种水资源进行重复利用和综合利用。辽阳重要芳烃及化纤原料基地水集成的主要途径是首先选用节水工艺技术，然后是对系统产生的废水进行初级处理，再送至专业污水处理厂处理，处理后的中水返回系统循环再利用。其主要用作各级装置的循环水补充水、城市绿化和景观用水，以及生态农业建设等。

3.4.2.5 信息共享

辽阳重要芳烃及化纤原料基地通过建设宽带网、中心网站和电子商务平台，构筑基地内部企业间物质和能量等交流渠道，同时政府利用该平台向投资商和生产企业提供相关产业信息、市场供求、技术发展、法律法规、公用工程、物流及仓贮、人才交流等共享信息。

3.4.2.6 基础设施共享

辽阳重要芳烃及化纤原料基地将统一建设"三废"处理、物流配送、热电联产、供水供电、公共管廊与管架、道路与铁路连接线、维修和综合服务设施等。最大限度地降低投资商的投资成本，扩大基地招商引资吸引力。

3.5 产业发展基地总体布局

3.5.1 基地布局原则

芳烃及化纤原料基地规划应符合辽阳市总体规划和国家的产业发展政策。合理利用土地，为基地今后可持续发展留有余地。按照统一规划、分期实施、重点发展的原则，进行科学、合理的规划和建设。坚持"安全第一"的原则，满足防火、防爆、防洪、防震、防地质灾害要求。合理进行功能分区和交通运输组织，使物流路线便捷顺畅，减少不必要的人流和物流交叉，结合上下游产品关系，形成相关的产品链，减少区域内部物料的二次运输。保护环境，注重资源综合利用和环境保护，尽量减少对周围的生产、生活和交通的影响。满足化工生产安全卫生防护距离需要，减少对周围的环境污染。

3.5.2 用地范围与现状

辽阳重要芳烃及化纤原料基地位于辽阳市东南部宏伟区（高新区）工业新区内。基地西侧以宏伟路为界，北到辽溪铁路，东南方向到规划本辽高速公路，包括现有辽阳石化公司厂区。

宏伟区（高新区）位于辽阳市东南郊，距离市中心6km。辽阳市的地理坐标为东经122°35′04″至123°41′00″，北纬40°42′19″至41°36′32″，东西跨经度1°05′56″，南北纵占纬度不足1°。辽阳市位于辽东半岛中部城市群，南靠钢都鞍山，距离为30km，北距省会沈阳70km，东临煤铁之城本溪，西与盘锦辽河油田接壤。全市辖境总面积4731km^2，由西至东极端直线全长92.3km，由南至北极端直线全长100.3km。辽阳市处于以沈阳市为中心的辽宁省中部腹地发达城市群的南侧，自然位置优越。

辽阳重要芳烃及化纤原料基地西侧边界为宏伟区宏伟路和火炬大街，西南到辽阳辽化工程塑料有限公司和羽毛沟，东南部以本辽高速公路为界，东侧边界靠近峨嵋林场，到石磨山脚下，北部紧邻辽溪铁路和辽溪公路。基地用地区域包括辽阳化工公司现有厂区、厂区西北部大打白村、厂区东部曙光镇峨嵋村和前进村区域。基地南北最长5.23km，东西最宽6.21km，规划总面积为20.30km^2。

辽阳重要芳烃及化纤原料基地位于辽阳市东南部的千山山脉西麓低山丘陵地带，属太子河南岸的冲积平原和微倾斜平原地带，地貌以低山丘陵为主。用地现状主要为辽阳石化公司厂区、村庄、荒地和耕地，区内有少量基本农田。规划区内村庄主要有大打白村、曙光镇峨嵋村和前进村，现有设施主要有辽阳石化公司厂区、辽阳石化公司铁路专用线、辽阳石化水厂和危险品仓库，以及医院旧址和少量工业厂房。规划区北部紧邻新开河，规划区东部前进河南北向穿过曙光镇的峨嵋村和前进村。根据辽阳市总体规划，该区域已整体转化为工业用地。

芳烃及化纤原料基地场地标高在26.77~79.54m，辽阳石化水厂东部山头最高79.54m，基地西北部大打白村靠近新开河沿岸最低为26.77m。基地地势呈低山丘陵地貌，局部地势比较平缓，整体地势东高西低，南高北低。大打白村及辽阳石化公司厂区场地地势比较平坦，标高在26.77~56.1m；东部区域呈现东西较高、中间较低的地势，标高在30.73~72.23m。场地内有大小不等的冲沟从不同方向穿过场地，大部分经常干枯无水，雨季有暂时性流水，区域内现已形成大型排水系统。

3.5.3 土地使用评价

辽阳重要芳烃及化纤原料基地内地下水对混凝土无侵蚀作用，场区内无大的不良工程地质现象和特殊软弱底层，工程地质和水文地质条件较好。基地无大的断裂带通过场地，整个场地地质构造是稳定的。基地内没有文物古迹和军事设施。根据资料综合分析，规划区域交通方便、土地资源丰富、地质构造稳定，该场地适宜建设石油化工基地。

3.5.4 土地功能分类定位

3.5.4.1 定位原则

符合《城市用地分类与规划建设用地标准》（GBJ137-90）；符合规划的化工建设项目特点；满足环境保护、生态环境保护要求；考虑项目建设、营运对生态环境的影响。

3.5.4.2 功能定位

根据《城市用地分类与规划建设用地标准》，辽阳重要芳烃及化纤原料基地土地功能总体定位为3类工业用地。

按照土地现状、区域位置、主导风向、环境保护和安全卫生、生态环境的承受能力，辽阳重要芳烃及化纤原料基地主要分为4个区块，分别为：辽阳石化公司厂区、精细化工区（含启动区）、化工新材料区和预留发展用地。

辽阳石化公司厂区包括辽阳石化分公司现有厂区及该公司已征用土地，占地面积为 $11.47km^2$；精细化工区主要位于辽阳石化公司厂区东部区域，占地面积为 $5.68\ km^2$，其中辽阳石化分公司以东、前进河以西和之间区域为基地规划启动区（启动区为精细化工区一部分），占地面积为 $3.48\ km^2$；辽阳石化公司厂区西北部现大打白村区域为规划化工新材料区，占地面积为 $1.80km^2$；辽阳石化公司电厂及扩建用地以南区域为预留发展用地，占地面积为 $1.09km^2$，详见表3-2。

表 3-2 分区用地面积表

单位：km^2；%

序号	用地名称	面积	占总建设用地比例
1	辽阳化工公司厂区	11.47	56.50
2	精细化工区启动区	3.48	17.14
	精细化工区（预留区）	2.20	10.84
3	化工新材料区	1.80	8.87
4	预留发展用地	1.09	5.37
5	其他用地（绿化）	0.26	1.28
	规划建设用地合计	20.30	100

3.5.4.3 用地分类

规划土地使用性质分类和代码采用《城市用地分类与规划建设用地标准》(GBJ 137-90)。辽阳重要芳烃及化纤原料基地内土地使用性质主要可分以下六类，见表 3-3。

表 3-3 基地土地使用分类表

大类		中类		小类	
代码	名称	代码	名称	代码	名称
M	工业用地				
		M3	三类工业用地	M3	热电厂、预留发展用地
				M31	辽阳石化公司用地
				M32	精细化工区用地
				M33	化工新材料区用地
W	仓储用地				
S	道路广场用地				
		S1	道路用地		
C	公共设施用地				
		C1	行政办公用地		
		C2	服务设施用地		
U	市政基础设施用地				

续表

大类		中类		小类	
代码	名称	代码	名称	代码	名称
		U1	供应设施用地		
				U11	供水用地
		U4	环境卫生设施用地		
				U41	雨水、污水处理用地
G	绿地				
		G1	集中绿地		
		G2	生产防护绿地		

工业用地（M）：基地规划区内的化工生产企业用地均属此类。

道路广场用地（S）：基地内道路、广场和公共停车场等设施的建设用地。

公共服务设施用地（C）：基地管理机构、金融服务、信息服务、商贸服务、电讯设施等机构。

市政基础设施用地（U）：总变电站、消防站、工业水厂、雨水污水泵站、污水处理厂站等。

绿地（G）：包括沿道路绿地和防护集中绿地在内。

仓储用地（W）：仓储企业的库房、堆场和包装加工车间及其附属设施的建设用地。

3.5.4.4 用地平衡

辽阳重要芳烃及化纤原料基地用地平衡情况如表 3-4 所示。

表 3-4 基地用地平衡表

单位：m^2；%

序号	用地代码	用地名称	面积	占建设用地比例
1	M	工业用地	17375900	85.60
2	W	仓储用地	208238	1.03
3	U	市政公用设施用地	363082	1.79

续表

序号	用地代码	用地名称	面积	占建设用地比例
4	C	公共设施用地	34514	0.17
5	S	道路用地	1343278	6.62
6	G	绿化用地	972743	4.79
合计		规划建设用地	20297755	100.00

注：绿化用地中包含规划区内河流、排灌渠占地面积。

3.5.4.5 竖向布置

辽阳重要芳烃及化纤原料基地西部区域总体地势比较平缓，南高北低，东高西低，竖向布置以平坡式布置为主，局部按照台阶式布置，场地平整坡度按照5‰考虑。化工产业基地东部区域用地地势变化较大，局部高差较大，竖向布置采取平坡式布置和台阶式布置相结合的方式。道路坡度应根据地形变化，采用自然坡度。场地平整应就近挖填方，以减少土石方工程量。

规划区地块内工厂设计可根据地势采用不同标高，当需采用±0.00标高系统时，必须注明其与黄海高程的换算关系。规划区内各地块的竖向规划设计应做到表土不得裸露。

4 环境容量分析与污染排放预测

4.1 资源承载力

4.1.1 水资源承载力

辽阳市水资源较为丰富，市内共有天然河流 29 条，主要河流有太子河、浑河、南沙河、杨柳河等。太子河发源于抚顺新宾县境内，全长 413km，其中辽阳段 180km。辽阳段河水年平均径流量为 67m³/s，最大径流量为 119m³/s。太子河辽阳段上游建有葠窝水库，总库容量为 7.91 亿 m³；汤河下游建有汤河水库，总库容量为 7.23 亿 m³。

2021 年，全市降水总量 51.4226 亿 m³，降水量 1085.8 mm，比 2020 年多 50.4%，比多年均值多 49.5%。水资源总量 19.3506 亿 m³。地表水资源量 16.5001 亿 m³，地下水资源量 12.4049 亿 m³，其中，外境水形成的地下水补给量为 4.7400 亿 m³。入境水量 32.3800 亿 m³，出境水量 41.9126 亿 m³。葠窝、汤河两大水库年末蓄水量 8.1490 亿 m³，比年初增加 0.7517 亿立方。2021 年全市供水量 9.6663 亿 m³。

芳烃基地规划面积 20.3 km²，全面开发之后基地内总用水量将达到约 9.22 万 m³/d，3365 万 m³/a。现状依托基地内中石油辽阳石化分公司现有水源、净水厂；远期项目及预留用地建设水源供应将采用中石油辽阳石化分公司现有水源——梅花岭水源联合供水。芳烃基地通过自建给水管网实现水源供应分质供给。中石油辽阳石化分公司共有 3 个水源地，总取水能力 34 万 m³/d，目前以汤河水库为主要水源，取水能力为 15 万 m³/d，完全有能力满足芳烃基地用水要求。

基地内宏伟区污水处理厂尚未建设中水管网。辽阳石化厂区内中水回用率为60%，尚有40%的中水没有利用而直接外排。待中水管网建立后，会大大减少新鲜水的用量。

4.1.2 土地资源承载力

辽阳市土地总面积710.40万亩，其中农用地571.35万亩，农用地中耕地为278.25万亩，占总面积的39.2%，人均占有耕地1.59亩；建设用地113.70万亩，未利用地25.35万亩。辽阳全区土壤分为3个土类，6个亚类，70多个土种。其中，以棕壤土类占地最多，达407.47万亩，占土地总面积的57.5%；草甸土类次之，为199.07万亩，占土地总面积的28.1%；水稻土类占地面积61.57万亩，占土地总面积的8.7%。全市耕地耕层土壤肥力属于中上等，其中有机质含量1.87%，全氮0.1%，有效磷7.1ppm，有效钾86.63ppm。特别是浑河、太子河冲积平原，土壤肥沃，为农业生产提供了得天独厚的自然条件。

辽阳市城市总体规划已将辽阳芳烃基地建设纳入城市总体规划范围，并且在城市性质、职能定位中突出了国家重要石化产业基地的特点。芳烃基地规划面积20.3 km^2，截至2019年各类用地已开发15.79 km^2，尚有4.51km^{2}土地需要在下一阶段继续开发。

4.1.3 能源承载力分析

《辽宁省人民政府关于蓝天工程的实施意见》（辽政发［2012］36号）指出，要实施气化辽宁工程；全面推进气源建设；编制实施《辽宁省天然气发展实施利用总体规划》，加快全省天然气管网建设，增强供气能力和安全保障。2013年，辽宁全省天然气管网覆盖到除丹东以外的省辖市；2014年，覆盖到各省辖市及各县（市、区）；2015年，覆盖到70%以上的乡镇。到2015年，全省天然气供气能力达到200亿m^3，用量达到184亿m^3，替代标煤2447万t，占一次性能源消费的比例为9%。辽阳华润燃气有限公司为芳烃基地内企业提供天然气，调压站及管网已经铺设。

芳烃基地煤炭用量为 300 万 t/a，由内蒙古霍林河煤矿外购，使用铁路运输。

芳烃基地区域发展受能源制约较小。建议规划区域企业均采用清洁能源，以减少大气污染，改善大气环境。

4.2　生态环境承载力

生态承载力研究是区域生态环境规划和实现区域生态环境协调发展的基础，目前生态承载力研究与评价方法尚处于探索阶段，国内外研究生态承载力的方法主要有生态足迹法、自然植被净第一性生产力法、供需平衡法、状态空间法、生态承载力综合评价法等。

高吉喜在其所著的《可持续发展理论探索——生态承载力理论方法与应用》一书中，较为详细地探讨了生态可持续承载的条件与机理，提出把生态系统的弹性力、资源与环境子系统的供容能力，以及具有一定生活水平的人口数作为判定生态承载力的三个层面，并从理论和方法上进行了系统剖析，提出了生态承载力综合评价法。他还运用该理论与方法对黑河流域的生态承载力与可持续发展进行了实例研究。高吉喜将生态承载力指标分为三个级别的评价指标体系：一级评价指标体系，以生态系统弹性度作为评价指标，主要衡量不同区域生态系统的自然潜在承载能力；二级评价指标体系，以资源和环境单要素承载能力为基准，以资源与环境承载能力为评价指标，用于比较不同区域的承载力差异；三级评价指标体系，以承载压力度为评价指标，主要反映生态承载力的客观承载能力的大小与承载对象之间的关系。

本书采用生态承载力综合评价法的生态系统弹性度、资源—环境承载力和承载指数评价对开发区的生态环境承载力做出分析。生态承载力各级别分值表示的含义见表 4-1。

表 4-1 生态承载力各级别分值及含义

分级		< 20	20~40	40~60	60~80	> 80
一级评价	承压度	弱压	低压	中压	较高压	强压
二级评价	承载指数	弱承载	低承载	中等承载	较高承载	高承载
	压力指数	弱压	低压	中压	较高压	强压
三级评价	生态系统弹性度	弱稳定	不稳定	中等稳定	较稳定	很稳定
	资源—环境承载力	弱承载	低承载	中等承载	较高承载	高承载

承载指数反映生态系统现实承载力的高低，分值越大，表示现实承载力越高；分值越低，表示现实承载力越小。

生态系统弹性度反映生态系统的自我抵抗能力和生态系受干扰后的自我恢复与更新能力，分值越高，表示生态系统的承载稳定性越高。

资源—环境承载力反映资源与环境的承载能力，分值越大，表示资源与环境的承载力越高；分值越低，表示资源与环境的承载力越小。

4.2.1 承载指数评价指标体系

承载指数取决于系统弹性度、资源—环境承载力，因此分别从系统弹性度、资源—环境承载力两方面构建指标体系。

系统弹性度评价指标选取情况见表 4-2。

表 4-2 系统弹性度评价指标

目标层	准则层	指标层
生态系统弹性度	地形地貌	海拔高度
		坡度
	气候	积温
		降水量
		干燥度
		无霜期

续表

目标层	准则层	指标层
	土壤	土地利用类型
		土壤侵蚀
	植被	植被类型
		植被覆盖度
	水文	地表径流指数
		地下水指数

资源—环境承载力评价指标选取情况见表 4-3。

表 4-3 资源—环境承载力评价指标

目标层	准则层	指标层
资源—环境承载力	资源	水资源	人均水资源
			水资源利用
		土地资源	人均耕地
			土地生产力
		林业资源	人均森林
			森林覆盖率
		矿产资源	人均矿产总产值
			储采比
	环境	水环境	COD 总量
			氨氮容量
		大气环境	SO_2 总量
			PM10 总量

4.2.2 指标量化方法

4.2.2.1 指标无量纲化

评价采用升半梯形分布来建立各指标隶属模型。

$$\mu(x) = \begin{cases} 0, & x < \min x \\ \dfrac{x - \min x}{\max x - \min x} \times 100, & \min x \leqslant x \leqslant \max x \\ 1, & x > \max x \end{cases} \quad (4-1)$$

式（4-1）中，x 为指标实际值；$\max x$ 为指标国家标准，常规经验值或者调查数据的上限值；$\min x$ 为指标国家标准，常规经验值或者调查数据的下限值。

在实际问题处理中，$\max x$、$\min x$ 应根据指标特征和环境管理要求，首选相应的国家标准或规划目标值，如无标准值或目标值时选用常规经验值或者调查数据。

4.2.2.2 指标分值确定

（1）地形地貌：①海拔高度。依据国家测绘行业标准《数字基本地理单元图规范》，将我国海拔高度进行划分，并赋予不同海拔高度不同分值，详见表4–4。②坡度。依据《数字基本地理单元图规范》赋予不同坡度不同分值，详见表4–5。

表4–4 海拔高度指标分值

高程分类	低海拔	中海拔	高中海拔	高海拔	极高海拔
高程（m）	<1000	1000~2000	2000~4000	4000~6000	>6000
分值	90	70	50	30	10

表4–5 坡度指标分值

坡度	平坦	起伏草帽斜	平较	理拔	陡核	急陡拔
坡度（°）	0~2	2~7	7~15	15~25	25~35	>35
分值	90	80	50~80	20~50	20	10

（2）气候：日照时数，根据芦伟等的《广西柳城县农业生态环境的定量评价》一文，按日照时数和 >10℃积温进行分区，详见表4–6。

表 4-6　日照时数指标分值

日照时数（h）	>3000	2500~3000	2000~2500	1500~2000	<1500
>10℃积温（℃）	>6000	5000~6000	3500~5000	2000~3500	<2000
分级	90	70	50	30	10

降水量，依据我国全年平均降水量水平和植物对水分的需求确定降水分值，详见表 4-7。

表 4-7　降水量指标分值

降水量/mm	<100	100~200	200~400	400~600	600~800	>800
分级	0~20	20~40	40~60	60~70	70~80	>80

干燥度是反映区域干湿程度的指标，地区的干燥度代表了其水分保持情况和农业生产类型。依据孟猛等的《地理生态学的干燥度指数及其应用评述》一文，干燥度指数的计算公式为：

$$I = P/(T+10) \tag{4-2}$$

式（4-2）中，P 为降水量；T 为平均温度值。

依据干燥度指数值，对干燥度分级，详见表 4-8。

表 4-8　干燥度指标分值

气候	湿润	半湿润	半干旱	干旱	极干旱
干燥度	>30	30~20	20~10	<10	<10
分值	90	90~50	50~10	<10	

由于我国幅员广阔，各地无霜冻期差异很大，总的特点是南部无霜期长，北部无霜期短。如我国东北地区平均初霜见于 9 月中旬，终霜见于 4 月下旬，无霜期一般有 120 天左右，而我国南方的云南、广西、广东、福建和台湾等省的大部分地区无霜期有 300 天以上，但不到 330 天，而青海西部、西藏大部分为高寒气候，全年没有无霜期。因此确定无霜期的隶属模型为：

$$\mu(x) = \begin{cases} 0, & x<120 \\ \dfrac{x-120}{330-120} \times 100, & 120 \leqslant x \leqslant 330 \\ 1, & x>330 \end{cases} \quad (4-3)$$

（3）土壤：地表组成物质不同，对外界风蚀、水蚀的抵抗能力不同，可通过对其外在形式——水土流失来衡量系统弹性力。本书采用指标为土地类型和土壤侵蚀模数。

根据土壤类型，按不同等级土地的生产潜能，结合全国土地分级标准，赋予相应的分值，详见表4-9。

表4-9 土壤类型指标分值

分类	I			II			III		
主要用地类型	林地、水面	高草地、灌木地、沼泽	中草地、疏林地	滩地、水田	旱地、盐碱地、低盖度草地	建筑用地	戈壁、裸岩石砾地	严重退化草地、撂荒地	裸土地、沙地
分值	90~100	80~90	60~80	50~60	40~50	30~40	20~30	10~20	0

土壤侵蚀模数是衡量水土流失最主要的指标，根据全国土壤侵蚀强度分级标准，赋予相应的分值，详见表4-10。

表4-10 土壤侵蚀模数指标分值

级别	微度	轻度	中度	强度	极强度	剧烈
平均侵蚀模数（t/km²·a）	<50	50~2500	2500~5000	5000~8000	8000~15000	>15000
分值	90	60	40	20	10	0

（4）植被：区域植被覆盖对该区域的生态系统的抗干扰能力和调节缓冲能力有重大作用。因此选用植被类型和植被覆盖度作为植被因素的代表指标来衡量系统弹性力。

根据植被类型和植被覆盖度赋予相应的分值，见表4-11和表4-12。

表 4-11 植被类型指标分值

植被类型	自然植被			农业植被	其他	
	乔木林	灌丛	草丛	一年一熟农作物	无植被地段	建设用地
分值	80	60	40	20	0	0

表 4-12 植被覆盖度指标分值

植被覆盖度	高覆盖度	中高覆盖度	中覆盖度	低覆盖度	极低覆盖度
覆盖度（%）	>70	50~70	30~50	10~30	<10
分值	>70	50~70	30~50	10~30	<10

（5）水文：水资源包括地表水和地下水。在我国北方地区及许多城市，地下水是重要的供水水源，对保障、推动地区社会经济发展具有十分重要的作用。选用地表径流指数（$10^4 m^3/km^2$）（I_{11}）和地下水指数（$10^4 m^3/km^2$）（I_{12}）作为水文因素的指标来衡量系统弹性力。

其中地表径流指数 = 地表径流量 / 区域面积；地下水指数 = 地下水储量 / 区域面积。根据程鸿的《中国自然资源手册》一书，我国单位面积年地表径流量为 $0.2 \times 10^5 \sim 10.7 \times 10^7 m^3$，据此赋予地表径流指数分值，详见表 4-13。

表 4-13 地表径流指数分值

地表径流指数	<0.5	0.5~1.0	1.0~2.0	2.0~3.0	3.0~4.0	4.0~5.0	5.0~6.0	6.0~7.0	7.0~8.0
分值	0~20	20~30	30~40	40~50	50~60	60~70	70~80	80~90	>90

根据卢金凯、杜国恒等《中国水资源》一书中的资料，我国单位面积年地下水径流量为 $3.15 \times 10^4 \sim 27.18 \times 10^4 m^3$，可以得出地下水指数隶属模型为：

$$\mu(x) = \begin{cases} 0, & x<3.15 \\ \dfrac{x-3.15}{27.18-3.15} \times 100, & 3.15 \leqslant x \leqslant 27.18 \\ 1, & x>27.18 \end{cases} \quad (4-4)$$

（6）水资源压力指数：水资源承载力的大小除取决于水资源的绝对数量

外，还取决于水资源的利用率，因此本书采用人均水资源总量指数（m³/人）和水资源利用率（%）作为水资源承载力的评价指标。

人均水资源总量指数 =（地表径流 + 地下水 – 重复计算量）/ 总人口数

水资源利用率 =（当年实际用水量 / 当地多年平均水资源总量）× 100%

根据世界资源研究所的规定，水资源压力指数的临界标志是每人每年拥有的淡水总量低于1000m³。据《中国统计年鉴（2012）》统计，全国人均水资源总量1730.4m³/人，约是世界平均水平的1/5，即世界人均水资源总量8800 m³/人；原林业部副部长沈茂成根据专家提出的国际上江河水流开发利用量一般保持在总流量的25%~30%，最高不超过40%的观点，认为我国应保留60%以上流量作为生态水，用于养护流域湿地和生态环境。而在我国各流域地区中，西南诸河流域地区的水资源利用率最低，为1.5%，据此可分别确定两个模型。

人均水资源总量指数隶属模型：

$$\mu(x) = \begin{cases} 0, & x < 1000 \\ \dfrac{x - 1000}{8800 - 1000} \times 100, & 1000 \leq x \leq 8800 \\ 1, & x > 8800 \end{cases} \quad (4-5)$$

水资源利用率隶属模型：

$$\mu(x) = \begin{cases} 0, & x < 1.5\% \\ \dfrac{x - 1.5\%}{40\% - 1.5\%} \times 100, & 1.5\% \leq x \leq 40\% \\ 1, & x > 40\% \end{cases} \quad (4-6)$$

（7）土地资源压力指数：耕地是土地的精华，是人类食物生产和轻工业原料生产的主要基地。本书采用人均耕地面积（hm²/人）和土地生产力（kg/hm²）反映耕地资源的承载情况。

其中，人均耕地面积指数 = 耕地面积 / 区域人口数；土地生产力 = 作物总产量 / 耕地面积。

据《中国统计年鉴（2012）》统计，全国谷物平均单产指数5707kg/hm²，最高的是吉林省，为 7582kg/hm²；最低的是贵州省，为 3366 kg/hm²。《全国人民小康生活水平的基本标准》规定：达到小康生活水平的人均粮食要达到 576.4kg/人，温饱型的要达到 239.6kg/人，结合全国作物平均单产指数 5707 kg/hm²，可推算出达到小康型的人均耕地为 0.10hm²/人，温饱型的为 0.042hm²/人。则可分别确定两个模型。

人均耕地面积指数隶属模型：

$$\mu(x) = \begin{cases} 0, & x < 0.042 \\ \dfrac{x - 0.05}{0.12 - 0.05} \times 100, & 0.042 \leqslant x \leqslant 0.10 \\ 1, & x > 0.10 \end{cases} \quad (4\text{-}7)$$

土地生产力隶属模型：

$$\mu(x) = \begin{cases} 0, & x < 3366 \\ \dfrac{x - 3387}{6895 - 3387} \times 100, & 3366 \leqslant x \leqslant 7582 \\ 1, & x > 7582 \end{cases} \quad (4\text{-}8)$$

（8）森林资源压力指数：森林是人类生存和发展的一种重要的自然资源，也是陆地生态系统的主体，具有保持水土、防风固沙、涵养水源、调节气候、促进全球碳循环和生物地球化学循环等重要的生态环境功能。本书采用森林覆盖率（%）、人均森林面积指数（hm²/人）反映林业资源的承载情况。

森林覆盖率＝〔（有林地面积＋灌木林面积）/土地总面积〕×100%

人均森林面积＝森林面积/总人口数

一些学者专家曾论证，一个国家的生态环境和谐、稳定，森林覆盖率要达到 30% 以上；据《中国统计年鉴（2012）》统计，我国森林覆盖率为 20.36%；人均森林面积 0.227hm²/人，最低的是上海市，为 0.0032 hm²/人，世界人均森林面积 0.610 hm²/人。

由此可分别确定两个模型。

森林覆盖率隶属模型：

$$\mu(x)=\begin{cases} 0, & x<20.36\% \\ \dfrac{x-16.55\%}{30\%-16.55\%}\times 100, & 20.36\%\leq x\leq 30\% \\ 1, & x>30\% \end{cases} \quad （4-9）$$

人均森林隶属模型：

$$\mu(x)=\begin{cases} 0, & x<0.0032 \\ \dfrac{x-0.001}{0.610-0.001}\times 100, & 0.0032\leq x\leq 0.610 \\ 1, & x>0.610 \end{cases} \quad （4-10）$$

（9）矿产资源压力指数：本书采用人均矿产基础储量指数（t/人）和储采比反映矿产资源的承载情况。

人均矿产基础储量指数 = 矿产基础储量 / 总人口数

储采比 = 探明储量 / 年开采量

据《中国统计年鉴（2012）》统计，全国人均矿产潜在总产值6.55t/人，最高的是辽宁省，为43.64t/人，最低的是上海，为0.00t/人，计算时不考虑北京和上海的低值，采用倒数第三名的浙江数据（0.25t/人）。

因此，人均矿产基础储量指数隶属模型为：

$$\mu(x)=\begin{cases} 0, & x<0.25 \\ \dfrac{x-0.12}{358.78-0.12}\times 100, & 0.25\leq x\leq 43.64 \\ 1, & x>43.64 \end{cases} \quad （4-11）$$

我国煤炭资源丰富，但可开采资源相对较少，储采比约为110。与美国、澳大利亚、印度、德国、波兰、南非等国家的储采比（200以上）相比偏低，根据我国的具体实际情况，本次评价标准选取储采比100作为评价标准。

（10）环境承载力压力指数：本书采用唐剑武等在《环境承载力的本质及其定量化初步研究》等文中推荐的方法，利用实际环境监测值计算污染综合指数，以污染综合指数作为判据进行评分，大气环境和水环境的隶属评分模型为：

$$\mu(x) = \begin{cases} 0, & \dfrac{x_i}{x_0} \geqslant 1 \\ \left(1 - \dfrac{x_i}{x_0}\right) \times 100, & \dfrac{x_i}{x_0} < 1 \end{cases} \quad (4-12)$$

其中：x_i 为指标 i 的实际监测值；x_0 为指标 i 对应的环境标准值。

4.2.3 生态承载力计算与评价

4.2.3.1 生态系统弹性度计算与评价

规划区域生态系统弹性度计算结果见表 4-14。

表 4-14 生态系统弹性度计算结果

目标层	准则层	指标层	权重	指标层得分	弹性度得分
生态系统弹性度	地形地貌	海拔高度	0.0626	90.0	45.32
		坡度	0.0125	90.0	
	气候	积温	0.1796	10.0	
		降水量	0.1954	79.9	
		干燥度	0.0251	77.0	
		无霜期	0.0473	30.0	
	土壤	土地利用类型	0.1888	46.4	
		土壤侵蚀	0.0378	90.0	
	植被	植被类型	0.0992	17.4	
		植被覆盖度	0.0198	0.2	
	水文	地表径流指数	0.0989	13.6	
		地下水指数	0.0330	77.7	

从计算结果可知，规划区域生态系统弹性度得分为 45.32，为中等稳定程度，规划区域良好的地形地貌、相对适宜的气候、较为良好的土壤条件是维

持区域生态系统中等稳定的重要条件。

4.2.3.2 资源—环境承载力计算与评价

资源—环境承载力计算结果见表 4-15。

表 4-15 资源—环境承载力计算结果

目标层	准则层	指标层	权重	指标层得分	资源—环境承载力得分
资源—环境承载力	资源	水资源	人均水资源	0.1374	0.0	25.06
			水资源利用	0.0414	100.0	
		土地资源	人均耕地	0.0411	43.6	
			土地生产力	0.0914	60.0	
		林业资源	人均森林	0.0554	15.2	
			森林覆盖率	0.0249	100	
		矿产资源	人均矿产总产值	0.0748	0.0	
			储采比	0.0336	0.0	
	环境	水环境	COD 总量	0.1125	33	
			氨氮容量	0.1125	0.0	
		大气环境	SO_2 总量	0.1375	48	
			PM_{10} 总量	0.1375	0.0	

注：生态—资源数据为 2018 年数据，以下计算结果基于 2018 年基础数据获得。

从计算结果可知，规划区域资源—环境承载力得分仅为 25.06，为低承载，无法承载区域的大强度开发。规划应在下一步重点关注水资源、能源高效利用，着力减少区域污染物排放，提升区域环境质量。

4.2.3.3 综合承载指数计算与评价

综合承载指数计算过程与系统弹性度相同，计算时生态系统弹性度和资源—环境承载力权重均按 0.5 确定，计算结果见表 4-16。

表 4-16 综合承载指数计算结果

名称	分项	分项得分	综合承载指数得分
综合承载指数	生态系统弹性度	45.32	35.19
	资源—环境承载力	25.06	

从表 4-16 可以看出，2018 年芳烃基地生态系统的综合承载指数为 35.19，属低承载水平。尽管区域生态系统弹性度为中等稳定水平，但资源—环境承载力处于低承载水平，区域开发将受到一定的制约。因此在开发过程中，要在注重生态环境保护的基础上，加强环境污染治理，促进资源高效利用，实现资源开发、经济发展与环境保护的共赢。

4.3 环境容量

作为一种资源，环境包含两层含义：一是指土地、水、气候、动植物、矿产等环境的单个要素形成的环境状态；二是指与环境污染相对应的环境纳污能力，即环境自净能力。"环境承载力"的科学定义可表述为：在某一时期，某种状态或条件下，某地区的环境所能承受的人类活动作用的阈值。这里的"某种状态或条件"，是指现实的或拟定的环境结构不发生明显不利于人类生存的方向改变的前提条件。所谓"能承受"，是指不影响环境系统正常功能的发挥。由于它所承载的是人类社会活动在规模、强度或速度上的限值，因而其大小可用人类活动的方向、速度、规模等量来衡量。

环境容量是指在人类生存和自然生态不致受害的前提下，某一环境所能容纳的污染物的最大负荷量。环境容量是在环境管理中实行污染物浓度控制时提出的，环境容量包括绝对容量和年容量两个方面。前者是指某一环境所能容纳某种污染物的最大负荷量；后者是指某一环境在污染物的积累浓度不超过环境标准规定的最大容许值的情况下，每年所能容纳的某污染物的最大负荷量。

4.3.1 大气环境容量

A–P值法为国家标准《制定地方大气污染物排放标准的技术方法》（GB/T3840-91）提出的总量控制区排放总量限制值的计算方法，是进行区域大气污染总量控制的一种简单易行的方法。该方法首先利用基于箱模型的A值法计算出控制区的大气环境容量，即某种污染物的允许排放总量，然后利用P值法，在区域内所有污染源的排放量之和不超过上述容量的约束条件下，确定出各个点源的允许排放量，从而根据计算出的排放量限值及大气环境质量现状本底情况，确定出该区域可容许的排放量。

（1）总量控制区内污染物允许排放量计算公式为：

$$Q_{ak} = \sum_{i=1}^{n} Q_{aki} \qquad (4-13)$$

式（4–13）中，Q_{ak}为总量控制区某种污染物年允许排放总量限值（10^4t）；Q_{aki}为第i功能区某种污染物年允许排放总量限值（10^4t）；n为功能区总数；i为总量控制区各功能区的编号；k为某污染物下标；a为总量下标。

（2）各功能区污染物排放总量控制限值计算公式如下：

$$Q_{aki} = A_{ki} \frac{S_i}{\sqrt{S}}$$

$$S = \sum_{i=1}^{n} S_i$$

$$A_{ki} = A \times C_{ki}$$

$$A_{ki} = A \times (C_{ki} - C_{kb}) \qquad (4-14)$$

式（4–14）中，S为总量控制区总面积（km^2）；S_i为第i功能区面积（km^2）；A_{ki}为第i功能区某种污染物排放总量控制系数（10^4t·a^{-1}·km^{-1}）；C_{ki}为国家和地方有关大气环境质量标准规定的与第i功能区级别相同的年、日均浓度限值（mg/Nm^3）；C_{kb}为第i功能区某种大气污染物的环境本底浓度（mg/Nm^3）的现状监测平均值，A为地理区域性总量控制系数（10^4t·a^{-1}·km^2）。

（3）总量控制区低架源（几何高度低于30m的排气筒排放或无组织排放源）允许排放总量限值：

$$Q_{bk} = \sum_{i=1}^{n} Q_{bki}$$

$$Q_{bki} = \alpha \times Q_{aki} \qquad (4-15)$$

式（4-15）中，Q_{bk}为总量控制区某种污染物低架源年允许排放总量（10^4t）；Q_{bki}为第i功能区某种污染物年允许排放总量限值（10^4t）；α为低架源排放分担率；n为功能区总数；i为功能区编号；b为总量下标。

（4）主要计算参数。对于不同的城市或地区，总量控制系数A的取值也各不相同，参照《制定地方大气污染物排放标准的技术方法》中的取值列表，辽宁地区A值的取值范围为5.6~7.0；低矮面源排放分担率a取0.25。按照《城市区域大气环境容量总量控制技术指南》一书推荐的A值确定原则，以达标率90%为控制目标，按公式：

$$A = A_{min} + 0.1 \times (A_{max} - A_{min})$$

计算出辽宁地区所在区域的总量控制系数A值为5.74。

（5）计算结果。结合芳烃基地现状预测，未来芳烃基地大气环境容量SO_2允许排放总量为2.79万t/a，低架源允许排放总量为0.70万t/a；NO_x允许排放允许排放总量为0.70万t/a，低架源允许排放总量为0.175万t/a；VOCs允许排放总量为0.573万t/a。环境质量能够达到功能区标准前提下，SO_2、NO_x、VOCs污染物占标率分别为48%、77.5%、4.5%，该区域有一定承载力。大气环境容量及污染物占有率比例如表4-17和图4-1所示。

表4-17 大气环境容量表

污染物	SO_2	NO_x	VOCs
环境容量（t）	2.79万	0.70万	0.573万
污染物占有率（%）	48	77.5	4.5

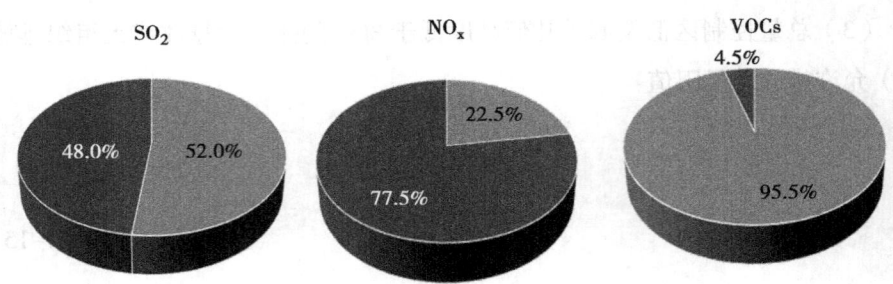

图 4-1 大气环境容量占有率比例图

4.3.2 水环境容量

芳烃基地企业（中石油辽阳石化分公司除外）污水经过辽阳市宏伟区污水处理厂处理后由新开河汇入太子河。石油化工区污水由中石油辽阳石化分公司污水处理厂处理，经长排管线在蛤蜊坑处排入太子河。太子河辽阳市城区段、下口子断面执行国家《地表水环境质量标准》（GB3838-2002）中Ⅳ类水质标准要求。

2019 年，太子河辽阳城区下王家断面各项监测项目年均值及一次值均符合Ⅳ类水质要求，下王家断面水质类别达到Ⅲ类水质，COD 和氨氮年均值分别为 14.9 mg/L、0.216mg/L。在保证该区域水质达到Ⅳ类水环境功能的前提下，COD 和氨氮污染物环境容量分别为 50.3% 和 85.6%。

2019 年，太子河下口子断面年均值符合Ⅴ类水质要求，COD 和氨氮年均值为 21.8mg/L、0.312mg/L。在保证该区域水质达到Ⅳ类水环境功能的前提下，COD 和氨氮水环境容量分别为 27.3% 和 79.2%。下口子断面氨氮水质近年有显著提高，年均值为 0.312mg/L，同比 2018 年（均值为 1.714mg/L）下降 81.8%，如图 4-2 所示。芳烃基地应该加强工业水污染防治，增加中水回用力度，辅助实施辽阳流域污染综合治理，力争断面稳定达标。

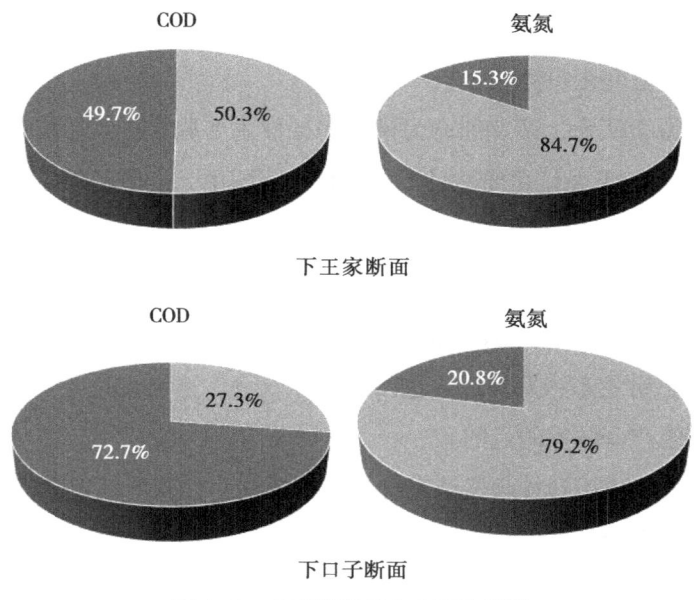

图 4-2 水环境容量占有率比例图

4.4 社会经济发展及资源能源消耗预测

4.4.1 系统动力学模型

产业结构是引起严重环境问题的重要原因，产业的构成及其发展与资源、经济基础、人口、环境等多个系统相关联，其在影响这些子系统的同时，也受这些子系统的影响，从而形成一个复杂的社会、经济、环境大系统。对于这样一个复杂大系统，必须借用分析复杂系统的常用工具——系统动力学（System Dynamics，SD），对芳烃基地未来的发展进行系统分析，从而获得该地区社会经济发展状况。

系统动力学的特点鲜明，首先它是一门认识和解决系统问题的综合性学科，是系统科学和管理科学的一个分支，是一种研究复杂系统行为的方法。最初是由美国麻省理工学院（MIT）的福瑞斯特教授于 20 世纪 50 年代中期创立的，该方法集系统论、控制论和计算机仿真技术于一体，用来研究复杂反馈系统的动态变化趋势。

系统动力学认为，系统的行为模式和特性主要取决于其内部的动态结构和反馈机制。由于系统内部各个因素的相互作用，形成复杂的因果反馈关系，系统往往表现出反直观的动力学特性。把系统动力学应用于社会—经济—环境系统，能够有效地综合考虑人口、工业、资源、环境等子系统的有机联系，基于实现可持续发展的系统目标、动态仿真系统的发展行为和趋势，从而对初始状态、发展过程进行配置和管理。这也正是我们用来进行系统分析，构成产业体系的目的。

系统动力学应用到社会经济系统中，主要是建立系统动力学模型（SD模型），进行计算机仿真模拟的过程。系统动力学被喻为"实际系统战略及策略实验室"，能够有效地模拟实际复杂系统的内部联系，揭示系统的隐含成分，防止主观直觉上的判断失误。在实际系统中，一项政策和决策不仅会影响到系统的一个具体部分，还会通过系统的相互联系间接影响到其他部分，甚至会从根本上使一个良性反馈转变为恶性反馈。同时，系统的一个发展结果往往不是单个原因造成的，这样的过程不是简单凭脑袋可以厘清的，必须借助计算机的建模、模拟与政策分析的一整套方法，以及系统论的思想、信息论和控制论中的反馈过程来进行模拟仿真。

建立SD模型模拟芳烃基地的社会经济环境系统，进行产业选择的基本思路是：把现有的资源、环境作为背景，模拟芳烃基地社会经济环境系统的运行结果，并对参数进行调整，以实现系统的可持续发展和绿色低碳发展为最终目的。按照不同的情景分析预测，提出未来城市的发展模式。具体来说，SD模型的建立是一个包含多次反复循环、逐渐深化、逐渐趋向预定目标的过程，其基本步骤包括：收集基础数据和资料；分析数据，进行问题诊断分析；明确建模目的；用文字表述系统；确定系统边界；确定子系统的组成及主要变量集；明确变量的种类，建立反馈环，画出系统流程图；方程编写和调试；进行灵敏度分析；策略设计和调整。

主要变量确定之后，即可分析子系统之间、主要变量之间的因果关系，并在此基础上进行系统流程图设计。流程图是对实际系统的抽象反映，说明了组成反馈回路的状态变量和速度变量相互之间的连接关系，以及系统中各反馈回路之间的连接关系，这些关系是建立模型方程的依据。因此，在建模过程中，流程图的设计是关键环节和主要工作。我们采用 VENSIM 软件来完成流程图设计，基本流程图如图 4-3 所示。

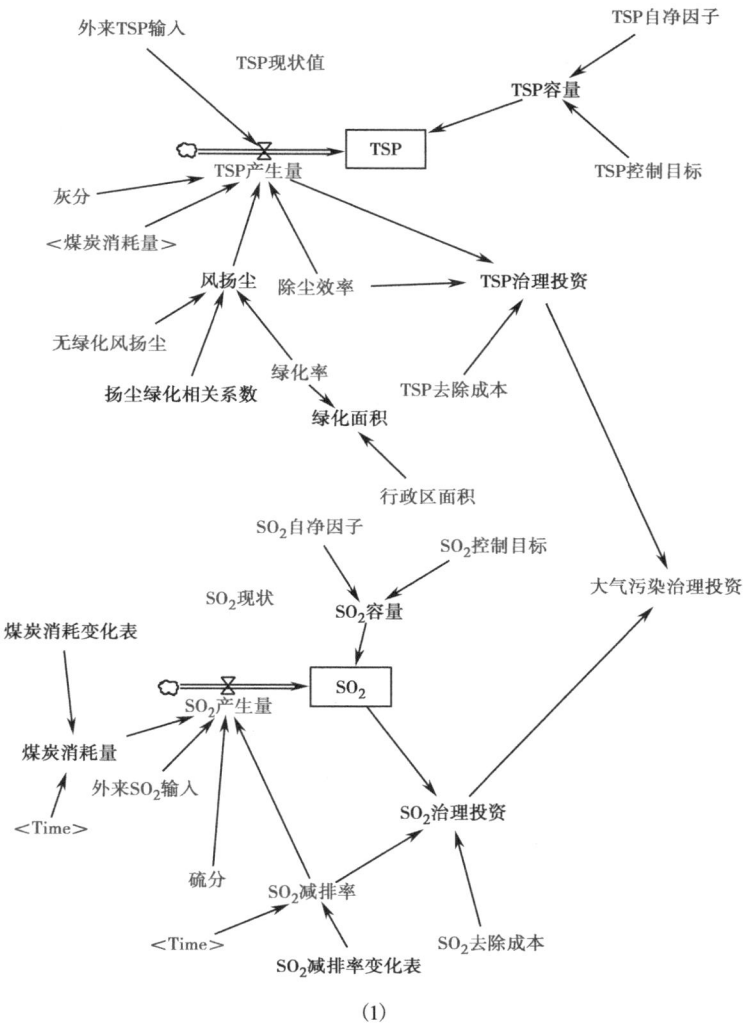

(1)

图 4-3　SD 预测模型流程图

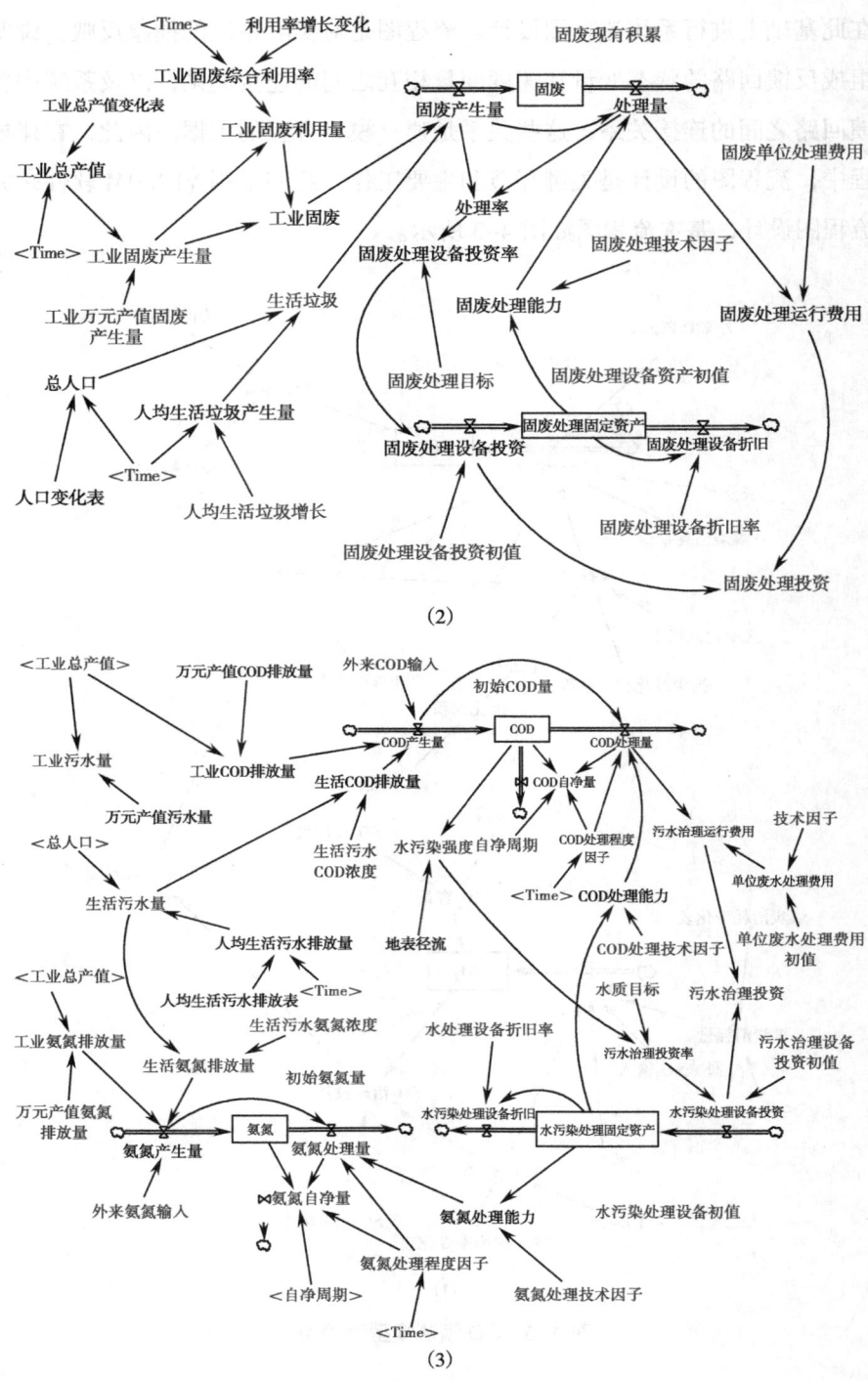

图 4-3 SD 预测模型流程图（续）

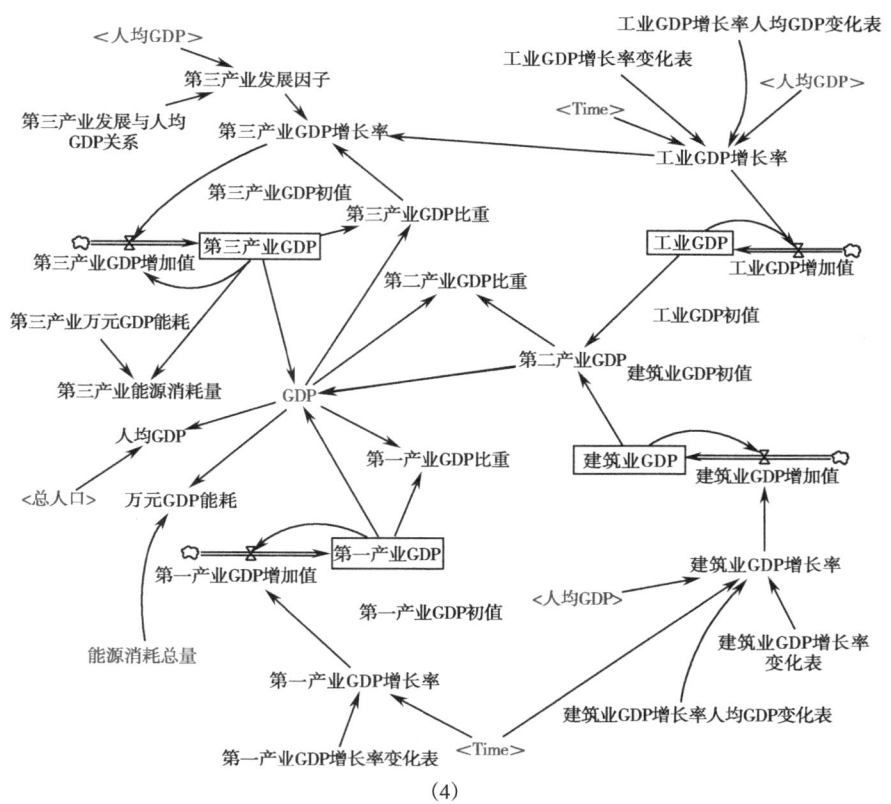

(4)

图 4-3 SD 预测模型流程图（续）

4.4.2 空气污染物排放量预测模型

工业耗煤量预测模型：

$$E = E_0 (1-a)^{(t-t_0)} \qquad M = M_0 (1+b)^{(t+t_0)} \qquad (4-16)$$

式（4-16）中，E 为预测年工业耗煤量（万 t/a）；E_0 为基准年工业耗煤量（万 t/a）；M 为预测年工业总产值；M_0 为基准年工业总产值；T 为预测年；t_0 为基准年。

二氧化硫排放量预测公式为：

$$GSO_2 = 1.6WS(1-\eta) \qquad (4-17)$$

式（4–17）中，GSO_2 为二氧化硫排放量；W 为燃煤量；S 为煤中的全硫分含量；η 为去除效率。

氮氧化物的产污系数为 2.94kg/t 原料。

4.4.3　参数及变量的选择

4.4.3.1　系统动力学模型变量部分参数说明

一个地区的总人口分成两个主要部分：常住人口和流动人口。常住人口，指有一定居住年限的居民，其发展趋势由出生率、死亡率、迁入率、迁出率来决定；流动人口，指短期工作人口、旅游人口及学生，用净流入率来表示其变化。2018年，辽阳市现状人口是183.1万人，人口自然增长率为 –0.711‰。

人口子系统与其他各子系统的关系十分密切，劳动力资源影响产业发展程度，就业状况影响人口的迁移变化，人口总量决定资源消耗、废物排放、服务业需求量等，人口子系统涉及的主要变量有：总人口、常住人口、流动人口、出生率、死亡率、迁出率、迁入率、劳动力需求量、就业率、人口密度等。

工业是辽阳市产业的最重要组成部分，是拉动经济发展的关键因素。工业生产在解决劳动就业和带来经济效益的同时，消耗矿产、土地、水、能源等资源，并产生大量的污染物，对水、大气、土壤带来污染。工业子系统涉及的变量主要有：工业总产值、产业固定资产、产业产值、产业耗水量、产业污染物排放量、产业劳动力、产业固定资产投资量、产业固定资产折旧量、产业投入产出比例等。

辽阳市区的工业废水和生活污水直接排入河流，造成地表水和地下水的污染，威胁到整个水资源系统的运行。本系统涉及的变量有：每年可利用的地下水量、每年可利用的地表水量、每年可回用水量、外流域调水、生活用水量、工业用水量、生态环境用水量（含绿化用水量），以及这些量相关的速度变量、辅助变量。

采用煤作为主要能源是辽阳城区大气污染的重要原因。能源结构与辽阳市的社会经济环境发展密切相关,能源为生产生活提供动力来源的同时,向环境排放大量的污染物,尤其以燃煤产生的污染物量最大。能源子系统涉及的变量为煤、石油天然气、电力的供给量和需求量,以及这几种能源形式的构成比例。

辽阳市的污染主要是水污染、大气污染、城市固体废物污染,该系统与人口、工业、服务业、水资源子系统紧密联系在一起,还与能源、交通、政策等其他部分相关。污染子系统涉及的变量为COD排放量、垃圾产生量、SO_2及烟尘(粉尘)产生量、工业及服务业万元产值污水及固废排放量,以及相关的速度变量和辅助变量。

4.4.3.2 传统模型参数选择

2018年,辽阳市规模以上工业综合能源消费量为803.9万吨标准煤,比2017年增长26.1%。六大高耗能行业综合能源消费量为743.6万吨标准煤,同比增长25.7%。

基准年工业耗煤量E_0为803.9万t/a,基准年工业总产值M_0为440.8亿元。全年地区生产总值869.7亿元。煤的硫分S为0.006。

4.4.4 能源污染物排放预测结果

为了预测不同的社会发展和经济增长速度下,辽阳市的总体发展规模、资源能源消耗及污染物的排放情况,我们分两种情景模型进行预测,两类情景模式说明如下。

情景模式1:按2018年现状,现有政策下社会经济自然发展,人口、能源消耗自然增加。到2025年,基地规划近期目标实现,初步形成生态工业园区运行机制和框架,构建符合市场经济规律的区域工业共生网络模式。

情景模式2:按2018年现状,加大污染源控制力度,优化产业结构、能源结构,推进循环经济发展,建设资源节约型社会,严格控制排污,经济高速增长,能源消耗逐年降低,大力发展清洁能源,万元GDP能耗由2018年的0.92吨标准煤下降到2030年的0.64吨标准煤。到2030年,基地全面完成规划目标,完善生态工业园区运行机制,生态工业园区建设对区域经济发展模式的带动作用充分显现。

不同情景模式的预测结果如表 4-18、表 4-19 所示。

表 4-18　情景模式 1 预测结果

指标	单位	2018 年	2025 年	2030 年
总人口数	万人	183.1	182.2	181.5
GDP	亿元	869.7	1152.1	1408.5
人均 DGP	万元/人	4.75	6.32	7.76
工业生产总值	亿元	440.8	721.8	1026.7
能源消耗总量	万吨标准煤	803.9	2138.39	4301.1
全市 SO_2 排放量	万 t/a	1.93	5.13	10.32
全市 NOx 排放量	万 t/a	1.89	5.03	10.12

表 4-19　情景模式 2 预测结果

指标	单位	2018 年	2025 年	2030 年
总人口数	万人	183.1	182.2	181.5
GDP	亿元	869.7	1152.1	1408.5
人均 DGP	万元/人	4.75	6.32	7.76
工业生产总值	亿元	440.8	721.8	1026.7
能源消耗总量	万吨标准煤	803.9	852.6	901.4
全市 SO_2 排放量	万 t/a	1.93	2.05	2.16
全市 NOx 排放量	万 t/a	1.89	2.01	2.12

4.4.5　水资源消耗预测

2018 年，辽阳地区水资源总量 6.4 亿 m^2，全年平均降水量 646mm。总用水量 9.6 亿 m^2，比上年增长 1.3%。其中，生活用水下降 0.7%，工业用水增长 3.9%，农业用水增长 1.2%，生态补水下降 8.0%。

芳烃基地规划面积 20.3 km^2，全面开发之后基地内总用水量将达到约

9.22 万 m³/d、3365 万 m³/a。现状依托基地内中石油辽阳石化分公司现有水源、净水厂；远期项目及预留用地建设水源供应将采用中石油辽阳石化分公司现有水源——梅花岭水源联合供水。基地通过自建给水管网实现水源供应分质供给。

2015 年，辽阳市工业废水排放量为 6156.05 万吨，采用统计回归分析法求出工业废水排放量年增长率为 0.019，2015 年工业 COD 排放量为 3627.92 吨，工业 NH_3-N 排放量为 108.33 吨，考虑企业逐步实行清洁生产工艺和改进污染治理技术，污染物排放量逐渐减少，确定工业 COD 减污率取值 7%，工业 NH_3-N 减污率取值 5%。预测未来工业废水中 COD、NH_3-N 排放量见表 4-20。

表 4-20　辽阳市工业废水污染物预测表

预测年份	COD（t）	NH_3-N（t）
2018	2918.1	92.9
2025	1755.8	64.9
2030	1221.5	50.2

4.5　污染产生与排放预测

4.5.1　大气污染物排放分析预测

芳烃基地内企业废气污染物主要为 SO_2、NO_x、颗粒物、非甲烷总烃等。现有企业废气年排放总量为：SO_2 为 2261.059t/a；NO_x 为 5885.93t/a；颗粒物为 663.2t/a；非甲烷总烃为 5699.499t/a。

芳烃基地工业废气污染的主要来源是中石油辽阳石化分公司，总废气量为 234.4 万 Nm^3/h。其中化工废气量约为 72.3 万 Nm^3/h，主要污染成分有异戊二烯、甲醇、丁二醇、四氢呋喃、环氧乙烷等非甲烷烃类，有机废气主要经过回收、洗涤处理或者以焚烧形式处理后达标排放。加热炉等废气量约为 162.1 万 Nm^3/h，主要污染成分为 SO_2、NO_x、颗粒物，通过除尘脱硫装置处理后达标排放。辽阳石化热电厂废气量约为 176.8 万 Nm^3/h，主要污染成分为 SO_2、NO_x、颗粒物，通过除尘脱硫脱硝装置处理后达到火电厂超低达标排放标准。

随着经济的发展和芳烃基地入驻企业的增加，工艺废气有组织及无组织排放量必然增多。但是在严格执行建设项目"三同时"制度的同时，建设项目工艺废气必须既保证有组织、无组织特征污染因子浓度达标排放，又同时保证与环境背景值叠加后满足区域环境空气质量功能区划标准要求。

4.5.2 水污染物排放分析预测

芳烃基地污水处理机构包括辽阳市宏伟区污水处理厂、中石油辽阳石化分公司污水处理厂。

芳烃基地内辽阳市宏伟区污水处理厂规划建设规模 6 万 t/d，经深度处理后其中 4 万 t/d 污水回用，2 万 t/d 达标排放。现有建设污水处理规模 1.5 万 t/d，工业废水处理能力 1 万 t/d，生活污水处理能力 0.5 万 t/d。污水经过处理后经新开河排入太子河。

石油化工区污水由中石油辽阳石化分公司的 3 个污水处理厂处理后通过 1 个深度污水处理厂实现部分回用。其中 1061t/h 送辽阳国成热电厂回用，200t/h 送入中水回用设施处理后回用于中石油辽阳石化分公司循环水场。剩余 829t/h 经辽阳石化的长排管线在蛤蜊坑处排入太子河。

2018 年，芳烃基地内现有工业污水实际排放量为 799.2 万 t/a，排入太子河，COD 实际排放量为 399.6t/a，氨氮实际排放量为 40.0t/a。芳烃基地废水污染物年排放总量中 COD 为 1060.98t/a、NH_3–N 为 102.77t/a。

4.5.3 固体废物排放分析预测

2018 年，芳烃基地内企业工业固废产生量为 60.86 万 t/a，其中危险废物产生 7.58 万 t/a，仅中石油辽阳石化分公司危险废物产生量达 7.548 万 t/a，其余企业危险废物产生量为 0.032 万 t/a。

  危险废物通过回收利用及焚烧等相应处理方式处理后，最大限度地减少废物排放量，委托有资质单位处理。锅炉灰渣等其余一般工业固废进行填埋或回收再利用。

  芳烃基地主要现有企业如辽阳市博鑫化工厂、辽阳鑫宇化工有限公司、辽阳合成催化剂有限公司等为危险废物处理企业。辽阳市博鑫化工厂主要处理废催化剂、含酸废液、含碱废液、含盐废液、沾染危险废弃物的废弃包装物、容器、清洗杂物，实现基地园区内部分工业固体废物循环再生利用的目的。辽阳市博鑫化工厂、辽阳鑫宇化工有限公司主要处理废乙二醇、废污油、废润滑液、醇酮重组分。企业产生的危险废物在基地内就能部分委托处理。

5 环境保护战略和路线选择

5.1 绿色发展理论分析

5.1.1 循环经济理论

循环经济（Recycle Economy）本质上是一种生态经济，倡导的是一种与环境和谐的经济发展模式。它变传统的单向线性经济"资源—产品—废弃物"为反馈式闭环流动经济"资源—产品—再生资源"，所有的物质和能源都要在这种经济循环中，得到合理和持久的利用，从而尽可能把经济活动对自然环境的影响降到最小。其根本宗旨是保护日益稀缺的自然资源，提高资源的配置效率。循环经济能保持大量的生产，只消耗少量的资源，产生少量的废物，是实现可持续发展的最佳途径。其基本原则为减量化（reduce）、再利用（reuse）、再循环（recycle）原则，即"3R"原则。生态工业园区就是要用循环经济的理论来规划、设计和建设。

在芳烃基地建设过程中，应利用循环经济理论解决生产过程中的环境污染、生态破坏、资源浪费问题。在原料和能源利用方面，重点针对 VOCs，控制使用破坏环境的资源，充分考虑节省资源、提高单位产品的资源利用率；尽量延长产业链，使中间产品、副产品等能多次或通过多种方式再利用，提高产品和服务的利用效率；产生的废弃物，尽量使其回收利用、综合利用，使废弃物资源化，减少最终排放量。

5.1.2 工业生态学

1989年9月,美国科普月刊《科学美国人》刊载的《可持续工业发展战略》一文中首次提出"工业生态学"概念。从此,工业生态学研究走上了充满活力的发展道路。目前关于工业生态学的定义有20种之多,有以下几点认识趋于一致:①工业生态学是一种关于工业体系的所有组成部分及其同生物圈关系问题的全面的、一体化的分析视角;②工业体系的生物物理基础,亦即与人类活动相关的物质和能量流动与储存的总体,是工业生态学的研究范围,与日前常见的学说不同,工业生态学的观点主要运用非物质化的价值单位来考察工业与经济;③科技的动力,亦即关键技术种类的长期发展进化,是工业体系的一个决定性因素(但不是唯一的),有利于从生物系统的循环中获得知识,把现有的工业体系转换为可持续发展的体系圈。

工业生态学的研究对象是工业生态系统,其系统分析方法包括工业代谢(industrial metabolism)、生命周期评价(life cycle assessment)、投入—产出分析(input-output analysis)、生态工业评价指标(eco-industrial indicator)等。

生态学的关键种理论、食物链及食物网理论、生态位理论、生态系统多样性理论等在发展生态工业、规划设计生态工业园区或网络中具有综合指导作用,运用这些理论指导构筑生态工业链,提高企业竞争力和工业生态系统稳定性,使建立的生态工业园区不是自然生态系统的简单模仿,而是集物质流、能流、信息流等的高效生态系统。

在设计生态工业园时,关键种理论指导我们选定关键种企业作为生态工业园的主要种群,构筑企业共生体。使用和传输的物质最多、能量流动规模最大,带动和牵制其他企业、行业的发展,居于中心地位,也是生态产业链核。食物链理论用于工业系统,依据工业系统中物质、能量、信息流动的规律和各成员之间的类别、规模、方位是否匹配,在各企业部门之间构筑生态工业链,横向进行产品供应、副产品交换,纵向链接第二、第三产业,实现物质、能量、信息的交换,完善资源利用和物质循环,建立生态工业系统。

工业生态系统多样性主要指产品类型、产品结构的多样性，生态工业园区类型的多样性，园区内组成成员的多样性，园区内企业多渠道的输入输出，园区内管理政策的多样性等。在规划设计中，建立多样性的格局能够提高工业生态系统的稳定性。

在芳烃基地的规划建设中，运用工业生态学进行园区的生态链网设计；进行工业代谢分析，完成对物质从最初的利用到在工业生产、产品消费系统的使用，直至变成最终的废弃物这一全过程的"供给链网"分析；进行生态工业指标体系的构建。

5.1.3 景观生态学

1939年，德国著名生物地理学家特洛（Troll）提出了"景观生态学"（Landscape Ecology）的概念。特洛把景观看作是人类生活环境中的"空间的总体和视觉所触及的一切整体"，把陆圈（geosphere）、生物圈（biosphere）和理性圈（noosphere）都看作这个整体的有机组成部分。德国著名学者布赫瓦尔德（Buchwald）进一步发展了系统景观思想，他认为景观可以理解为地表某一空间的综合特征，包括景观的结构特征和表现为景观各因素相互作用关系的景观收支，人的视觉所触及的景观像、景观的功能结构和景观像的历史发展。

景观生态学是以整体景观尺度对景观结构（structure）、景观功能（function）及景观改变（change）三方面进行探讨，而构成景观生态分布组合的景观要素按其形态与功能可划分为斑块（patch）、廊道（corridor）与基底（matrix）。其中，斑块指一个较均质的非线性地区，与周遭地区（基底）呈现不同的性质；廊道指具有与相邻土地不同特质的狭长地带；基底则指嵌有异质物体的同质物体，是景观中最具连续性的部分。

在芳烃基地规划和建设中，运用景观生态学理论对园区整体景观生态结构和分布进行适当的调整与规划设计，对目前基地内部工业布局不合理之处进行调整，对基地生态规划按照景观生态学基本原则进行布局。

5.1.4 系统框架设计方法

生态工业园区系统框架设计采用自上而下的方法，考虑的重心在于整个地理区域及其将来的发展变化，涉及现有多个利害关系者，各自具有自身的发展特点，需要从以下几个方面综合规划设计：资源再生、污染预防和清洁生产；生态工业统一到自然生态系统加以考虑；核心承租商；生命周期评价；就业培训；环境管理体系；相对于建设者的分解者；技术革新与持续的环境改善；公众参与协作。采取这样的设计方法，首先要分析现有承租商的责任和利益所在，包括直接涉及的企业、公司和市政组织与间接利害关系人，这将影响未来的决策过程。其次要将这些利益转变成可测量的权重化的标准，进一步综合，形成设计方针，最终形成规划。这一过程需要一个组织对整个系统负责，即直接服从市政府领导的区管委会，在实施生态工业发展中还要进行资金筹措和管理、信息交流、市场营销、招商引资及监测与评价绩效等。

5.1.5 生态工业系统分析方法

对生态工业系统的分析可以包括元素代谢和核物质代谢分析，工业共生、柔性、演变进化关键链接技术分析，自然生态协调、能量系统、水系统和信息系统分析等。

工业代谢分析方法是认识生态工业中元素代谢和物质流动的一种行之有效的分析方法，依据质量守恒定律，通过建立物质结算表，估算物质流动与贮存的数量，描述其行动的路线和复杂的动力学机制，同时也指出它们的物理的和化学的状态来反映工业活动物质利用情况。

共生系统被看作系统内所有共生单元及共生关系的集合，共生单元构成系统基本物质能量生产和交换单位，即构成工业共生系统的各个企业。共生关系是共生单元相互作用或相互结合的形式，指参与工业共生各个企业之间的合作关系。工业共生系统效益体现在经济效益、资源消耗、环境效益。

柔性指一个系统灵活适应不确定条件的能力，生态工业系统中不确定条件的影响有一个放大的效应，由于企业之间彼此链接，一个企业发生变化会影响到链接企业，企业调整自身操作必须同其他企业互相协调，调整余地减少，柔性在生态工业系统中成为制约系统发展的一个重要瓶颈。

5.1.6 系统集成方法

系统集成综合考虑区域系统的物质流、能量流、信息流，通过共享信息和公共基础设施，考虑区域范围内企业、社区和自然之间的物质交换和能量利用，建立高效率、低消耗的可持续发展的区域生态工业系统。在现有科学技术水平和工业发展现状下，企业不可避免地会产生副产物和废物。在园区建设中要遵循生态规律，合理布局，将在资源及原材料使用上具有共性的企业集中布局，尽量形成最为合理的共生关系，构成生态工业链，下游企业利用上游企业的废弃物做原料进行生产，使得园区的污染排放量最小化，同时大幅降低产品成本。通过在园区企业内和企业间对物质、能量和公用工程进行系统集成，实现园区内的物质循环、能量继承利用和信息交换共享，体现园区的生态效益。建立一个生态工业系统的关键就是要实现系统各过程之间的物质、能量和信息的充分利用和交换，进行系统集成研究。

5.1.7 生态设计方法

生态设计要求在产品生命周期的每一个环节都考虑其带来的环境影响，通过设计上的改良使产品的环境影响降为最低。生态设计要求将环境保护融入原材料的采购、产品设计、生产、营销、售后服务的全过程，最大限度地减少工业活动对环境的影响。综合考虑产品的整个生产周期，共有7种生态设计方法：选择环境影响小的材料、减少材料的使用、生产技术的最优化、营销系统的优化、消费过程的环境影响、产品生命周期的延长、产品处置系统的优化。

5.2 指导思想和基本原则

5.2.1 指导思想

以习近平新时代中国特色社会主义思想为指导，全面贯彻落实"创新、协调、绿色、开放、共享"五大发展理念，贯彻党的十九大和十九届二中、三中、四中、五中全会关于生态文明建设的战略部署，落实科学发展观，牢固树立既要"金山银山"，又要"绿水青山"的发展理念。坚持可持续发展的生态工业道路，实现从传统工业向绿色工业，从资源消耗型向资源节约型，从产业发展向集群发展，从工业经济向低碳经济、循环经济、可持续发展转变。以持续改善生态环境质量为目标，以清洁生产要求、循环经济理念和工业生态学原理为支撑，提高经济增长质量。将区域改造和产业结构调整相结合，将生态保护和区域环境综合整治相结合，实现经济效益和环境效益的最佳平衡，以环境保护优化经济发展，使园区产业布局、经济发展规模和速度与区域环境承载力相适应。促进芳烃基地经济社会全面、协调、可持续发展，将老工业基地调整改造为新型生态工业示范园区。

5.2.2 基本原则

5.2.2.1 生态优先和优化发展相结合的原则

正确处理环境保护与经济发展和社会进步的关系，尊重自然规律，将生态环境承载力作为经济社会发展的重要前提。在保护生态环境的前提下发展，在发展的基础上改善生态环境，妥善处理好基地发展中经济建设和环境保护之间的关系，在加快经济发展中保护生态环境，以保护生态环境优化经济发展，实现基地经济效益与环境效益的共同增加。逐步实现生态文明，实现人与自然的协调发展。

5.2.2.2 统一规划和分步实施相结合的原则

集成区域、基地、企业的生态环境问题，统筹制定总体规划，按照合理布局、集约发展，先行试点、全面推开的要求，坚持区管委会、企业和市场运行相互补充，在政府加大资金扶持力度的同时，鼓励企业自主投入，采取市场化运作方式，鼓励、支持和引导社会各类资金参与基地创建活动，稳步开展循环经济和生态化改造，将基地不断引向生态工业园和工业生态化。

5.2.2.3 资源优化和效益提升相结合的原则

严格按照循环经济的思路进行项目的筛选和建设，坚持减量化、再利用、资源化的"3R"原则，坚持用发展的思路，推进基地构建企业层面的"小循环"、园区层面的"中循环"及社会层面的"大循环"，着力加强资源能源的梯级利用和重复利用，优化功能布局和产业升级，提高资源能源利用效率。

5.2.2.4 清洁发展和生态效率相结合的原则

力求在提供尽可能多的产品和服务的同时，不降低园区的环境承载力。通过实施清洁生产，尽可能降低园区企业的资源消耗和废物产生；通过各企业或单元间的副产品交换，降低园区总的物耗、水耗和能耗；通过物料替代、工艺革新，减少有毒有害物质的使用和排放；在建筑材料、能源使用、产品和服务中，鼓励利用可再生资源和可重复利用资源。贯彻"减量第一"的最基本要求，使园区各单元尽可能降低资源消耗和废物产生。

5.2.2.5 科技引领和企业提升相结合的原则

大力采用现代化生物技术、生态技术、节能技术、节水技术、再循环技术和信息技术，采纳国际上先进的生产过程管理和环境管理标准，充分发挥基地的引领作用，发挥辽阳石化的主体作用，全面调动企业参与基地发展建设，共同推进基地和企业的生态化改造，实现基地建设与企业发展的良性互动，力求实现经济效益和环境效益的平衡。

5.2.2.6 体制改革和精细管理相结合的原则

通过体制改革提升环境规范化管理，通过技术发展提升环境精细化管理能力，通过制度体系完善提升环境管理水平，通过机制建设提升环境管理效益。

5.3 规划总体战略及路线

5.3.1 芳烃基地总体发展设计

芳烃基地循环经济总体设想为：建立三个层次的循环经济体系。

第一，构建设施与服务共享式循环经济体系。实现共同服务设施、环境治理设施、资源再生设施的共享、共通、一体化设计和运营服务。通过公共服务设施建设，逐步替代各企业独立设置的供能、供热、环境治理、危险废物贮存等小型基础设施，具体如图5-1所示。

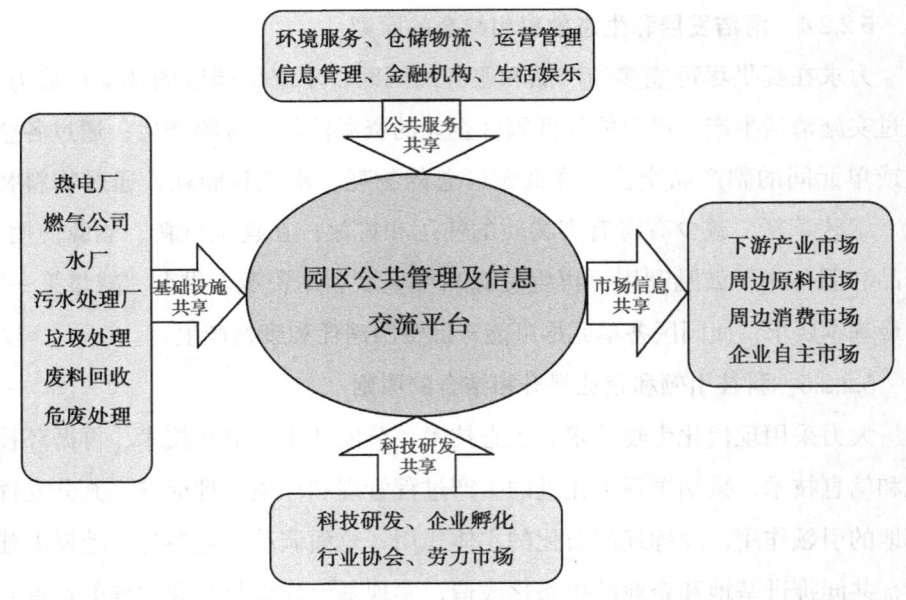

图5-1 设施与服务共享式循环经济体系

实现废物资源的循环利用，通过引进消费企业、扩建生产工艺设施等，实现企业末端副产品、工业固废、危险废物、公共设施余热、污水等的资源化利用。

第二，实现园区循环经济体系构建，根据现有优势产品资源，以辽阳石化等核心企业为龙头，构建一级、二级循环体系，针对中小企业的特点，构建多级循环体系。多级循环体系成员企业数量多，最少有 10 多家企业，最多可达上千家企业，核心企业不明确，循环链上处于不同环级别的企业区分也不明显。成员企业以中小型企业为主，具有较高的灵活性，且处于同一循环级别的同一类企业可以有多个。降低了搜寻补链企业的难度，使得多级循环体系具有良好的弹性结构。相对一级循环体系和二级循环体系而言，多级循环体系在稳定性和可靠性上有明显优势。多级循环体系的循环链长且结构复杂，各种循环企业通过共生关系耦合在一起形成了一种整体网状结构。这样，园区的协调管理十分复杂，通常都建有公共的支持服务系统。对园区的物质流、能量流和信息流予以收集和发布，并提供各种技术支持。同时也建有园区一级的中央管理机构，进行园区层次上的总体协调，在竞争性上，由于园区内的企业具有多样性，该模式具有较强的竞争活力。区域循环体系如图 5-2 所示。

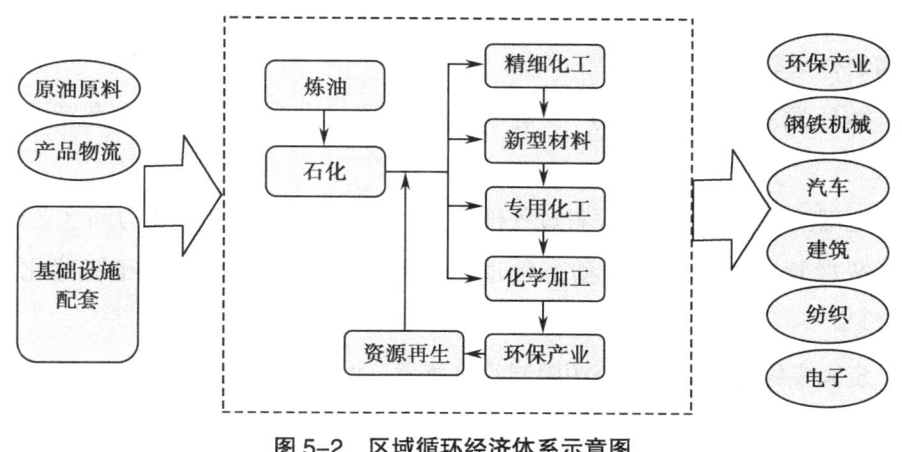

图 5-2 区域循环经济体系示意图

第三，构建园区与辽阳市、辽宁省周边区域市场和企业的区域循环经济体系，充分发挥辽宁省内园区周边的产业、市场和资源优势，构建大循环体系。

5.3.2 芳烃基地环境保护总体战略

遵循"规划科学，布局合理，管理高效，产业协同，集群发展"五大方向，将循环经济、绿色发展、智慧管理、模式创新理念践行到基地建设和管理的每一个环节。实现"五大整合",包括产业链设计整合、公用工程整合、物流传输整合、环境治理整合、管理服务整合。通过不断开拓创新,推进环境治理能力和水平提升,解决突出环境问题、优化环境治理、提升资源节约水平、防控环境风险、改善环境质量,将芳烃基地建设成为辽阳市高质量发展的前沿阵地。

精准把握国际化、先进化和现代化理念,因地制宜、创新发展。结合芳烃基地的产业发展特色和环境特征,将产业循环作为芳烃基地可持续发展的特征,将绿色发展作为可持续发展的重点,将规范管理作为芳烃基地可持续发展的关键,在规划布局、产业结构、产业链协同、资源能源共享、园区与项目管理、人员配备与专业化服务等方面全方位对标世界一流,创新与探索芳烃基地可持续发展的新路径,以可持续发展的理念推进园区的绿色发展、智能管理。重点突出五大发展战略。

产业优化战略:促进产业结构调整和优化升级,以环境优化产业发展,提高综合竞争力。

循环发展战略:推进产业链和循环经济,构建多元化的生态产业链体系。

全面治理战略:推进原料过程排放全周期治理,提升治理能力和水平。

智慧管理战略:推进动态管理和监测预警体系建设,构建智慧化工园区。

资源集约战略:突破资源限制约束瓶颈,提高资源产出率。

风险防范战略:加强环境风险防范、预警、应急、管理,构建环境风险防范体系。

5.3.3 芳烃基地环境保护四大主导方向

5.3.3.1 加强环境治理与改善

解决现有环境问题,提高环境治理能力和治理水平,提升环境质量。通过源头把控、结构调整、产业升级、循环经济、技术改进等措施减少园区污染物排放总量,采取综合整改、关停并转等多种措施来治理园区的环境问题。将环境治理与资源集约利用相结合，强化全过程治理及废物循环利用。

5.3.3.2 防范系统环境风险

突出化工园区环境风险特征，采用先进手段，实行预防、预警、监控、应急一体化的环境风险防控，降低风险，防患于未然。建立包括环境风险评价、风险信息化平台、风险决策支持、风险监控预警、风险应急保障在内的环境风险防范体系，并发挥其作用。

5.3.3.3 优化可持续发展

立足现有基础，展现自身优势，挖掘制约可持续发展的瓶颈与短板，做强骨干、规范管理、提升竞争力。突出重点企业、重点项目，实施重点工程，突出产业结构调整和产业链延伸，强化循环化改造和资源综合利用，为园区可持续发展培育重点和骨干。围绕产业结构高端化和产业链延伸，有选择地兼顾配套设施、附属企业、项目及工程。

5.3.3.4 规范生态环境管理

瞄准绿色园区和智慧园区建设，强化创新能力，完善创新平台。建设完善企业污染源监控、环境质量监控、环境预警、污染事故溯源、环境空间管理等多维一体的芳烃基地环境综合监管体系，以及信息化、智能化的创新型环境管理体系。

6 基地环境保护规划总则

6.1 规划背景

党的十八大以来，以习近平同志为核心的党中央，把生态文明建设摆在全局工作的突出位置，全面加强生态文明建设，提出一系列新理念、新思想、新战略，形成了习近平生态文明思想，成为习近平新时代中国特色社会主义思想的重要组成部分。

"十四五"时期是污染防治攻坚战取得阶段性胜利、继续推进美丽中国建设的关键期。生态环境部原部长李干杰指出，在推进生态环境保护工作中，要坚持绿色发展理念，自觉把经济社会发展同生态文明建设统筹起来，努力实现环境效益、经济效益和社会效益多赢。尤其要进一步发挥生态环境保护的倒逼作用，加快推动经济结构转型升级、新旧动能接续转换，协同推进经济高质量发展和生态环境高水平保护，在高质量发展中实现高水平保护、在高水平保护中促进高质量发展。

芳烃基地是辽阳市产业发展的核心，是产业优化转型的代表。经过10余年的建设，芳烃基地先后4次入选全国600个化工园区20强、30强，是东北地区唯一一家获得此项荣誉的化工产业园区。为了顺应新时期的发展需要，进一步提升基地发展活力，补齐短板，解决突出的环境问题，最大限度地减少污染物排放，加强基地生态环境保护、建设和修复，构建生态工业，优化提升区域生态环境质量，实现以环境优化经济发展，于是编制生态环境保护规划。用5~10年时间，以提高环境质量和管理能力，提高区域经济增长质量为目标,把芳烃及精细化工产业基地建设成为以工业共生、物质循环、自然和谐为特征的资源节约型、环境友好型的化工园区,遵循"规划科学,布局合理,管理高效,产业协同,集群发展"五大方向,将循环经济、绿色发展、智慧管理、模式创新理念落实到基地建设和管理的每一个环节。

6.2 规划依据

(1)《中华人民共和国环境保护法》(中华人民共和国主席令第9号),自2015年1月1日起施行。

(2)《中华人民共和国环境影响评价法》(2018年12月29日第十三届全国人民代表大会常务委员会第七次会议通过《关于修改〈中华人民共和国劳动法〉等七部法律的决定》,第二次修正,自2018年12月29日起施行。

(3)《中华人民共和国大气污染防治法》(2018年10月26日第十三届全国人民代表大会常务委员会第六次会议通过《关于修改〈中华人民共和国野生动物保护法〉等十五部法律的决定》,第二次修正。

(4)《中华人民共和国水法》(根据2016年7月2日第十二届全国人民代表大会常务委员会第二十一次会议通过《关于修改〈中华人民共和国节约能源法〉等六部法律的决定》,第二次修正。

(5)《中华人民共和国水污染防治法》(2017年6月27日第十二届全国人民代表大会常务委员会第二十八次会议通过《关于修改〈中华人民共和国水污染防治法〉的决定》,第二次修正,自2018年1月1日起施行。

(6)《中华人民共和国环境噪声污染防治法》(中华人民共和国主席令第104号),自2022年6月5日起施行。

(7)《中华人民共和国固体废物污染环境防治法》(中华人民共和国主席令第31号),自2020年9月1日起施行。

(8)《中华人民共和国清洁生产促进法(2012修正)》(中华人民共和国

主席令第 54 号），自 2012 年 7 月 1 日起施行。

（9）《中华人民共和国循环经济促进法》（中华人民共和国主席令第 4 号），自 2009 年 1 月 1 日起施行。

（10）《中华人民共和国节约能源法》（中华人民共和国主席令第 77 号），自 2008 年 4 月 1 日起施行。

（11）《中共中央 国务院关于加快推进生态文明建设的意见》。

（12）《中共中央 国务院关于全面加强生态环境保护 坚决打好污染防治攻坚战的意见》。

（13）中共中央办公厅 国务院办公厅印发的《关于划定并严守生态保护红线的若干意见》。

（14）《基本农田保护条例》（中华人民共和国国务院令第 257 号），自 1999 年 1 月 1 日起施行。

（15）《建设项目环境影响评价分类管理名录》（中华人民共和国环境保护部令第 44 号），自 2017 年 9 月 1 日起施行。

（16）《突发环境事件应急管理办法》（中华人民共和国环境保护部令第 34 号），自 2015 年 6 月 5 日起施行。

（17）《污染地块土壤环境管理办法（试行）》（中华人民共和国环境保护部令第 42 号），自 2017 年 7 月 1 日起施行。

（18）《农用地土壤环境管理办法（试行）》（中华人民共和国环境保护部、农业部令第 46 号），自 2017 年 11 月 1 日起施行。

（19）《工矿用地土壤环境管理办法（试行）》（中华人民共和国生态环境部令第 3 号），自 2018 年 8 月 1 日起施行。

（20）《危险化学品安全管理条例》（中华人民共和国国务院令第 591 号），自 2011 年 12 月 1 日起施行。

（21）《国务院关于落实科学发展观 加强环境保护的决定》（国发〔2005〕39 号）。

（22）《国务院关于印发节能减排综合性工作方案的通知》（国发〔2007〕15 号）。

（23）《国务院关于加强环境保护重点工作的意见》（国发〔2011〕35号）。

（24）《国务院关于印发大气污染防治行动计划的通知》（国发〔2013〕37号）。

（25）《国务院关于印发水污染防治行动计划的通知》（国发〔2015〕17号）。

（26）《国务院关于印发土壤污染防治行动计划的通知》（国发〔2016〕31号）。

（27）《国务院关于推进国际产能和装备制造合作的指导意见》（国发〔2015〕30号）。

（28）《国务院关于印发打赢蓝天保卫战三年行动计划的通知》（国发〔2018〕22号）。

（29）《国务院办公厅关于促进国家级经济技术开发区转型升级创新发展的若干意见》（国办发〔2014〕54号）。

（30）《国务院关于加强环境保护重点工作的意见》（国发〔2011〕35号）。

（31）《国家危险废物名录》（中华人民共和国环境保护部、国家发展改革委令第1号）。

（32）《关于加强产业园区规划环境影响评价有关工作的通知》（环发〔2011〕14号）。

（33）《关于落实大气污染防治行动计划　严格环境影响评价准入的通知》（环办〔2014〕30号）。

（34）《关于加快推动生活方式绿色化的实施意见》（环发〔2015〕135号）。

（35）《国家生态工业示范园区管理办法》（环发〔2015〕167号）。

（36）《"十三五"挥发性有机物污染防治工作方案》（环大气〔2017〕121号）。

（37）《关于加强涉重金属行业污染防控的意见》（环土壤〔2018〕22号）。

（38）《关于印发地下水污染防治实施方案的通知》（环土壤〔2019〕25号）。

（39）《关于印发〈重点行业挥发性有机物综合治理方案〉的通知》（环大气〔2019〕53号）。

（40）《国家发展改革委产业结构调整指导目录（2019年本》。

（41）《绿色产业指导目录（2019 年版）》（发改环资〔2019〕293 号）。

6.3　规划范围与年限

6.3.1　规划范围

辽阳重要芳烃及化纤原料基地位于辽阳市宏伟区、辽阳高新区。用地区域包括辽阳石化公司现有厂区、辽阳石化公司厂区西北部大打白村、辽阳石化公司厂区东部曙光镇峨嵋村和前进村区域，规划面积 20.30km²。

6.3.2　规划年限

规划基准年为 2019 年。

规划期限为 2020—2030 年。

其中，近期 2020—2025 年；远期 2026—2030 年。

6.4　战略定位与规划目标

6.4.1　战略定位

遵循"规划科学，布局合理，管理高效，产业协同，集群发展"五大方向，推进创新驱动、优化环境治理、提升资源节约水平、防控环境风险、改善环境质量，将环境保护和绿色发展理念贯穿到基地建设、招商引资、服务环境、企业培育、项目推进、环境治理等各个方面，实现园区生态化、产业集成化、管理精细化，推进辽阳芳烃和精细化工产业集群、辽阳工业铝材深加工产业集群、新材料产业集群的发展及辽阳化工产业创新中心的建设，将芳烃基地建设成为资源节约型、环境友好型、绿色开放型、高质量发展的化工产业特色低碳型园区。

6.4.2 规划目标

6.4.2.1 总体目标

以绿色发展、循环经济理念和生态工业原理为指导，遵循"规划科学，布局合理，管理高效，产业协同，集群发展"五大方向，实施产业优化战略、循环发展战略、全面治理战略、智慧管理战略、资源集约战略、风险防范战略六大发展战略，加强环境准入和污染控制，解决突出环境问题和治理难题，加强生态文明机制体制的建设完善，实现高效环境治理与改善、防范系统环境风险、资源优化绿色发展、环境管理现代规范四大目标，将芳烃基地建设成化工VOCs治理、环境风险防范、固体废物资源化利用的典范。专注环境改善和绿色发展，用5~10年时间，把芳烃基地建设成为以工业共生、物质循环、自然和谐为特征的全国领先的资源节约型、环境友好型特色低碳工业园区，逐步打造成世界级化工芳烃产业基地。

6.4.2.2 近期目标（至2025年）

到2025年，初步形成生态工业园区运行机制和框架，构建符合市场经济规律的区域工业共生网络模式。优化、完善、整合区域内能源、污水处理、土地等基础设施，构建区内外生态工业共生网络，促进园区和周边地区的协调发展。构建VOCs环境治理体系、环境风险防范体系、固废资源化流转体系，解决突出环境问题，破解未来环境难题。进一步加快石油化工、精细化工、新材料集聚区建设，强力推进产业升级，优化产业结构，加速信息化和工业化融合，同时努力延伸产业链，进一步做大做强产业集群；进一步控制增量和消减污染物的排放；环境质量达到环境功能区相应标准，区域环境质量显著提高。

6.4.2.3 远期目标（至2030年）

到2030年，完善生态工业园区运行机制，生态工业园区建设对区域经济发展模式的带动作用充分显现。进一步加强芳烃基地产业联动，不断提升企业竞争力和产品附加值，形成行业之间的柔性生态工业网络。资源效率高、生态环境质量好、基础设施完善的目标得以实现，充分发挥促进辽阳地区可持续发展的作用。区域环境质量持续改善。

6.5 产业及空间布局

按照《关于加强国家生态工业示范园区建设的指导意见》要求，通过芳烃基地生态化改造，引领国内工业集聚区新型工业化示范，即打造"老工业基地调整改造示范"和"新兴产业低碳发展示范"。通过各类重点建设项目的实施，不断提高园区固体废物、能源、水资源的综合利用效率，降低区内污染物的产生量和二氧化碳的排放量，推进区内产品能效的持续提高，减少产品整个生命周期的能源消耗和碳排放，着力提升工业区的基础设施功能和政府服务水平，完善投融资机制和配套保障体系，将芳烃基地建设成为"以化工产业链及新材料产业为特色的低碳型园区"。

辽阳重要芳烃及化纤原料基地以产业聚集、分工协作和专业化为特征，突出支柱产业的基础作用。划分为3个产业功能区，即石油化工区、精细化工区和化工新材料区。

石油化工区占地面积为 11.47km^2，主要是辽阳石化分公司的建成区和预留发展区，重点发展炼油、乙烯、芳烃、聚酯树脂、PTA、乙二醇和己二酸等产品。

精细化工区占地面积为 5.68km^2，重点发展石化深加工产品，主要是基本有机原料和专用化学品。

化工新材料区占地面积 1.80km^2，重点发展聚对苯二甲酸丁二醇酯（PBT）、聚对苯二甲酸丙二醇酯（PTT）、聚碳酸酯（PC）和热塑性弹性体、聚氨酯弹性体以及合成橡胶等合成化工新材料。

工业区内部类别明确、布局清晰，主导产业成片状发展，配套产业集群项目和配套服务项目与主导产业毗邻。考虑到石化园区的风险防范距离和对高速公路的景观影响，设置了防护绿化带。园区内企业之间的交通较为便利，有利于资源的综合利用。

6.6 规划重点任务

通过各类重点建设项目的实施，不断提高园区固体废物、能源、水资源的综合利用效率，降低区内污染物的产生量和二氧化碳的排放量，推进园区内产品能效的持续提高，减少产品整个生命周期的能源消耗和碳排放，着力提升园区的基础设施功能和政府服务水平，完善投融资机制和配套保障体系，将芳烃基地建设成为"以化工行业为特色的低碳型园区"。芳烃基地生态工业园区总体框架如图6-1所示。

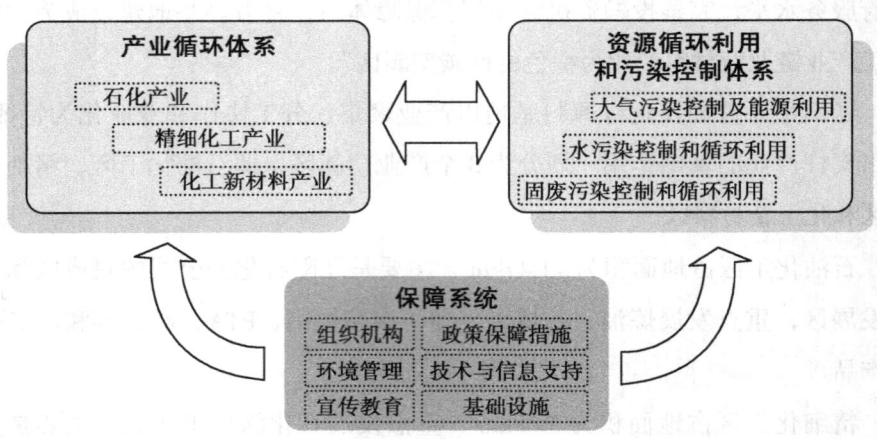

图6-1 芳烃基地生态工业园区总体框架图

6.6.1 产业体系

建议园区总体生态工业链以绿色招商和产业项目补链为重点，积极构筑企业间的生产循环链，园区支柱产业由"工业链"向"生态产业链"转变，实现区域产业的循环式组合和区域资源的闭环利用与循环利用；做大做强化工产业集群,以推进园区内产业的清洁生产和创新发展为抓手,支持企业开展技术改造,实现企业内部的物质循环,推动传统产业向精细化工高附加值产业链延伸。加快产业结构优化升级。建设以原油精炼为基础产品、以烯烃和芳烃延伸加工为特色,上游一体化、资源高效利用、产业耦合有序、生产安全高效的产业集群。充分利用辽阳石化主副产品,围绕芳烃、乙烯、丙烯、碳四等资源,并结合引入其他基础原料,面向市场需求,重点建设芳烃产业、精细化工产业、化工新材料产业,加快完善、优化、升级化工产业。着力打造"原油—芳烃—PTA—聚酯—民用丝及工用丝—织造""环氧乙烷衍生精细化学品""苯乙烯—合成材料""聚烯烃改性及复合材料"等特色产业链条。

在重点行业内部及行业之间,以产品流为主线,形成产品代谢链。在产品代谢中,上一个生产过程中形成的初级产品,作为下一个生产过程的"原辅材料",直至形成价值增值的最终产品进入市场。

基地内企业同时提升企业自身的研发能力,整合区内外的创新资源,培育提升综合技术创新能力。注重危险废物的专业安全处理处置,开展企业间的共生合作,实现废弃物排放的最小化。

芳烃基地生态工业产业链如图 6-2 所示。

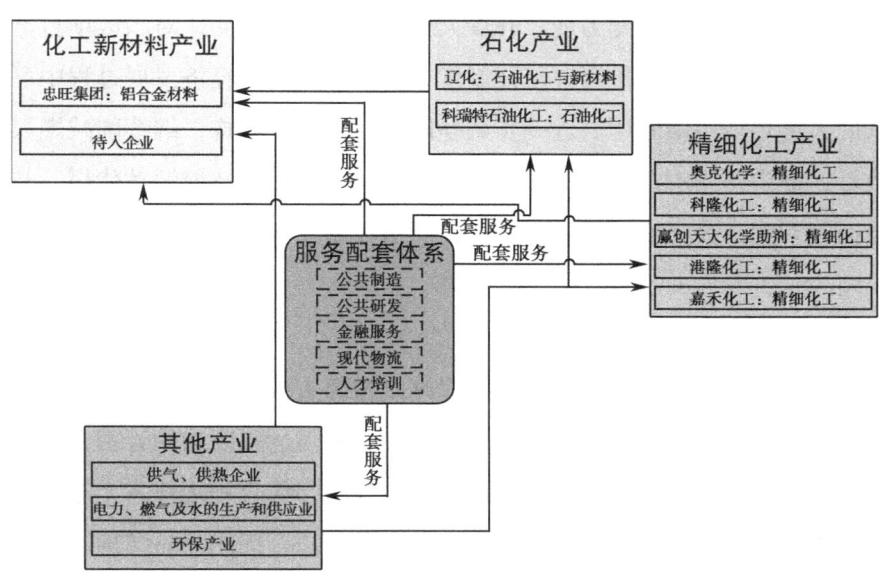

图 6-2 芳烃基地生态工业产业链示意图

6.6.2 环境污染控制体系

6.6.2.1 水污染控制

在水污染控制方面，加强对重点工业污染源的管理和综合整治，加大企业监管力度，督促企业污水处理工程的建设与正常运行，确保污染物的总量和浓度达标排放，完善污染物在线监测系统，使区内企业工业废水达标排放率达到100%。在重点工业行业大力推广清洁生产和循环经济，促进节水减排，特别是对新鲜水耗大、重复利用率低、废水排放量大的行业和企业，要加大力度提升节水减排技术水平，实行清洁生产审核制度，促进污染物产生强度降低，提高废水重复利用率，减少新鲜水用量，减少末端污染控制处理设施的污染负荷，实现节水减排。在园区开展中水回用，加快中水系统的建设，将污水处理厂深度处理后的中水回用于园区环境基础设施用水、园区流域景观用水、绿化用水等，积极推进企业内部使用再生中水生产、生活，实现中水资源的内部循环。

6.6.2.2 大气污染控制

在大气污染控制方面，加强生产工艺废气的减排，提高净化效率，加大对工业污染源的监督监测力度，开展大气污染源在线监测，对园区项目严格实行污染物总量控制、排污许可证制度，防止芳烃基地经济发展过程中可能带来的大气环境污染问题。进一步调整园区用能产业结构，继续削减燃煤锅炉数量，推广使用清洁能源，逐渐用天然气、电力等清洁能源替代煤，开展余热回收利用，大力发展低碳型产业，严格限制能耗高、污染严重的落后产能入园。

6.6.2.3 固体废物污染控制

在固体废物污染控制方面，做好固体废物源头减量化管理和末端控制工作，积极推进工业固废与生活垃圾的减量化，加强危险废物的管理，完善园区固体废物代谢链，健全园区工业固体废物收集与综合利用体系。遵循"源头控制"原则，采用生命周期评价和生态设计方法，优化产品结构，合理构建产品链，使产品生命周期中资源消耗最少、废物产生最小、易于拆卸回收，提高资源效率，降低环境排放。

6.6.3 保障体系

从组织机构、管理措施、政策措施等方面，建立健全芳烃基地生态工业园区建设的保障体系。

组织机构建设：以区管委会主任为组长，成立芳烃基地生态工业园区建设领导小组和技术小组，成员由环保分局、区管委会办公室、发展和改革局、经济发展局、建设局、规划土地分局、农业发展局、财政局、高新技术开发区相关委办局等部门领导组成。领导小组下设办公室。

经济政策：改善招商投资环境，利用国家级、省级、市级现有优惠政策，继续推出优惠政策（土地政策、税收政策、补贴政策、信贷政策），拓宽融资手段，对入园企业进行绿色招商评价，高起点、高标准和高层次地引进绿色企业，重点引进补链企业，形成多产品、多链条的生态工业网状结构。

技术保障：园区建设规划的实施要依靠信息系统的支持，建立生态工业园区信息网络系统，为芳烃基地提供生态工业信息交流和互动的平台。利用区内高新技术产业孵化器的优势和人才优势，建立生态工业园区产业生态化研发基地。开发替代技术、减量技术、再利用技术、再资源化技术、系统优化技术和共生链接等生态工业相关技术研发，为生态工业园区发展提供技术支持，同时也带动相关产业发展。

环境管理工具：开展绿色招商、绿色采购和生态设计，在企业项目的引进、生产原材料和上游产品的使用，以及产品的生产对下游使用者的影响等多个方面引入清洁生产、循环经济、环境保护的理念，带动区域发展，提高区域的整体环境质量。

同时在生态工业园区建设中，推行废物生命周期管理体系、园区环境风险应急管理制度、清洁生产审核和 ISO 14001 环境管理体系。

废物生命周期评价是建立废物管理体系的技术工具和手段，它是指通过对废物的整个生命周期过程中物质、能源的输入和输出，以及相应环境排放物进行识别和量化，评估各个阶段物质、能源利用效率及排放物的环境影响，从而设计出对环境友好的产品，尽可能减少废物产生、排放，通过加强可回收废物的循环、再用、处理工艺的优化设计，降低整个过程的环境影响。

建立园区环境风险应急管理制度是区域可持续发展的保障因素之一，特别是涉及项目的原料及产品为易燃、易爆和有毒物质，生产过程处于高温、高压或低温、负压等苛刻条件下，潜在的危险很大。通过建立园区环境风险应急管理制度，将园区发展过程中可能存在的环境风险影响降到最低程度。

园区通过对企业实施清洁生产审核，不断促使企业改善管理、改进工艺、采用先进的技术，提高资源利用率，减少企业污染物的产生和排放，以降低对园区环境的危害。

其他措施：为保证生态工业园区建设的有效推进，需要在园区内开展生态文化建设；努力提高公众参与循环经济的水平；加强人才培养和引进；加强面向公众的生态工业、节约资源和环境保护的宣传教育，同时加强对外合作和交流，提高公众对生态工业园区的认知度，吸收和借鉴国内外有益经验。

7 环境保护规划重点内容

7.1 促进产业优化升级，推进绿色发展

7.1.1 严格环境保护准入，优化产业发展

实施环境准入清单制度，严格建设项目环境准入审查工作。建立规划环评与项目环评联动机制，将环境保护规划、总体规划环评、项目环评与园区绿色发展、优化升级的总体思路相结合，由追求数量和规模向提高质量和水平转变。通过环评严格控制产能过剩行业和污染重、治理效能低的项目进入园区。

新材料产业准入以芳烃基地为载体，重点开发化学助剂、新型表面活性剂、新型催化剂、新型胶粘剂、日用化工等终端产品，延伸发展苯、对二甲苯、乙烯、环氧乙烷、丙烯、聚酯、碳四等产业链条。新建项目坚持污染物排放"等量置换"或"减量置换"原则，严格控制基地污染物排放总量的增加。依此推进"腾笼换鸟"，以优质企业替代工艺落后、污染重的企业。

基地全面实施原材料工业优化工程，提高产业集中度和加工深度，推进传统工业由要素驱动向创新驱动转变、由低中端向中高端转变。充分发挥中石油辽阳石化分公司国家级炼化一体的大型石油化工企业的原料资源、技术、人才等优势，以俄油增效改造为契机，发展精细化工产业，推进产品结构优化调整，提高化工原料就地转化能力和精深加工水平，延伸精细化工产业链，通过完善链条促进资源再生循环利用，推进基地绿色化发展。

坚持总量和质量双指标控制。严格控制污染物增量，提高新建企业污染治理水平，继续实行污染减排刚性约束，全面完成国家和省下达的总量控制

指标。全面推行清洁生产，强化重点企业强制性清洁生产审核工作，对重点企业每两年进行一次强制性清洁生产审核。

7.1.2 推进能源清洁战略，调整能源结构

实施严格的燃煤总量控制。严格控制新建（改、扩）燃煤热源及其他耗煤项目，新建项目的技术条件要保证其完成节能指标，确保节能减排约束性指标的实现。

基地内除热电厂和大型热源厂外，全部窑炉、加热炉等加热装置必须采用天然气等清洁能源，辽阳国成热电有限公司和辽阳石化热电厂实施煤炭高效利用等降耗技术，重点针对辽阳石化热电厂实施技术改造，提升供热效率。规划期内实现园区燃煤总量逐年下降，工业窑炉逐步减少。

打破辽阳石化与基地其他企业间的壁垒，按照基地产业链上下游企业特征建立企业关联，完善园区供热、蒸汽管网，采用独立企业或企业联合的方式，推广能源合同管理、能源梯级利用等能源循环利用技术。拟实现基地内加热窑炉降至20%，可使废气排污总量中的SO_2减少150t/a、NOx减少35t/a。

建立节能减排评价监督体系，加强重点企业、重点行业、重点区域节能减排监督管理。

7.1.3 大力发展循环经济，优化产业链条

7.1.3.1 加快空间布局一体化建设

在空间布局上突出规划的科学引领作用，按照"产业集群、空间集聚、用地集约"和"设施共享、生态共建"的思路，优化芳烃基地和配套功能区建设布局，加强空间科学引导，促进循环化改造项目落地实施，逐步实现四个"一体化"。按新型生态示范园区标准调整现有空间布局，充分体现循环经济理念，积极打造资源节约型和环境友好型的示范园区。

一是项目设计一体化，以辽阳石化为龙头，以精细化工、化工新材料核心企业为主要节点，利用化工主导产业上下游关联的特点，完善产业链。石

油化工区、精细化工区、新材料区空间布局内部及周边，与产业链不相关、效益低下的企业，要逐步实施企业改造或关停，实现产业空间布局的产业链关联。

二是公用工程一体化，实施园区蒸汽管网、污水管网、中水管网改造，对园区能源供应、污水处理厂、中水管网等进行统一规划、集中建设。在辽阳石化中水回用基础上，进一步推进其他企业进行中水替代、蒸汽热能源梯级利用。

三是物流传输一体化，通过输送管网、仓库、道路等，形成园区内一体化的物流运输系统，通过逐年推进系统化改造，降低成本、提升效率、规范管理，减少污染物排放。

四是园区环境管理服务一体化，打造环保"管家式"服务，为园区企业提供环境治理咨询、环境管理技术支持、环境风险防范指导、环境治理升级决策等"一站式"办公服务。

7.1.3.2 芳烃基地循环经济体系构建

完善基地循环经济产业园的战略构想，重点针对基地大量危险废物委托终端处置的特征，重点引进或孵化废催化剂再生利用等环保产业企业，扶持辽阳鑫宇化工有限公司等危险废物资源化企业发展，促进危险废物的再生利用，实现基地危险废物资源化、减量化。

对基地内企业进行节水改造，推广应用节水技术和设备，鼓励开展水资源梯级循环利用和中水回用，实现水资源的高效利用。通过建设完善蒸汽管网，鼓励开展企业内、企业间热能源梯级利用。引进能效管理系统，通过电表传感器数据分析，获得基地用电能效情况，通过改进和加强管理，在减少能源消耗的同时，为企业节省能耗支出，为基地绿色发展提供支撑。

通过引进下游产业及补链产业，完善"原油—芳烃—PTA—聚酯—民用丝及工用丝—织造""环氧乙烷衍生精细化学品""苯乙烯—合成材料""聚烯烃改性及复合材料"等特色产业链条。在辽阳石化扩大炼油、芳烃、烯烃产业规模的基础上，加强下游产业配套，以烯烃和芳烃延伸加工为特色，实现上游一体化、资源高效利用、产业耦合有序、生产安全高效的产业集群。

充分利用辽阳石化的主副产品，围绕芳烃、乙烯、丙烯、碳四等资源，并结合引入其他基础原料，面向市场需求，重点建设芳烃产业、精细化工产业、化工新材料产业，加快完善、优化、升级化工产业。要坚持绿色、高端、开放的原则，以辽阳石化为龙头和引领加快产业集聚，吸引国内外大型企业参与投资，打造新时期更具区域影响力的化工产业基地。芳烃基地产业发展规划如图7-1所示。

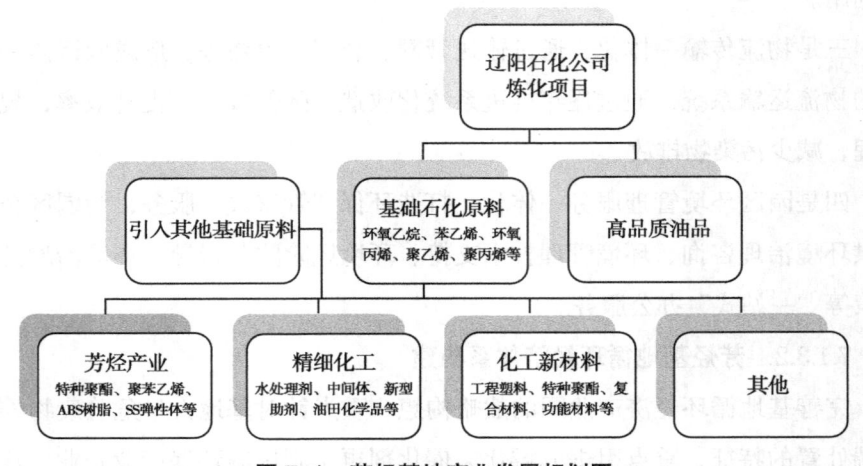

图7-1　芳烃基地产业发展规划图

构建基地绿色物流。绿色物流是指从节省资源、保护环境的角度对物流体系进行改进，在物流过程中抑制物流对环境造成危害的同时，实现对物流环境的净化，使物流资源得到最充分利用，以形成资源循环、环境共生、生态友好型的物流系统。基地内重点构建辽阳石化与精细化工企业之间的绿色物流活动，推进绿色运输、绿色包装、绿色流通加工，以及为实现资源回收再利用而进行的逆向物流等绿色发展理念在基地落地。使传统物流资源能够被重复使用，使末端的废旧物流资源能回流到正常的物流过程中来，进而被重新利用。

7.1.3.3　构建产业集群导向的生态工业园

结合园区发展需求，确定基地以辽阳石化芳烃聚酯、辽阳石化烯烃、辽宁科隆精细化工股份有限公司、辽宁奥克化学股份有限公司等核心企业集群的产业定位，通过产业分解或鼓励其母体公司及其人员分离出来新办公司，从而衍生出一批具有紧密分工与协作关系的关联企业，利用基础、区位和生态工业优势，建立筛选机制，对新进园区的企业明确以共生企业集群为导向，有选择性地吸引关键性企业在基地内落户，逐步培育与发展共生企业集群，将园区的空间资源效益发挥到最大。关键性企业不在于规模的大小，而在于其示范性与凝聚力，在于其通过衍生新公司促进产业内部分工和建立相互依存的产业共生联系。

加强行业协会等中介机构建设。行业协会不仅可以维护园区内企业的利益，还能打通同类企业间的联系以及与外部联系的规则，制定重要的行业标准，促进园区企业与区外伙伴的联系，将园区企业凝聚成一个整体，同时将园区与外部产业链、创新链相连接，促进企业实现产业升级和内源性增长。

要大力营造芳烃基地集群创新环境，深化基地集群的外部联动。营造鼓励创新、互信合作、宽容失败的环境氛围，通过文化手段引导基地内企业共同价值观的确立和传播，引导基地企业家形成追求创新、勇于创业的价值取向和行为理念，推动企业集群的持续成长，促使企业自下而上地形成生态工业园区的创新环境。

7.1.4 严格空间分区管控，优化园区布局

7.1.4.1 完善各产业分区建设

适当调整石油化工区、精细化工区、化工新材料区布局，从细微处着手，随着园区企业优化、淘汰，根据产业规模、产业链特征，合理分配石化、精细化工、新材料等各分区建设，优化产业空间布局。

加强企业边界及土地利用的空间管控，建立基地空间管理系统，对企业边界、用地性质、土地权属、存在问题进行系统把握，为基地布局调整、土地置换、备用地管理提供依据，实现精细化管理。

7.1.4.2 强化公共服务及环境服务设施空间保障

建设绿色物流区，设立在园区北部，约占目前基地用地的10%，该区块的建设不仅可以提升园区物流配送能力，而且能够降低企业运输成本，增强

企业的对外物流交换能力。

基地内已经建设热电厂、污水处理厂。热电厂采用热电联产的形式，余热可供给园区内各企业使用；预留污水处理厂中水系统的空间。预留并保证公共绿地和广场的建设，为未来的土地利用规划预留发展空间，使之与基地内现有土地布局合理衔接。

7.1.4.3 生态空间的保障

重视园区生态空间的保障和建设，保护绿地、林地、广场、河流、湿地等生态资源用地，进一步挖掘可利用生态空间，进行园区生态景观建设，在降解污染物的同时，优化园区水绿空间结构，将化工基地建设成为绿色化高品质园区。

7.1.5 落实清洁生产理念，实现全过程控制

清洁生产对产品和产品的生产过程、产品及服务采取预防污染的策略来减少污染物的产生，是对生产过程与产品采取整体预防的环境策略。在生产过程中，通过节约原料及能源，淘汰有毒有害原材料，降低废弃物数量与毒性，并在管理上将环境因素纳入设计与服务中。其核心内容是废物最小量化和环境无害化。

（1）推进清洁能源替代及能源优化。顺应国家及省市环境管理要求，以及未来优化发展方向，园区全面推进清洁能源替代。推行集中供热和余热利用，替代或取缔小型热能供应，实行能源集中利用。

（2）推进清洁生产过程控制。全面推行原料清洁化，尽可能不用或少用有毒有害原材料和中间产品，对原材料和中间产品建立回收机制。对于含VOCs的原料，逐个研究原料替代，规范原料管理和操作流程监管。

建立资金鼓励政策，研究建立企业原料替代标准，对实施原料替代企业给予扶持。

（3）推进产品生命周期清洁化。以不危害人体健康和生态环境为主导，分析产品制造过程，甚至使用之后的回收利用，减少原料和能源使用。针对炼油、乙烯、芳烃、聚酯树脂、PTA、乙二醇和己二酸、聚对苯二甲酸丁二

醇酯、聚对苯二甲酸丙二醇酯、聚碳酸酯和热塑性弹性体、聚氨酯弹性体及合成橡胶等主要产品，研究产品全生命周期特征，挖掘精细化、清洁化控制潜能，并依此推进环境改造。

（4）构建区域清洁生产管理中心。清洁生产落脚于企业，但不仅是企业，园区的有效引导、指导、协助是关键。通过系统的管理和提升，才能够有效服务于企业，改善基地环境。因此，建立区域清洁生产管理中心，为企业提供产废评价、污染预防、清洁生产方案、信息共享等系列服务，能够有效推进基地清洁生产工作，并通过清洁生产及标准化工作，提升产业效率，实现环境改善。对基地内企业全面实施清洁生产审核，并鼓励推进ISO标准体系认证。清洁生产中心服务功能如图7-2所示。

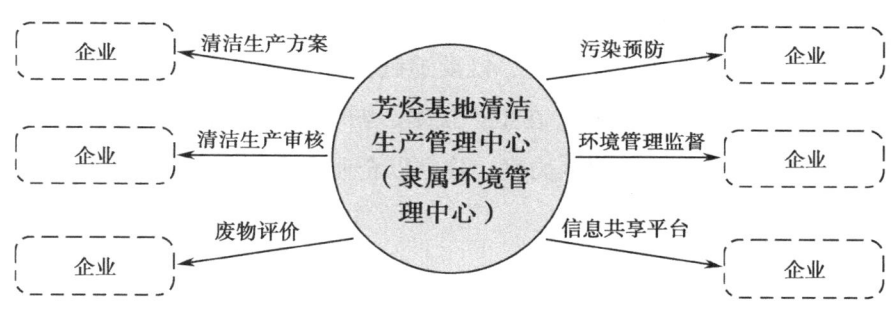

图7-2 清洁生产中心服务功能示意图

7.1.6 强化绿色科技创新，提升产品价值

整合基地及企业科研创新部门，引进环境科技支撑团队，建立基地环境管理服务中心，加强环境科技支撑能力建设。积极探索污染治理及循环利用、水生态修复和环境风险防范的适用技术，鼓励企业加大科研投入，推进环境污染第三方治理，加快污染治理设施建设和运营的市场化、专业化、产业化进程，解决基地环境治理和环境管理中的突出问题。

7.1.6.1 科技创新推进环保设计一体化

利用化工产品上下游关联的特点，在形成化工项目产业链的同时，推进环保设计一体化，实现环保设施配套，环保产品集成，废物资源化利用，指导企业实施技术改造。以政府与市场相结合的运作方式，建立化工废物回收综合利用站、废渣综合利用站等环保中心，统一处理废水、废气、废渣及化工废料。构筑绿色准入屏障、绿色水处理屏障、绿色生态屏障三道屏障，严格控制高污染项目进园区，严格控制企业预处理不达标污水进基地市政管网，基地四周建设绿化隔离带，逐步构建起园林式绿色化工园区。

7.1.6.2 科技创新推进工艺技术绿色化

推进绿色技术创新，提高资源的利用率，减少废弃物的排放，才能卓有成效地实现绿色发展。要发挥基地环境管理服务中心的技术优势，在兼顾经济效益的基础上，推广高效节能技术，运用绿色技术改造传统产业，逐步将绿色技术、绿色工艺渗透到传统产业的各个环节，打通传统产业与绿色技术之间的通道，为传统产业的改造升级提供绿色技术支持。增强企业绿色技术创新的积极性、主动性、创造性，既要追赶世界尖端领域的绿色发展技术，又要立足当前国内市场需求，在生产技术、循环再利用技术、新能源开发、科技人才培养等方面加大投入力度，建立以企业为主体、以市场为导向、产学研深度融合的技术创新体系。

7.1.7 实施正负清单管理，推进产业升级

基地环境管理服务中心发挥管理职能，结合排污许可证制度的实施，建立芳烃基地"清单式"管理体系，通过负面清单限制高能耗、高污染产业准入，促使落后企业逐步退出；通过正面清单，鼓励产业升级，实现污染减排。

7.1.7.1 建立产业准入负面清单

严格限制高能耗、高污染产业入园，严格规定基地产业的市场准入标准。结合《产业结构调整指导目录》及行业标准，优先选择鼓励类产业门类，严格禁止发展国家和辽宁省明令限制、禁止生产和淘汰的产品。鼓励引进新技术和新工艺，重点发展科技含量高、附加值高的产品。在满足入区企业环境准入指标的前提下，基地建设项目行业准入负面清单见表7-1。

表 7-1 基地建设项目环境准入负面清单

产业发展方向	环境准入负面清单管制要求
化工、新材料	①禁止新建、扩建产业政策中列入禁止和限制类、淘汰类项目 ②禁止新建生产过程中使用非清洁能源的项目 ③禁止污染物不能得到有效处理的项目 ④无法满足区域资源环境约束条件的项目 ⑤可能导致区域环境质量明显恶化的项目 ⑥可能导致人体健康风险的项目

7.1.7.2 建立优化改善正面清单

实施环境标准化认证、清洁生产审核、能效审核，以及产品和知识产权、生态指标审核等制度，结合奖励、扶持政策激励，树立环保模范典型，推进基地园区整体进步。

7.2 深化污染源综合管控，推进污染减排

7.2.1 推进大气污染减排，改善大气环境质量

7.2.1.1 节能减排并举，推进燃烧大气污染物减排

实施基地能源清洁化工程。合理调配天然气和电力资源，彻查基地内燃煤、燃油使用，并实施清洁能源改造。以能源集约利用为核心，完善蒸汽管网，蒸汽管网覆盖范围内的企业取消用热装置。鼓励有"余热利用"的项目进入基地，限值高耗能的项目进入。

火电行业燃煤机组在实现超低排放的基础上，加强治理设施的运行管理；实施治理设施排查，要求基地所有催化裂化装置配备高效湿式脱硫设施。

7.2.1.2 强化污染源治理，实现全面达标排放

生产工艺过程中排放的工艺废气，应严格执行国家排放标准要求。基地

内有组织排放工艺尾气必须治理达标排放，无组织排放工艺尾气必须严格控制排放。在完成辽阳石化"泄漏检测与修复""蓄热焚烧"项目的基础上，推进基地内其他企业全面完成这两个项目。

加强对挥发性有机物（VOCs）的治理，首先通过基地定期监测，分析来源，确定污染物排放主体责任，强制实施重点治理；其次在基地全面实施原料及生产过程 VOCs 控制及有组织排放的吸附治理。

强化基地内企业治理设施的有效运行和废气的达标排放，企业自行监测、环保局监督监测中出现不达标情况的企业则列入黑名单，实施重点监管。调动基地组织力量，通过政策、行政手段强制企业整改。

7.2.1.3 加强 VOCs 减排

把 VOCs 污染控制作为基地环境管理的重要内容，企业应熟知本企业污染物种类、产生量和排放总量，新建、改建、扩建项目排放 VOCs 的车间有机废气的收集率应大于 90%，并安装废气回收、净化装置，报批环境影响报告书的同时，必须提交有机废气治理技术方案。

基地环境管理服务中心，应根据基地内 VOCs 排放源的种类、分布和产排污特点，筛查确定 VOCs 排污单位，开展监督性监测，摸清污染特征并以此开展 VOCs 重点整治工作。按照省市环保部门的要求，建立排放问题清单，有序推进 VOCs 治理。

7.2.1.4 推进排污许可，实现浓度总量双指标控制

结合辽宁省及辽阳市排污许可申领核发工作，设定企业污染排放浓度及总量底线，进一步细化许可证的监管和优化工作，推行排污许可阶段审核的技术服务与支持，为企业依法排污，环境治理优化改进，管理能力提升建立起规范的管理体系。

7.2.2 推进水污染物减排，保证水环境质量

7.2.2.1 推进排污许可，实现浓度总量双指标控制

基地内建立污水排放收集信息系统，清晰掌握污水来源及特征，从而加强对污染源的管理，加大监管力度，加快各排水单位的污水处理设施建设，

确保污染源的总量和浓度达到排放标准。应严格验收企业已建的水处理设施，不合格的停产限期整改；在拟入区企业的审批中，要重点关注其水处理设施的设计情况，达不到标准的要重新设计，必须满足污水处理工艺。

推进基地重点水污染源企业废水排放口的在线自动监测，全面监控基地工业废水达标排放情况，确保企业纳管水质都满足污水处理厂的接管要求。使园区内企业工业废水实现100%的浓度达标，并且实现区内工业废水及相关污染物的总量达到辽阳市的总量控制指标。

7.2.2.2 强化污染源治理，实现全面达标排放

强化工业污水治理，确保达标排放。化工产品在生产过程中工艺用水和冷却用水量很大，生产工艺落后、设备陈旧，会造成清污难以分流，同时化工废水水质复杂、污染物含量高、含重金属及毒性，导致治理难度大，对下游污水处理厂带来冲击。所以要从企业生产过程着手，将节水与治理相结合，全面实施基地废水达标排放工程。

7.2.3 加强声污染源控制，确保声环境质量

从源头、传输、治理三个方面推进基地声环境质量的提升，加强噪声污染源头控制，深化工业企业噪声污染防治，对高噪声设备进行治理改造，利用绿色植物消减噪声。强化企业与部门协调联动，推进社会生活噪声污染防治。注重基地声环境质量与城市规划协调统一。

7.2.4 推进固废综合利用，推动废弃物再生技术创新

为推动基地资源综合利用产业的建立和发展，主要工作如下：一要积极推动技术模式创新、生产模式创新、平台创新和合作模式创新，从技术上推进企业固废的减量化；二要推动树立行业标杆，要注重清洁生产，做到低碳、节能、高效，引导产业绿色发展；三要以标准为引领，通过不断研究制定、发布、使用标准，积极完善产业链，推进固废的再利用；四要开发高品质的综合利用产品，提高产品质量信誉度和企业经济效益；五要依托再生资源产业技术创新战略联盟平台创新驱动产业高质量发展，把技术开发与

生产、销售、使用、回收利用等方面紧密结合起来，积极构建产业技术创新链。

加快基地再生资源产业园的建设步伐，扩大固废消耗和资源化的种类及数量，将再生资源企业引进作为基地招商引资的重点方向。

7.2.5 加强环境监管能力，科学掌控污染源

建设完善自动在线系统，在满足上级环保要求的同时，监测的污染物排放量和浓度数据，为基地实施标准化环境管理提供重要支撑。对基地全部废气有组织排放企业和废水排放企业实施在线监测。

建立基地环境质量监测与评估考核机制。优化大气、水、土壤和生态等要素的监测点位建设，提升区内环境监测能力，定期实施各要素全指标分析和评估。

开展企业环境标准体系认证，全面开展 ISO 14000 系列标准认证工作，积极引导企业建立健全标准化环境管理制度。加强环境监测、环境监察、环境应急等专业技术培训，提高基地管理人员及企业环境管理人员的环境保护意识和水平。

7.3 完善环境基础设施，推进循环利用

7.3.1 加强管网系统化建设，提升运行效率

全面完善基地内污水管网建设；实施雨污分流，减少污水处理运行成本；建立完善中水管网，具有冷却循环工艺的企业全部布局中水管网；完善改造蒸汽管网，提高供热效率；科学合理设计泵站、加压站、换热站布局，全面提升管网运行效率。通过管网布局的全基地互联互通，促进各类基础设施的共享、集成、优化，降低基础设施建设和运行成本，提高运行效率，增强基地可持续发展的支撑保障。

7.3.2 加强污水处理治理，排放回用双提标

实施基地污水处理厂的优化调整，首先，解决宏伟区污水处理厂基地工业污水与宏伟区生活污水混合的问题，建设一座工业污水处理厂，专门处理基地内工业污水，生活污水处理厂实施提标改造，建设成为中水厂，为基地提供循环冷却中水。其次，合理测算污水规模、中水用量、水质要求，改扩建并充分利用辽阳石化中水厂处理能力，保障基地内循环冷却水全部采用中水；最后，按照辽阳市提升太子河环境质量的要求，进行提标改造，保障达标排放。

强化污水处理厂的运营监管，实施在线监测，保障出水的稳定达标。对企业现有的污水处理站进行升级改造，达到排入集中污水处理厂的排放标准。强化污水处理厂中水系统的水质监测，处理后的废水必须达到中水标准后送入基地中水管网回用。

7.3.3 推进供热工程建设，提高热利用效率

编制基地用热规划，推进集中供热工程。完善供热、蒸汽管网及换热站的建设与改造，解决管网损耗等问题，逐步利用热电厂供热，取代基地内小型加热炉，根据企业供热的不同需求，鼓励企业间、企业内部推行热能梯级利用。

7.3.4 加强危险废物、危险化学品贮存污染控制

实施全基地危险品、危险废物统一暂存管理，建设完善基地危险品库，尽可能替代企业分散的危险品、废物暂存，通过基地危险品库，对基地危险废物及危险化学品按照理化特征、危险特性，实施集中统一、分区分片、标准化的管理，提高危险品管理水平与风险防范能力。同时推进危险废物集中处置中心项目建设进度。

7.3.5 加强环境监控管理，提升治理效率

加强对公共环境设施的监测监管。公共环境设施出现问题，对环境影响往往很大，因此，应将基地污染物排放口作为监测监督重点，一是要加强监

督监测能力，实施在线监控，二是对设施运营、管理实施监管。同时，加强总量控制，完善排污申报制度，在统计污染物排放的同时对中水、蒸汽等循环利用情况建立起统计渠道，通过分析实施改善和提升。

7.4 实行全程风险管控，提升环境安全水平

7.4.1 提高风险防控能力，建立应急响应体系

在布局上，基地环境风险主要来源于化工企业，危险源为存贮区、生产装置区。集中危险源应布局在远离人群、非主导风向上，即基地的东部区域，远离基地园区西部的配套生活区、城镇区，且对基地园区周边居民区的人口发展应予以控制。

在机制上，基地要建立环境风险"三级防控"体制，制定突发环境事件的应急处置机制，并适时进行演练。完善以预防为主的环境风险管理制度，落实企业主体责任。逐步建立环境污染损害鉴定评估机制，健全环境污染责任保险制度。在信息上，建立环境风险源数据库。全面调查重点环境风险源和环境敏感点，实施动态管理。

7.4.2 严管特征污染物，推进安全管理

石油化工行业的特征污染物主要包括：苯系物、硫化物、氰化物、挥发酚等废水污染物，苯系物、烃类、CO、氨、氟、氯、H_2S、硫醇、硫醚（恶臭）。基地在严格控制常规污染物排放的同时，要突出对特征污染的管控。要求基地内企业对特征污染物的排放从生产工艺各环节进行削减和控制，控制对环境的直接排放，避免特征污染物造成的复合环境影响。

7.4.3 加强危险废物规范管理，提升管理水平

完善危险废物规范化管理制度体系，包括污染防治责任制、申报登记、

管理计划备案、识别标志、分类管理、转移审批、转移联单、应急预案、事故报告、危险废物贮存等危险废物管理制度，建立监督、检查、考核、评估、处罚机制，完善制度体系。积极推动辽阳鑫宇化工有限公司危险废物暂存、处置、综合利用及化工助剂、无水树脂项目的落地实施。

7.4.4 强化化学品风险防控，规范安全基础

严格化学品环境监管，完善危险化学品环境管理登记制度。实施全过程监控，将危险废物规范化管理监督考核列入年度工作要点，并安排专人负责管理。实现"四个突出"，即突出组织责任机制的建立健全；突出管理台账的建立运行；突出应急预案的编制演练；突出贮存设施的规范设置。

依法淘汰高毒、难降解、高环境危害的化学品。优先对持久性生物累积性和毒性物质（PBT）、高持久性和高生物累积性物质（vPvB）及致癌致畸致突变物质（CMRs）等国家要求淘汰的化学品限制生产和使用。对未纳入淘汰产品、设备和工艺名录的高环境风险化学品相关生产企业，按照国家要求实施基地生产规模总量控制，逐步推行等量或减量置换。

7.5 推进生态环境建设，提升生态功能

7.5.1 推进生态保护修复，构建生态园区

芳烃基地生态资源包括天然生态资源及人工生态资源。天然生态资源包括新开河等河塘沟渠；人工生态资源包括道路、广场绿化、公园及生态停车场等。首先要对生态资源实施有效保护、防止用地及污染物排放侵蚀，其次要从提高生物多样性、生态资源总量、生态连通性、生态服务功能和价值的角度，实施生态建设与生态修复，包括植树种草、生物多样性培育、人工湿地水质净化等，通过基地生态总量、面积、质量的不断增加，建立起生态景观优异的生态园区。

石油化工企业会造成用地有机污染为主的土壤污染。污染物以有机溶剂类（如苯系物、卤代烃）为代表，也常复合有其他污染物，如重金属等。基地实施土地置换的过程中要实施严格的土壤污染评价，对污染场地实施生态修复，达到土壤质量标准后方可使用，保障区域生态安全。

7.5.2 构建基地生态景观，提升生态功能

实施系统化生态景观建设。依托基地南部规划面积为 20.3km^2 的龙石风景旅游区及东部山林，统筹设计构筑整体生态景观，基地内部实施以人工生态构建为核心的绿化工程，道路、河流沿线实施植树造林、人工湿地营建工程。充分利用空闲地块和拆迁地块建设公园广场、生态停车场。企业内部实施厂区绿化、屋顶绿化等工程。充分利用污水排放河道资源构建潜流型人工湿地，在建设生态景观的同时，进一步改善水质；在提升生态服务功能的同时，营造基地的生态景观。

按照国家及省市的要求，完善建设用地土壤环境调查评估制度，明确建设用地环境管理要求，落实监管责任。针对土壤污染源企业、污染地块实施动态监测，防范新增污染和土壤污染物迁移。强化土地再利用监管，加强土地征收、收回、收购，以及转让、改变用途等环节的环境风险评估，确保土地利用安全。

7.5.3 多渠道推进产业融合，实现绿色发展

加强开放、共享的投资环境营建，构建基地良好的对外开放形象，为投资者提供一流、规范的服务是进行招商引资的重要手段。基地在主导产业发展的同时，要以生态、循环的理念推进产业融合，通过节能设施设计、基地水循环系统设计、材料再循环、副产品交换等策略，以更加包容的状态吸引企业，实现经济和环境双重利益。

7.6 创新环境管理制度，推进精细管理

芳烃基地要遵循生态工业园区的环境管理模式，要从规范化、精细化、标准化入手，建立起环境管理组织体系、责任体系、信用体系、赔偿体系、监督体系、数字体系、市场体系、节约体系，从而实现环境精细化管理。

7.6.1 健全制度规章体系，建立运行体系

将芳烃基地纳入辽阳市政府战略与政策制定、规划与行动计划的考量范畴，并利用法律、行政、经济、信息、宣传教育等多种手段，发挥其领导、管理和协调作用。芳烃基地通过加强自身的综合决策和宏观管理能力，借助政府行为引导和约束企业及公众行为，促使企业改变传统的生产消费模式，实现清洁生产，解决"市场失灵"问题；通过建立综合决策和管理机制，提高公众参与意识并发挥舆论监督的作用，推动公众参与解决"政府失灵"问题；逐步建立和完善"政府引导、企业主导、市场推进、法律规范、政策扶持、科技支撑、公众参与"的运行机制，从而为规划实施创造良好环境和支撑保障。

严格执行基地新建项目审批和环保审批同步实施制度、"三同时"制度、排污总量控制制度等，进入基地的产业项目废水、废气、固废等污染物排放必须达到国家和省市有关污染物排放综合标准及行业标准、清洁生产标准，满足基地规划并制定的环境管理要求。

7.6.2 落实环境保护责任，建立责任体系

规划实施过程中，要明确企业环境保护责任、政府环境保护责任，通过许可证、责任状等形式确定环境管理责权界限，建立环境风险防范责任、污染治理责任、环保设施运维责任、节约及保护责任、履责及奖罚等责任制度管理体系，完善芳烃基地的环境保护责任体系，落实责权，协同推进污染综合防控。

7.6.3　加强企业环境管理，建立信用体系

将企业环境管理与基地环境管理相结合，建立基地环境服务管理中心，通过专家团队、第三方等技术配合，在企业环境管理当中解决行政、技术、管理、运维等各方面的问题。

建立企业信用评价制度、生态环境绩效考核制度，尝试环境污染强制保险制度，并通过信息公开管理办法、公众监督管理办法、环境宣传教育管理办法等系列管理机制，逐步形成并完善企业信用制度体系，建立良好的基地环境管理支撑。

根据信用评价的内容、性质、环节等特点，通过适当引入第三方公证机构、群众和企业代表监督等形式，加强对评价内容、过程和程序的监督，为形成客观、公正的企业环境信用评价结果奠定基础。

7.6.4　加强环境损害评估，建立赔偿体系

基地最为重要的工作是安全，而生产事故、物料渗漏、火灾爆炸、无组织排放、治理设施故障等都会造成较大的环境影响。将环境管理与安全管理相结合，建立预防管理体系的同时，基地园区应加强环境损害评估、环境风险评估技术服务，为企业提供技术支持，同时应建立损害赔偿制度体系，对周边企业、基地、区域造成损害的，必须进行损害赔偿。

7.6.5　加强企业信息公开，建立监督体系

建立信息公开工作的组织机制，进一步完善基地信息公开工作规划或方案，有计划、有步骤地推进信息公开工作。编制信息公开管理办法，明确单位负责人和相关人员的责任，建立信息发布协调机制、企业信息主动公开机制、企业信息发布保密审查机制、企业信息依申请公开机制、企业信息公开考核与监督机制，引导企业实施信息公开，从而有效推进区域环境治理的公众监督。

7.6.6 完善环境信息平台，建立数字体系

建立基地企业台账、环境设施台账、环境监测信息台账等环境管理基础信息，开发环境管理信息化业务平台。结合企业生产经营台账或平台，通过数字化分析，发现事故风险及设施故障，同步实现基地环境管理责任及企业环境管理责任的对接，实现环境监督管理的数字化与精细化。

7.6.7 完善资源集约调控，建立节约体系

建立企业之间、企业与政府之间、基地内企业与基地外企业之间的资源集约调控机制，并制定推进和鼓励办法，结合产业链条的延伸和完善，推进资源节约利用、梯级利用和循环利用。

8 规划重点项目

8.1 绿色发展项目

芳烃基地的绿色发展项目见表 8-1。

表 8-1 基地绿色发展项目

序号	项目名称	主要内容	投资估算（万元）	完成时间
1	环保准入清单构建项目	建立环保准入清单，优化新改扩建项目	—	2025 年
2	清洁能源改造项目	工业加热炉普查，全部采用清洁能源替代	—	已完成
3	能源梯级利用项目	完善管网及企业用能分析，重点针对蒸汽实施热能梯级利用	—	2025
4	一体化项目设计	实施项目设计一体化、公用工程一体化、流传输一体化、环境管理服务一体化整体设计	—	2022 年
5	基地再生资源产业园建设	建立完善再生资源产业园，将可利用废催化剂等危险废物实施资源化利用	10000	2025 年
6	产业链构建项目	建立下游链、补链企业引进机制	—	长期
7	空间精细化管理项目	建立基地用地空间管理系统，实现用地精细化管理，建立环境管理服务中心、公共服务中心	1000	2022 年

229

续表

序号	项目名称	主要内容	投资估算（万元）	完成时间
8	科技创新平台项目	整合科研创新部门，科技成果共享发布，推进绿色技术创新	1000	2022年

8.2 污染减排项目

芳烃基地的污染减排项目见表8-2。

表8-2 基地污染减排项目

序号	项目名称	主要内容	投资估算（万元）	完成时间
1	大气污染治理设施排查项目	针对所有燃煤、燃油装置，裂化催化装置，蒸馏精馏装置等实施全面排查，根据污染物排放，配备高效湿式脱硫设施。推进预热利用项目引进	—	近期
2	VOCs减排项目	在泄漏检测修复、蓄热焚烧的基础上，实施全基地有组织废气治理达标，无组织废气严管排放，新改扩建项目VOCs车间收集率达到90%	—	有组织废气全部达标，无组织加强监管近期完成
3	VOCs减排监控管理	实施基地大气VOCs定期监测，企业自行监测，重点企业在线监测，环境监督监测，不达标企业列入黑名单，实施重点监管	—	2025年
4	基地排水监管项目	建立排水收集信息系统，掌握污水来源及特征，加强对污染源的管理，提高监管力度，从企业生产过程中将节水与治理相结合，全面实施基地废水达标排放工程	—	已完成

230

续表

序号	项目名称	主要内容	投资估算（万元）	完成时间
5	基地在线监测	推进基地重点水污染源企业废水排放口全面实现在线自动监测，全面监控基地工业废水达标排放情况	—	已完成
6	排污许可的申领	以环境管理服务中心为核心，协调第三方技术单位，全面协助基地内生产企业申领排污许可证	—	长期
7	危险废物综合利用	推进基地再生资源产业园的建设，引进扶持辽宁科隆精细化工对脱硝废催化剂等危险废物实施资源化利用项目	—	长期
8	基地生态建设工程	内部道路、河流沿线实施植树造林、人工湿地营建工程。充分利用空闲地块和拆迁地块建设公园广场。企业内部实施厂区绿化、屋顶绿化等工程	20000	2025年
9	氮氧化物减排项目	辽阳石化加热炉低氮燃烧减排技术改造项目	4240	2021年
10	VOCs自动监控站建设	设置辽阳芳烃基地空气自动监测站，监测指标包括颗粒物（PM2.5、PM10）、二氧化硫、氮氧化物、一氧化碳、臭氧六项常规监测指标和116种大气挥发性有机物	300	2021年
11	工业废物交换工程	建立废物交换信息平台，实现信息共享	100	2021年

8.3 基础设施项目

芳烃基地的基础设施项目见表8-3。

表 8-3　基地基础设施项目

序号	项目名称	主要内容	投资估算（万元）	完成时间
1	排水管网及污水处理厂建设	完善排水管网、推进雨污分流，解决宏伟区污水处理厂工业污水与宏伟区生活污水混排问题，建设一座工业污水处理厂	7000	2025 年
2	中水管网及中水厂建设	建设中水管网，具有冷却循环工艺的企业全部采用中水，将生活污水处理厂提升改造，建设中水厂	27000	2025 年
3	污水处理厂运行监管	对污水处理厂入水企业加强监管，包括污水厂在线监测、达标排放监管、中水处理系统水质监测	—	已完成
4	供热工程建设	完善供热、蒸汽管网及换热站的建设与改造，解决管网损耗等问题，逐步利用热电厂供热取代基地内小型加热炉	—	2025 年
5	危险品集中管理及危险处置中心项目	实施全基地危险品、危险废物统一暂存管理，建设完善基地危险品贮存库，尽可能替代企业分散的危险品危险废物贮存车间、处理车间厂房、危险废物焚烧炉、危险废物处理的环境保护设施、公用设施及附属设施等	30000	2025 年
6	物流中心建设	推进中国北方物流公共信息港项目建设	15000	2021 年

8.4　风险防范项目

芳烃基地的风险防范项目见表 8-4。

表 8-4　基地风险防范项目

序号	项目名称	主要内容	投资估算（万元）	完成时间
1	环境风险应急能力建设	建立完善的环境风险源信息系统，提高风险管理系统和环境风险应急能力，推进环境突发事件应急预案的编制及定期演练	1000	2021年
2	安全管理规范性调查	危险品贮存设施的规范性排查、应急设施检查等	2000	2021年
3	危险废物、危险化学品管理能力建设	完善危险废物规范化管理制度体系，包括污染防治责任制、申报登记、管理计划备案、识别标志、分类管理、转移审批、转移联单、应急预案、事故报告、危险废物贮存等危险废物管理制度，建立监督、检查、考核、评估、处罚机制，完善制度体系的运行；严格化学品环境监管，完善危险化学品环境管理登记制度。实施全过程监控，将管理监督考核列入年度工作要点，并安排专人负责管理	—	长期
4	危险化学品淘汰	淘汰高毒、难降解、高环境危害的化学品。优先对持久性生物累积性和毒性物质（PBT）、高持久性和高生物累积性物质（vPvB）和致癌致畸致突变物质（CMRs）等国家要求淘汰的化学品限制生产和使用。对未纳入淘汰产品、设备和工艺名录的高环境风险化学品相关生产企业，按照国家要求实施基地生产规模总量控制，逐步推行等量或减量置换	—	2021年

8.5　生态建设项目

芳烃基地的生态建设项目见表 8-5。

表 8-5 基地生态建设项目

序号	项目名称	主要内容	投资估算（万元）	完成时间
1	基地绿化工程	整体绿化景观设计，植树种草、生物多样性培育、人工湿地及水质净化工程	—	长期

8.6 环境管理项目

芳烃基地的环境管理项目见表 8-6。

表 8-6 基地环境管理项目

序号	项目名称	主要内容	投资估算（万元）	完成时间
1	建立环境信用评价体系	根据信用评价的内容、性质、环节等特点，形成客观、公正的企业环境信用评价体系	—	按照相关法律法规执行
2	环境报告及信息公开制度	基地每年编写环境质量报告书，通过基地网址、公共电子屏幕将环境质量予以公布	50	2021年
3	环境保护责任体系	完善风险防护、环境保护履责及奖罚等责任制度管理体系	—	按照相关法律法规执行
4	企业清洁生产审核及ISO 14001认证工程	持续性地开展重点企业清洁生产审核，从源头上开展资源再利用	—	近期
5	绿色厂区创建	持续性开展绿色政府创建，每年新增"绿色工厂"	—	近期
6	开展绿色招商	对项目进行筛选，所有项目严格按照规划实施园区化管理，达到污染集中控制；发挥大项目龙头效应，围绕产业链开展绿色招商	—	长期

9 规划实施保障措施

9.1 明确责任分工

组建规划实施工作领导小组,紧密结合芳烃基地的行政管理,主要职责为贯彻落实国务院、省、市政府循环化改造示范工作的方针政策,落实规划理念和规划任务与项目,协调工作中的关键性问题。领导小组下设办公室,办公室设在区管委会。

9.2 加大投入力度

重点针对芳烃基地基础设施建设和完善、企业生态化改造扶持、科研创新扶持,实施政府投入,完善芳烃基地配套设施,改善芳烃基地生态环境,同时引导和扶持芳烃基地改造和原始创新。

强化生态环境治理的经济政策引导,通过鼓励吸引企业投入、社会投入、金融融资等多种渠道吸纳资金,实现芳烃基地的快速发展。

9.3 加强管理合作

芳烃基地在规划实施过程中，要与辽阳市、宏伟区及生态环境局等相关管理部门建立良好的合作关系，互相配合，为基地营造良好的投资环境、信息环境。

芳烃基地要广泛与科研院所、大专院校、环保行业协会、环保公司等机构、第三方建立合作关系，为基地企业提供各类环境技术支持服务，满足企业的需求。

9.4 严格评估考核

基地内建立生态文明环保政绩考核制度，把生态文明环保建设推进情况纳入各级领导班子和领导干部考核评价体系，增加相关考核指标的分值和权重。明确各级政府的责任考核目标，落实考核体系与考核方法，制定生态文明环保建设目标责任奖惩机制。把环境保护、生态文明建设指标完成情况作为干部任用的重要依据。

9.5 加强宣传教育

邀请专家学者介绍循环经济、清洁生产、生态工业、节能减排方面的知识。开展企业资源消耗和环境保护的统计和核算培训工作，提高资源环境管理、核计、核算和报表的业务质量和水平。

通过各种新闻媒介、广泛宣传，使全社会，特别是政府决策部门和企业领导者充分认识到循环化改造工作深入开展的意义和在企业发展中的重要作用，树立可持续发展、集约型经济和清洁生产等思想理念。

参考文献

［1］王建平.新形势下的化纤产业链集成创新研究［J］.中小企业管理与科技，2022（11）：133-135.

［2］李锁山.我国PX-PTA-聚酯产业链发展综述［J］.当代石油石化，2019（10）：9-14.

［3］谭伟春.我国芳烃产业链需补齐PX短板［J］.中国石化，2016（11）：35-37.

［4］李靠昆.从产业链完整角度看我国PX发展［J］.合成技术及应用，2017（2）：22-25.

［5］戴鸿绪，王宇奇.产业链整合视角下我国聚酯产业链运行绩效评价研究［J］.科技与管理，2021（1）：26-32+43.

［6］臧甲忠，王银斌，洪鲁伟，等.临氢裂解及烷基化组合技术应用于C9混合芳烃的高值化［J］.化工进展，2021（5）：2593-2602.

［7］张娟，辛莹娟，于雪."双高"背景下"石油化工生产技术"课程思政元素挖掘与实践探析［J］.安徽化工，2022（1）：164-165+168.

［8］张方方.大型芳烃联合装置在炼化一体化加工方案中的优化设计［J］.石油炼制与化工，2021（3）：99-104.

［9］于政锡，徐庶亮，张涛，等.对二甲苯生产技术研究进展及发展趋势［J］.化工进展，2020（12）：4984-4992.

［10］庄亮亮.芳烃联合装置节能降耗方法探讨［J］.石油炼制与化工，2020（2）：104-109.

［11］陈亮.对二甲苯悬浮结晶分离技术进展［J］.现代化工，2020（2）：57-61.

［12］冯志武.PX生产工艺及研究进展［J］.现代化工，2019（9）：58-62.

［13］孙晓娟.两种对二甲苯装置新技术能耗分析［J］.炼油技术与工程，2020，（10）：13-15.

［14］边福胜.PX装置重芳烃塔底空冷器管束冲洗及运行维护［J］.化工管理，2021（8）：142-143+159.

［15］吴佳亮，尚腾飞．对二甲苯（PX）生产工艺及其危险性［J］．现代商贸工业，2017（30）：1-7.

［16］罗军，李传兴，孙尊龙．PX装置二甲苯塔塔底泵开工注意事项［J］．化工设计通讯，2017（9）：105.

［17］吴哲．关于PX装置转阀液压系统异常的处理案例［J］．仪器仪表用户，2020（10）：19-21.

［18］代成义，陈中顺，杜康，等．甲醇制芳烃催化剂及相关工艺研究进展［J］．化工进展，2020（12）：5029-5041.

［19］Huang X, Wang R, Pan X, et al. Catalyst Design Strategies Towards Highly Shape-selective HZSM-5 for Pra-xylene Through Toluene Alkylation［J］．绿色能源与环境：英文版，2020（4）385-393.

［20］甘浩，徐勃，张向炎，等．淄博市化工园区夏季环境VOCs污染特征及健康风险评价［J］．环境科学研究，2022（1）：20-29.

［21］陈郁．化工园区规划环境风险评价方法与风险管理研究［D］．大连：大连理工大学，2013.

［22］侯晓静．规划环境影响跟踪评价技术指南应用研析——以河北省某化工园区为例［J］．环境影响评价，2020（4）：49-52.

［23］秋珊珊．一种半定量评估化工园区环境风险的方法：CN110197344A［P］.2019-09-03.

［24］金秋芬．扬州化工园区环境科学管理体系研究［M］．北京：社会科学文献出版社，2013.

［25］王斌，虞晓波，项疆腾，等．一种基于多灾种实时耦合的化工园区实时定量风险评估方法：CN106651153A［P］.2017-05-10.

［26］彭子涵．化工园区脆弱性分析与应用研究［D］．北京：北京化工大学，2016.

［27］韩福彬．某煤制芳烃项目环境影响分析和污染防护策略［D］．哈尔滨：哈尔滨工业大学，2014.

［28］蔡杨，李伟，左雪燕，等．盐城滨海湿地土壤多环芳烃分布特征及影响因素［J］．生态环境学报，2021（6）：1249-1259.

［29］杨峰，赵艳艳，朱自新，等．芳烃联合装置在新形势下的运行优化［J］．石油炼制与化工，2021（2）：22-26.

[30] 高冰凌，卿光明．化工项目环境影响评价要点［J］．化工设计，2003（1）：37-40．

[31] 邹华，周思佳，张一波．浅谈化工项目环境影响评价的工程分析［J］．大众科技，2010（9）：80-81．

[32] 兰娉婷．改扩建化工项目环境影响评价技术评估要点探讨［J］．皮革制作与环保科技，2021（13）：126-127．

[33] 陈乐．简析精细化工项目环境影响评价编制要点［J］．石油石化物资采购，2021（26）：15-16．

[34] 邱海姬．试析化工项目环评工程分析方法与解决途径［J］．化工管理，2020（5）：159-160．

[35] 胡莎莎．解析化工项目环境影响评价的难点及问题［J］．商品与质量，2020（15）：66．

[36] 冯夕悦．化工园区规划环评指标体系构建初探［J］．资源节约与环保，2015（8）：108．

[37] 于文涛．化工园区规划环评大气环境影响评价研究［D］．呼和浩特：内蒙古大学，2012．

[38] 吴鹏飞，彭展，陈小婷．基于GMS的数值模拟在某化工园地下水环境影响评价中的应用［J］．资源环境与工程，2017（6）：728-734．

[39] 李璇．浅议化工园区环评指标体系［J］．中小企业管理与科技（下旬刊），2011（10）：107．

[40] 解加成．基于风险区划的规划环评中环境风险评价研究［D］．大连：大连理工大学，2013．

[41] 国家环境保护总局监督管理司．化工、石化及医药行业建设项目环境影响评价（试用版）［M］．北京：中国环境科学出版社，2003．

[42] 蔺蕊，杨珊珊．化工园区规划环评中应重点关注的问题分析——以新疆吐鲁番市沈宏化工园区为例［J］．新疆环境保护，2010（4）：23-26．

[43] 胡康．化工园区规划环评大气环境影响评价分析［J］．化工设计通讯，2019（10）：291-230．

[44] 余振东．化工项目环境影响评价的核心和关键——工程分析［J］．区域治理，2019（23）：60-63．

[45] 厉耀华．辽化噪声环境影响评价实例［J］．环境科技（辽宁），1989（1）：120-125．

[46] 吴伟，米海田，张迪，等．辽阳石化裂解装置原料轻质化改造及影响［J］．乙烯工

业，2020（4）：36-38+42.

［47］郑文兰.辽阳石化重芳烃催化剂定型［J］.炼油技术与工程，2019（12）：59.

［48］钱伯章.辽阳石化升级膜级聚酯产品［J］.聚酯工业，2022（1）：59.

［49］赵春龙.EPC/PC项目物资采购成本控制与应对策略［J］.石油化工建设，2021（S01）：4-6.

［50］赵海波.石油化工园区产业发展规划的研究［J］.当代化工，2020（6）：1171-1174.

［51］周为良，刘红仙.谈新形势下化工行业规划趋势和发展方向［J］.中文科技期刊数据库（文摘版）工程技术，2021（9）：1.

［52］钟家鹏.化工产业园安全风险分析及安全发展对策——以广西钦州高端医药精细化工产业园为例［J］.安全生产与监督，2021（12）：43-45.

［53］李俊杰，程婉静，梁媚，等.基于熵权—层次分析法的中国现代煤化工行业可持续发展综合评价［J］.化工进展，2020（4）：1329-1338.

［54］谭辉，刘立明，吴迎春，等.基于整体安全风险评估的化工行业安全发展规划研究［J］.石油化工安全环保技术，2022（3）：4-5.

［55］刘昌.我国发布《化工建设行业"十四五"发展规划（2021—2025年）》［J］.四川化工，2022（4）：5.

［56］吴永幸.试论我国化工行业环保的现状与发展战略［J］.中国战略新兴产业，2020（6）：3.